RYKLE BORGER

HANDBUCH DER KEILSCHRIFTLITERATUR III

RYKLE BORGER

HANDBUCH
DER KEILSCHRIFTLITERATUR

BAND III
INHALTLICHE ORDNUNG
DER SUMERISCHEN UND AKKADISCHEN TEXTE
ANHANG: SEKUNDÄRLITERATUR IN AUSWAHL

1975

WALTER DE GRUYTER · BERLIN · NEW YORK

ISBN: 3 11 002487 X

©

Copyright 1975 by Walter de Gruyter & Co., vormals G. J. Göschen'sche Verlagsbuchhandlung —
J. Guttentag, Verlagsbuchhandlung — Georg Reimer — Karl J. Trübner — Veit & Comp. —
Printed in Germany. — Alle Rechte des Nachdrucks, der photomechanischen Wiedergabe, der
Herstellung von Mikrofilmen, auch auszugsweise, vorbehalten.
Druck: Werner Hildebrand, Berlin 65
Bindearbeiten: Lüderitz & Bauer, Berlin 61

In memoriam C. Bezold

VORWORT

Der vorliegende Band stellt die in HKL I – II nach Publikationsstellen geordneten Texte nach inhaltlichen Kriterien zusammen, freilich auf vorläufige und unvollkommene Weise.

In einem einzigen Arbeitsgang, der insgesamt etwa ein Jahr in Anspruch genommen hat, habe ich

1) HKL I und II nach dem Rohmanuskript kollationiert (für HKL I war das 1966 unterblieben);

2) die inhaltliche Verzettelung vorgenommen, und zwar auf Grund des Rohmanuskriptes von HKL I – II und meines mit zahllosen Nachträgen versehenen Handexemplars von HKL I. Das Rohmanuskript enthielt viele Angaben, die ich nicht in das Buch aufgenommen habe. Mehrfach mussten dabei die Textpublikationen selbst erneut eingesehen und sonstige Kontrollarbeiten durchgeführt werden.

Bei dieser unter ständigem Zeitdruck durchgeführten Arbeit dürften sich ziemlich viele Fehler und Ungenauigkeiten eingeschlichen haben. Mancher Text mag versehentlich nicht verzettelt worden sein, andere können nur zu leicht in eine falsche Abteilung der Kartei hineingeraten sein. Ich konnte mich nicht dazu entschliessen, die ganze Verzettelungsarbeit zu überprüfen, und ich muss mich also mit der Hoffnung begnügen, im Laufe der kommenden Jahre beim eigenen Gebrauch des Buches die meisten Versehen usw. aufzuspüren. Auch die Gelb'sche "Bibliography of cuneiform sources" werde ich, wie im Vorwort zu HKL II dargelegt, erst später in stärkerem Ausmass zur Kontrolle heranziehen können.

Den Abschluss bildet eine Auswahl aus der Sekundärliteratur. Dabei sind im allgemeinen nur Bücher und Monographien berücksichtigt worden, die in HKL I – II vorkommen, d.h. also Publikationen, die irgendwie mit Texten und Textinterpretation zu tun haben. Eine gute, die ganze Geschichte der Assyriologie berücksichtigende, thematische Bibliographie unter kritischer Verwertung der Sekundärliteratur bleibt weiterhin ein Desideratum; sie müsste jedoch jetzt, nicht mehr durch Textbibliographie belastet, realisierbar sein. Die unentbehrliche von Pohl begründete *Keilschriftbibliographie* der Zeitschrift OrNS (ab Band 9, 1940) enthielt 1965 und 1966 (OrNS 34 und 35) einen systematischen Index und ist seit 1967 (OrNS 36) systematisch geordnet.

Es fehlt der Assyriologie, die sich zu einer exklusiven Geheimwissenschaft entwickelt hat, immer noch weitgehend an Handbüchern und Nachschlagewerken, die auf vollständiger Verwertung der Primärquellen beruhen, sowie an zusammenfassenden Texteditionen. Die Zusammenarbeit mit den Nachbardisziplinen ist dadurch immer schwieriger geworden, und die einseitige Spezialisierung innerhalb der Assyriologie schreitet fort, beides sehr zum Schaden unserer Disziplin. Ich hoffe sehr, dass das Ergebnis meiner mühseligen Arbeit dieser heillosen Entwicklung entgegenwirken und manchen Beitrag zu einer gesunden Entfaltung ermöglichen wird. Man darf billigerweise erwarten, dass derjenige, der sich der Welt als Assyriologe vorstellt, zum gesamten publizierten Textmaterial in akkadischer und in sumerischer Sprache den Weg zu finden weiss. Wie schwer sich diese berechtigte Erwartung erfüllen liess, ist dem Autor des HKL nur zu gut bekannt. In der Praxis erwiesen sich allzu wenige dieser Aufgabe gewachsen. Durch HKL I – III dürfte dieser Übelstand, für unser Jahrhundert erstmalig, im grossen und ganzen behoben sein.

Im Jahre 1886 liess der damals 27jährige Carl Bezold sein Buch *Kurzgefasster Überblick über die babylonisch-assyrische Literatur* erscheinen; in den Jahren 1889-1899 folgten die fünf Bände seines *Catalogue of the cuneiform tablets in the Kouyunjik Collection of the British Museum*. Durch diese Bücher hatte Bezold im Alter von 40 Jahren im wesentlichen das da-

mals entdeckte Textmaterial seinen Fachgenossen erschlossen. Damit hatte
er zweifellos die neben Delitzsch's *HWB* und *AG* sowie Brünnow's *Classified
list* bedeutsamste assyriologische Leistung des vorigen Jahrhunderts er-
bracht. Ich möchte meine Bewunderung für meinen Vorgänger auf dem Gebiet
der assyriologischen Textbibliographie und meine Dankbarkeit für den un-
erschöpflichen *Catalogue* durch das in memoriam des vorliegenden Bandes
zum Ausdruck bringen. *)

Für Mitteilung von Lücken und Fehlern wäre ich allen Benutzern des Buches dankbar. Wahrscheinlich werde ich nach einiger Zeit der Benutzung und
nach verschiedenen Kontrollarbeiten (u.a. mit Hilfe von Gelb's "Bibliography of cuneiform sources") in einer Zeitschrift Verbesserungen und Er-
gänzungen zu HKL III (namentlich p1-131) liefern.

Göttingen, den 27. I. 1975   R.Borger

---

*) Vgl. die Nachrufe auf Bezold von Boll SHAW 1923/I und von Zimmern
ZDMG 77 121-136; seine Bibliographie findet sich in ZA 35 57-72.

INHALTLICHE ORDNUNG DER SUMERISCHEN UND AKKADISCHEN TEXTE

§ 1. Bibliographie.

Siehe im allgemeinen <u>Deller</u> OrNS 32 (1963) 14*-21*, 33 (1964) 4*-7*
usw. Cf auch Römer bei <u>Hospers</u> Basic bibliography I p3, 22f., 46 und 48.
<u>Anonymus</u> Dictionary catalog. -- <u>Anonymus</u> School of Oriental and African
Studies library catalogue. -- <u>Bezold</u> Literatur. -- <u>Borger</u> HKL. -- <u>Deimel</u>
Übersicht. -- <u>Delitzsch</u> AG¹ p55*ff., AG² p33*ff. -- <u>Dietrich usw.</u> NuBi. --
<u>Friederici</u> Bibliotheca Orientalis. -- <u>Hospers</u> Basic bibliography I. --
<u>Kaulen</u> Assyrien und Babylonien⁵ 284ff. -- <u>Kuhn</u> Literatur-Blatt für Orien-
talische Philologie. -- <u>M.Lambert</u> RA 55 177-196, 56 81-90 und 214 (La littérature sumérienne). -- <u>A.Müller usw.</u> Orientalische Bibliographie. --
<u>Orlin</u> Ancient Near Eastern literature. -- <u>Pratt</u> BNYPL 21 748-810 und 841-
890, usw. -- <u>Schwarz</u> Hittites. -- <u>Weidner</u> Assyriologie.

§ 2. Textbücher.

<u>Dhorme</u> Choix de textes religieux. -- <u>Galling</u> TGI². -- <u>Gressmann</u> ATAT².
-- <u>Harper</u> Assyrian and Babylonian literature. -- <u>Jean</u> Littérature ± = Milieu biblique II. -- <u>Komoróczy</u> "Fényl8 ölednek édes öröméeben ...". -- <u>La-</u>
<u>bat</u> Religions. -- <u>Lehmann + Haas</u> Textbuch zur Religionsgeschichte² 277-
330. -- <u>Pritchard</u> ANET¹, ANET² und ANET³. -- <u>Rogers</u> Cuneiform parallels.
-- <u>Sarsowsky</u> Keilschriftliches Urkundenbuch. -- <u>D.W.Thomas</u> DOTT. -- <u>Ungnad</u>
Religion. -- <u>Winckler</u> Textbuch. -- <u>Zimmern</u> AO 7/III und 13/I (Babylonische
Hymnen und Gebete).

§ 3. Kataloge und Museumsführer.

[<u>Amiet</u> Les antiquités orientales au Musée du Louvre. Guide sommaire.
Paris 1971. Zitiert nach OrNS 42 39* n530.] -- <u>Anonymus</u> Guide 'Iraq Mu-
seum. -- <u>Anonymus</u> Guide MAH. -- <u>Arnaud</u> Syria 48 289ff. (Texte aus Larsa,
Grabungen 1969/70). -- <u>Aynard</u> RA 54 11ff. (Tonnägel Louvre). -- <u>Bateman +</u>
<u>Parsley</u> List. -- <u>Bezold</u> Cat. -- <u>Bezold</u> Literatur. -- <u>Bezold</u> SPAW 1888 745-
763 (Die Thontafelsammlungen des British Museum). -- <u>Biggs</u> JCS 20 73ff.
(Abū Salābīkh). -- <u>Bottéro</u> UVB 22 45ff. -- <u>Chiera</u> Catalogue. -- <u>Delaporte</u>
ITT IV p1ff. -- <u>Edzard</u> Sumer 13 174ff. (Königsinschriften Iraq-Museum). --
<u>Figulla</u> CBT I. -- <u>Gadd</u> Sculptures. -- de <u>Genouillac</u> FT II p134ff. -- <u>de</u>
<u>Genouillac</u> ITT II/1 p5ff., II/2 p1ff. und V p31ff. -- <u>de Genouillac</u> PRAK
I p31ff. und II p34ff. -- <u>Gurney</u> STT II p21f. -- <u>Heuzey</u> Catalogue Louvre.
-- <u>Hunger</u> UVB 26/27 79ff. -- <u>Johns</u> Cuneiform inscriptions Morgan. -- <u>Kamp-</u>
<u>man</u> Festschrift Böhl 214ff. -- <u>King</u> Cat.Spl. -- <u>King</u> CT 25 (enthält einen
Index der Museumsnummern zu CT 1-25; nicht im Nachdruck). -- <u>Kraus</u> Gedächtnisschrift Edhem I 106ff. (Tonnägel Istanbul). -- <u>Kraus</u> JCS 1 93ff.
und 266 (Die Istanbuler Tontafelsammlung). -- <u>Laroche</u> Catalogue(¹) und
Catalogue². -- <u>Leeper</u> CT 35 (enthält einen Index der Museumsnummern zu
CT 26-35). -- <u>Legrain</u> RA 10 41ff. (Sammlung Cugnin). -- <u>Leichty</u> Bibliography. -- <u>Mendelsohn</u> Catalogue Columbia. -- <u>Meyer</u> Vier Jahrtausende². --
<u>Millard</u> Cat.Sec.Spl. -- <u>Nassouhi</u> Guide sommaire. -- <u>Nissen</u> UVB 23 37ff.
und 24 39ff. -- <u>Oelsner</u> WZJ 18 51ff. (Historische Texte Jena). -- <u>Oppen-</u>
<u>heim</u> Eames. -- <u>Pézard + Pottier</u> Antiquités de la Susiane. -- <u>Pinches</u> Guide
to the Kouyunjik Gallery. -- <u>Pinches</u> Guide to the Nimroud Central Saloon.
-- <u>Pottier</u> Antiquités assyriennes. -- <u>Radau</u> EBH 319ff. -- <u>Scheil</u> Catalogue
sommaire. -- <u>Scheil</u> RA 18 1ff. (Sammlung Tisserant). -- <u>Scheil</u> RT 19 54ff.
(Istanbul). -- <u>Scheil</u> SFS 95ff. -- <u>Sollberger</u> JCS 5 18ff. (Genf). --
<u>Thompson</u> CLBT. -- <u>Thureau-Dangin</u> ITT I p1ff. -- <u>Weidner</u> AfO 16 200 und
206ff. (Bibliothek Tiglatpileser I.). -- <u>Winckler</u> OLZ 1 52ff., 69ff. und
107ff. (Rez. zu Bezold Cat.). -- <u>Wiseman</u> Iraq 12 184ff., 13 102ff., 14

61ff. und 15 135ff. (Kalah). -- Zimmern ZA 32 48ff. (Brüssel).

§ 4. Texte in Bilderschrift.

Cf Rutten RÉS (et Babyloniaca) 1940 1ff., Thureau-Dangin RA 24 24.
Barton PBS 9/I n1. -- Beek Bildatlas f22-23 und 25-27. -- Burrows UET
2. -- Deimel Inschr.Fara I t73-75. -- Delaporte CCL II A 813. -- D'jakonov
Trudy Otdela Vostoka 3 27ff. -- vDijk UVB 16 p57f., t27 und t33 a-d. --
Falkenstein ATU. -- Falkenstein BagM 2 t1-4. -- Falkenstein OLZ 40 401ff.
-- Falkenstein UVB 6 p37, t32 a-e ; UVB 10 19f.; UVB 11 24f. -- Hackman
BIN 8 n1ff. -- Jakob-Rost Sumerische Kunst t1. -- Kienast JCS 19 42 Pf 1
und 2. -- Krückmann UVB 7 t23 a-b. -- M.Lambert Archeologia (trésors des
ages) 13 (Nov.-Dez. 1966) 74 f14-15. -- Langdon JRAS 1931 837ff. -- Langdon Kish I p99ff. und tXXXI 1-2; Kish IV p34ff., 59f., 61ff. und tXLIII-
XLV. -- Langdon OECT 7. -- Lenzen Archaeology 17 125. -- vdMeer RA 33 185
ff. -- Meyer Altorientalische Denkmäler f5. -- Ogden JAOS 23 19f. -- Safar
JNES 2 tXXX-XXXI. -- de Sarzec DC pXXXIV-XXXV. -- Sayce PSBA 36 6f. --
Scheil RA 14 93f. -- Scheil RA 25 15ff. -- Scheil RT 22 149f. -- Sollberger ZA 53 1 und 3. -- Thureau-Dangin RA 6 143ff. -- Thureau-Dangin RA 24
23ff. -- Vlassa Dacia NS 7 490 f7-8? -- Ward AJA 4 39ff.

§ 5. Königsinschriften des dritten Jahrtausends.

Allgemein: Barton RISA. -- Sollberger + Kupper IRSA. -- Thureau-Dangin
SAK.
Bibliographie der älteren Inschriften aus Ur: Sollberger Iraq 22 69ff.
Bibliographie Akkad-Könige: Gelb MAD 2² 193ff. -- Hirsch AfO 20 1ff.
Bibliographie Ur III-Könige: Hallo HUCA 33 1ff.
Für die nachsargonischen Herrscher von Lagaš cf Sollberger AfO 17 29ff.
Für die frühdynastischen Siegel cf Nagel OrNS 28 150ff.
Für die altakkadischen Siegel cf Edzard AfO 22 12ff. und 23 31.
Für die Königs- und énsi-Siegel der Ur III-Zeit cf Schneider OrNS 5
109ff. (zu 119f. cf Sollberger JCS 19 29f.), OrNS 15 65-67 und 416ff. Für
die Siegel der Königs- oder énsi-Söhne (von mir im allgemeinen nicht berücksichtigt) cf Hallo HUCA 33 34 und 40, Schneider OrNS 5 118 und 15 421f.

A-a-kal-la von Umma.
Nur Siegel. Davidson Bulletin of the Museum of Art ... 37/I 41. --
de Genouillac Babyl. 8 tIII Pupil 2, tV Pupil 13 und 18. -- Hackman
BIN 5 n64 und 82. -- Jean Šumer et Akkad LXXXVII:139, XCII:131, CL:
130, CLX:146. -- Keiser BIN 3 n554. -- Keiser BRM 3 n47. -- Keiser
YOS 4 n193. -- Lutz UCP 9/II p118 TN 39 und ib Part II n54, 74, 99
usw., n67 Gattin. -- Nikol'skij DV 5 passim. -- Oppenheim Eames passim. -- Sauren Orientalia Lovaniensia periodica 4 40f. n34. --
Schneider AnOr 1 p44 n1. -- Schneider Or 18 tXVI. -- Schneider Or
47-49 n404 und 420. -- Szlechter TJAMC p190 FM 47. [Usw., siehe
                                              ⌐ Schneider OrNS 15 418.]

A-Anne-padda von Ur.
Gadd JRAS 1928 626ff.? -- Gadd UE I p126 TO 159 und 160, p126f.
TO 287, p127 TO 286 und p128 U 26. -- Sollberger UET 8 n1.

A-a-nu-um von Umma.
Legrain RA 32 130 (Siegel; Lesung nach Mitteilung Gelb korrekt).

Adalšen von Urkiš und Nawar.
Thureau-Dangin RA 9 1ff.

Akalamdug von Ur.
Woolley UE II t191 U 11825 (Siegel Gattin).

Akurgal von Lagaš.
    Sollberger Corpus p8.

Alla von Lagaš.
    Nur Siegel. Delaporte ITT IV p105 unten. -- Sauren WMAH n10f. --
Thureau-Dangin RTC n424.

Allamu von Kutha. Oder Sohn eines ensi?
    de Genouillac ITT II/2 t87 1001 (Siegel).

Amar-Suena ("Bur-Sîn") von Ur.
    Delaporte CCL I T 188 und 216 (Siegel); CCL II A 296 (Siegel). --
Falkenstein UVB 10 18f. -- Gadd UET 1 n67, 71, 77 (77 Siegel) und
288. -- de Genouillac Babyl. 8 tIV Pupil 8 (Siegel). -- de Genouillac ITT II/1 p51 954 (Siegel); ITT III/2 t26 5395 (Siegel); ITT V
p50 9705 (Siegel). -- de Genouillac Trouvaille n91 (Siegel). --
Hackman BIN 5 n36 (Siegel). -- Hallo JNES 31 87ff. (Siegel). -- Hilprecht BE 1/I n20-22. -- Jacobsen Gimilsin temple 142 n2 (Siegel).
-- Johns Ur-Engur tXI n163 . -- Kang SETDA n117? (Siegel). -- Keiser
BIN 2 n17. -- Keiser BIN 3 n169, 199, 200 und 400 (Siegel). -- Keiser BRM 3 n11, 16, 44, 47 und 71 (Siegel). -- King CT 3 1 12156. --
King CT 21 24-27. -- King HSA Tafel nach p272 BM 91017. -- Legrain
TRU n319? (Siegel). -- Legrain UE X n429 (Siegel). -- Legrain UET 3
einige Siegel (Schneider Siegellegenden p20). -- Nies UDT n174 (Sie-
gel). -- Nikol'skij DV 5 passim (Siegel). -- Oppenheim Eames passim
(Siegel). -- Owen JCS 24 151 n10 (Siegel). -- Parr JCS 24 135f.
(Siegel). -- Pohl TMH NF 1/2 t90 n50* (Siegel). -- Sauren WMAH
pXXIII MAH 16098? -- Scheil MDP 28 p3f. n1. -- Scheil RT 19 49 n5
(Siegel). -- Scheil RT 20 67f. -- Schneider AnOr 1 p45 n21 und 22
(Siegel). -- Schneider Or 47-49 passim (Siegel). -- Schott Eanna
n4. -- Sollberger BAC n140 (Siegel). -- Sollberger UET 8 n32 (?) und
33 (?). -- Szlechter TJAMC p215 IES 318 (Siegel). -- Thureau-Dangin
RA 23 32f. -- Thureau-Dangin RTC n425 (Siegel). -- Weidner IAK II/1.

AN-ki-sa-a-dal von Karḫar.
    de Clercq CdC I n121 (Siegel).

Annubanini von Lullubum.
    Edzard AfO 24 73ff. -- Scheil RT 14 102ff.

Anum-muttabbil von Der.
    King CT 21 1 91084. -- Speleers RIAA n4.

Be-lí-i-šar.
    Godard L'art de l'Iran 71ff.

Dada von Nippur.
    Nur Siegel. Çıǧ + Kızılyay NRVN I n118 und 255. -- Delaporte RA
8 196 n20. -- Gadd UET 1 n89. -- Legrain UE X n418-420. -- Moortgat
VAR n252. -- Nies UDT n37A. -- Pohl TMH NF 1/2 t94 n130* und 142*.
-- Sollberger BAC n61.

Da-da-ga von Umma.
    Nikol'skij DV 5 n399.

DINGIR-BU von Mari.
    Gadd UET 1 n12 (Tochter)? -- Woolley UE II p322 U 11678.

Dudu von Akkad.
    Opificius Geschnittene Steine der Antike n23 (Siegel). -- Poebel

PBS 5 n39.

Eabzu von Umma.
     de Sarzec DC pLVI.

Eannatum von Lagaš.
     Crawford Expedition 14/II 17 f7. -- Edzard Sumer 15 23f. n5. --
Sollberger Corpus p9-26.

Eiginimpae von Adab.
     Luckenbill Adab n18-22.

É-LI-LI von Ur.
     S.Smith JRAS 1932 305ff.

Enannatum I. von Lagaš.
     [Ali Sumer 29 ("1973") 27-30.] -- Edzard Sumer 14 109ff. (Sohn).
-- Hallo JNES 17 214f. -- Sollberger Corpus p27-31. -- Sollberger
ZA 53 2 und 4ff.

Enannatum II. von Lagaš.
     Sollberger Corpus p45.

Enentarzid von Lagaš.
     Sollberger Corpus p46.

Enlilla-isa von Nippur.
     Gadd UET 1 n87.

Enmebaragesi von Kiš.
     Edzard Sumer 15 19. -- Jacobsen Temple oval 146 n2.

Enna-il von Kiš.
     Goetze JCS 15 107ff.

Enšakušanna von Sumer (Uruk).
     Poebel PBS 4/I p151ff. -- Šilejko VN nV. -- Speleers RIAA n14.

Entemena von Lagaš.
     M.Lambert RSO 47 1ff. -- Sollberger Corpus p32-44 und 64. --
Sollberger UET 8 n9. -- Unger RLV VIII t139 c.

Erridupizir von Gutium.
     Hilprecht BE Res. 5/I 20ff.

E-u_6-e.
     Schneider AnOr 7 p42 B a 1 a.

GÍN-AK.
     Parrot Syria 34 224ff.

Gis-šà-ki-du_{10} von Umma.
     Thureau-Dangin RA 34 177ff.

Gudea von Lagaš.
     Cf Römer BiOr 26 159f.
     Baer RA 65 1ff. -- vBuren Found.fig. f14. -- Clay YOS 1 n15. --
de Clercq CdC II p80ff. -- Cros NFT 21ff., 280 und 283ff. -- vDijk
TLB 2 n8-11. -- Edzard Sumer 13 179 IM 23090/2 und 23103/6. -- Gadd
UET 1 n26-28. -- de Genouillac FT II tXXXIX TG 2429 und TG 3100,

tXL TG 519, tXLI TG 3960 (Gattin), tXLVI TG 1130, tXLVIII TG 2510
(?), p35 t84 1. -- de Genouillac ITT II/1 p31 839 und 840, p33 858,
t22 943, t62 4216 und 4321 (alles Siegel); ITT III/2 tI 6636 (Siegel); ITT V tI 10059B, tIV 10018 und 10059A (alles Siegel). -- Goossens Mariemont 185f. -- Jakob-Rost Sumerische Kunst t32. -- Keiser
BIN 2 n8 und 12. -- King CT 21 37-38. -- Kraus Gedächtnisschrift
Edhem I 112 n16. -- M.Lambert RA 47 83f. f2. -- M.Lambert RA 51
147ff. -- Legrain PBS 15 n83. -- Lenormant Choix n3. -- Levy AfO 11
151f. und 152. -- Martin RT 24 190ff., 192f., auch 193? -- Menant
Catalogue la Haye n149 (Gattin). -- Mercer JSOR 10 281ff. n2. --
Messerschmidt + Ungnad VS 1 n13, 15, 18 und 22. -- E.Meyer Sumerier
und Semiten 43 und tVII. -- G.R.Meyer Altorientalische Denkmäler
f51 (Sohn). -- Norris I R 5 XXIII 1. -- Nougayrol RA 41 26f. AO
16653. -- Parrot Syria 31 3ff. -- Parrot Tello 183f. AO 16.649? --
Porada Corpus I n274 (Siegel). -- Price Gudea II (Textbearbeitun-
gen). -- Raschid Sumer 26 arab. p110f. -- de Sarzec DC pVI-XXVIII
(Statuen A - H), pLIX (dreimal), t13 n5, t24 n2 und 3, t26 n2, 4,
7 und 9, t26bis n3, t28 n2 (?) und 5, t29 n1, t37 n3-7, t38 bri-
ques und t44 n2. -- Scheil RA 22 41ff. -- Scheil RA 24 109f. --
Scheil RA 27 162f. und 163f. -- Scheil RT 18 71f. (Siegel). --
Scheil RT 21 26ff. (Siegel). -- Scheil RT 37 128 oben. -- Schwarz
BNYPL 44 808 n23 (wenn echt). -- Šilejko ZVO 25 137 und 139. --
Sollberger JCS 10 11ff. n1. -- Sollberger UET 8 n16, 17, 18 (?). --
Stephens YOS 9 n12, 15, 16 und 102. -- Thureau-Dangin MP 27 97ff.
und 103f. -- Thureau-Dangin RTC n260 (Siegel). -- Thureau-Dangin
SAK 140f. p und q, 142f. x und 144f. c'. -- Thureau-Dangin TCL 8. --
Toscanne RT 31 130f. O (Siegel), 131f. Q-R (Siegel). -- Unger AOTU
2/II-III 27ff. (67ff.). -- Unger RA 51 169ff. -- Unger SuAK f43-44.
-- Witzel Gudea.

Ha-ZU(ba?)-LUL-É von Adab.
     Luckenbill Adab n43. -- Messerschmidt + Ungnad VS 1 n25.

Haladda von Šuruppak.
     Heinrich Fara p4.
[Hašhamer von Iškun-Sîn. King CT 21 6 89126 (Siegel).]
Hunnini von Kimaš.
     Ward Gedächtnisschrift W.R.Harper I 369 (Siegel).

Iarlagan von Gutium.
     Clay YOS 1 n13.

Ibbi-Sîn/Suen von Ur.
     Barton RISA 298f. 5 (Siegel). -- Çambel OrNS 18 tXLVIII f22 (Sie-
gel). -- Contenau Umma p51 (Siegel). -- Delaporte CCL I T 221 (Siegel); CCL II A 816 (Votivinschrift) und A 851 (Siegel). -- Edzard
Sumer 13 180f. -- Gadd UET 1 n85, 88-92 (Siegel), 95-97 (Siegel)
und 289. -- de Genouillac ITT II/1 p55 998, t22 937 und t27 976 (alles Siegel); ITT III/2 t34 6021 (Siegel). -- Jacobsen Gimilsin temple 143 n5 (Siegel). -- Janneau Une dynastie chaldéenne 34f. und 60
(beides Siegel). -- Jean Šumer et Akkad CLXIV:154 (Siegel). -- Keiser BIN 3 n585, 608 und 609 (alles Siegel). -- Keiser BRM 3 n32 und
155 (beides Siegel). -- Legrain PBS 13 n5 (Siegel). -- Legrain TRU
n367 und 390 (p99; beides Siegel). -- Legrain UE X n416, 418-421 und
435-439 (alles Siegel). -- Legrain UET 3 passim (Schneider Siegellegenden p21f.; auch n51?). -- McCown Nippur I t121:9 (Siegel). --
Nikol'skij DV 5 n180, 190, 380, 398 und 399 (alles Siegel). -- Nougayrol AnBi 12 276ff. (Siegel). -- Oppenheim Eames p20f. B 10,
p60f. F 19, p125 P 2, p126 P 4 und p144 W 1 (alles Siegel). --
Owen JCS 24 150 n5 (Siegel). -- Owen OrNS 40 387f. n1 (Siegel). --

Pinches Berens n69 (Siegel). -- Pohl TMH NF 1/2 t94 n141*, 142* und 145* (alles Siegel). -- Porada Corpus I n292 (Siegel). -- Sauren WMAH n135 (Siegel). -- Scheil RA 23 35 (Siegel). -- Scheil RT 37 128 unten (Siegel). -- Sollberger BAC n61, 124, 125, 138 und 281 (alles Siegel). -- Sollberger Genava N.S. 2 241f. n6 (Siegel). -- Sollberger JCS 19 27ff. nIII (Siegel). -- Sollberger RA 61 69f. -- Sollberger UET 8 n36 und 37. -- Stephens YOS 9 n69. -- Thureau-Dangin MP 27 108ff. -- Thureau-Dangin RTC n431 (Siegel).

Il von Umma.
      Stephens YOS 9 n6.

Ilsu von Mari.
      Siehe DINGIR-BU.

Ir/Arad-Nanna von Lagaš.
      de Genouillac ITT II/1 tII 866 (Siegel); ITT V t15 6772 (Siegel). -- Legrain TRU n290 (Siegel). -- Sollberger BAC n180, 183, 184 und 337 (alles Siegel). -- Sollberger RA 61 69f. (Gattin). -- Thureau-Dangin RA 5 99ff. -- Thureau-Dangin RTC n429 und 430 (beides Siegel).

Iturija von Ešnunna.
      Jacobsen Gimilsin temple 134f. n1; ib 142 n3 und 4 (beides Siegel).

Itūr-ilum von Babel.
      Keiser BIN 2 n30 und p48 unpubl. Siegel (beides Siegel eines Sohnes).

Kallamu von A/Ešnunna.
      Legrain PBS 13 n31 (Siegel).

Kudda von Uruk.
      Stephens YOS 9 n10?

La'erab von Gutium.
      Winckler ZA 4 406.

LI-lu-ul-DAN von Akkad.
      Levy AfO 10 281.

Lišānum von Maradda.
      Legrain PBS 13 n28 (Siegel).

Lubanda von SAG-RIG$_7$.
      Oppenheim Eames p136f. S 10 (Siegel).

Lugal-[von Kiš.
      de Sarzec DC pLVI.

Lugalanda von Lagaš.
      Sollberger Corpus p47 (nur Siegel) und "Ukg. 9".

Lugalannatum von Umma.
      Scheil CRAIB 1911 318ff.

Lugal-Anne-mundu von Adab.
      Güterbock ZA 42 40ff. (Pseudepigraph).

Lugal-da-LU (?) von Adab.
　　　Banks Bismya 191ff.

Lugalkingenešdudu von Umma, später von Uruk und Ur.
　　　Gadd UET 1 n3. -- Goetze JCS 15 105ff. -- Hilprecht BE 1/I n23-
　　　25, 1/II n86 und 88.

Lugalkisalsi von Uruk.
　　　Clay BRM 4 n45 (Familie). -- Gadd UET 1 n3. -- Hilprecht BE 1/II
　　　n86 Z. 11 f.e. - 1 f.e. und n89. -- Jacobsen Pre-Sargonid temples
　　　298 n12? -- Thureau-Dangin RA 20 3ff. (Enkel). -- Weber Amtliche Be-
　　　　　　　　　　　　　　　　　　　　　　　　　　　　　＼richte ... 36 73ff.
Lugalmelam von Nippur.
　　　Nur Siegel. Pohl TMH NF 1/2 t92 n103*, auch t94 n134*?

Lugalnigba von Nippur.
　　　Legrain PBS 15 n82.

Lugal-TAR-si von Uruk.
　　　Clay YOS 1 n6 (Gattin). -- King CT 3 1 12155.

Lugalušumgal von Lagaš.
　　　Nur Siegel. Thureau-Dangin RTC n162, 165, 166 und 179.

Lugal-UD von Kiš.
　　　Langdon Kish I p4 und tVI 1 links.

Lugalzaggesi von Uruk.
　　　Edzard Sumer 15 24f. n7? -- Hilprecht BE 1/II n87. -- Sollberger
　　　OrNS 28 336ff.

Lugirizal ("Lukani") von Lagaš.
　　　Delaporte CCL I T 74, 124, 148 und 179 (alles Siegel). -- Dela-
　　　porte ITT V p105 mit Anm. 1 (Siegel). -- de Genouillac ITT II/1 t62
　　　4312 (Siegel). -- Heuzey RA 4 90. -- Nougayrol RA 41 24ff. AO 16650
　　　(Sohn). -- Scheil RT 18 73f. (Siegel). -- Thureau-Dangin RTC n422
　　　und 423 (beides Siegel).

Lumma von Adab.
　　　Luckenbill Adab n25 und 26.

Lusaga von Ur.
　　　Clay YOS 1 n9? -- Edzard Sumer 13 181f.
[Lu-Utu von Adab. Myhrman BE 3/I n13 (Siegel).]
Lu-Utu von Umma.
　　　Clay YOS 1 n14. -- Gadd CT 36 3 109930. -- King CT 1 50 96-6-12,
　　　3.

Maništušu von Akkad.
　　　Andrae MDOG 73 1f. -- Hilprecht BE 1/II n118. -- Hirsch AfO 20
　　　69ff. -- King CT 21 1 91018. -- King CT 32 5 56631 links. -- Nagel
　　　APA 1 195. -- Poebel PBS 5 n35. -- Scheil MDP 2 p1ff. -- Scheil MDP
　　　4 p2? -- Scheil MDP 10 p1ff. -- Scheil MDP 14 p1ff. -- Sollberger
　　　JEOL 20 50ff. (Pseudepigraph). -- Speleers Catalogue p116f. n594
　　　(Siegel).

Me-ba-dé (? oder Me-dur-ba?) von Adab.
　　　Luckenbill Adab n8-9.

Mesalim (Mesilim) von Kiš.

Luckenbill Adab n1, 5 und 7. -- de Sarzec DC pXXXV.

Mes-Anne-padda von Ur.
    Gadd UET 1 n268 (Siegel Gattin). -- Parrot MAM IV 53ff.

Meskalamdug von Ur.
    Woolley UE II t191 U 10001-10003; ib t191 U 11751 (Siegel); ib
    t191 U 13607 (Siegel); ib p316 U 10081.

Meskiaganun von Ur.
    Sollberger UET 8 n2 (Woolley UE II p321 Anm. 10).

Meskigalla von Adab.
    Nagel BJVF 8 177 IM 5572.

Nabi-Ulmaš von Tutu.
    de Sarzec DC pLVII t26bis n2.

Nammaḫabzu von Nippur.
    Thureau-Dangin RT 32 44.

Nammaḫani von Lagaš.
    Clark Art of early writing tXIII? -- Cros NFT 241 A (?), 241f.
    B (?), 242 C (?), 242 D (?) und 242f. E (?). -- King CT 1 50 96-6-
    15,1. -- Messerschmidt + Ungnad VS 1 n12. -- de Sarzec DC pLVIII
    (viermal), t27 n1 und t37 n10, auch t44bis n5? -- Šilejko ZVO 25
    138f.

Namzitarra von Nippur.
    Nur Siegel. Owen Festschrift Gordon 131ff. -- Sollberger BAC n73.

Narām-Sîn/Suen von Akkad.
    Banks Bismya 145. -- Boissier RA 16 157ff. -- Clay YOS 1 n10. --
    Dossin IrAnt 2 158f. n15 und 163 n28. -- vDijk VS 17 n42. -- Gadd
    UET 1 n24 A, 69 (Tochter), auch 277? -- Gelb JNES 16 163ff. (Sie-
    gel)? -- de Genouillac RA 10 101f. n1. -- Goetze JAOS 88 55 6 N-128.
    -- Hilprecht BE 1/I n4, 1/II n120. -- Hirsch AfO 20 19f. HS 1954 +
    1955, 22f. HS 32 und 72ff. -- Jacobsen Temple oval 149 n7. -- King
    PSBA 31 286ff. -- M.Lambert OrNS 37 85f. -- [W.Lambert BiOr 30
    (1973) 357-363.] -- Legrain PBS 15 n18 und 81. -- Lehmann-Haupt
    Materialien n2. -- Luckenbill Adab n27. -- Mallowan Iraq 9 tLXIV
    rechts Mitte. -- Nassouhi RA 22 91. -- Norris I R 3 VII. -- Oelsner
    WZJ 18 52 n10. -- Parrot Syria 32 tXVI 1 und 2. -- Poebel PBS 5
    n36, auch 37? -- de Sarzec DC pLVII (auch Inschrift einer Enkelin).
    -- Scheil MDP 2 p53ff. -- Scheil MDP 6 p2ff. und 6. -- Sollberger
    AfO 17 27f. -- Sollberger UET 8 n11 und 12, p35 n42. -- Stephens
    YOS 9 n96. -- Thureau-Dangin ITT I t6 1094 (Siegel). -- Thureau-
    Dangin RA 8 199f. -- Thureau-Dangin RA 9 33ff. -- Thureau-Dangin
    RTC n165-172 und 174 (alles Siegel). -- Unger IAMN 12 48 Ni 2435.
    -- Weber AO 17-18 n229 (Siegel Sohn). -- Woolley UE II t191 U 9844
    (Siegel Tochter).
    Für die Tochter Enmenanna siehe Sollberger AfO 17 26ff. und UET
    8 p3 zu n12.

Pirigme von Lagaš.
    Delaporte CCL I T 47 und T 123 (beides Siegel). -- Nougayrol RA
    41 23ff. -- Thureau-Dangin RTC n259 (Siegel).

Puabi ("Šubad"), Königin von Ur.

Woolley UE II t191 U 10939.

Puzur-Mama von Lagaš.
    vBuren AJA 46 363 n5 (Siegel Sohn). -- de Genouillac RHR 101
220f. -- de Sarzec DC pLVIII?

Puzur-Sîn/Suen von Ur.
    Legrain PBS 14 n37 (Siegel).

Rīmuš von Akkad.
    Aynard Syria 43 21ff. -- Buccellati + Biggs AS 17 n45. -- Gadd
UET 1 n9 (?), 10 und 22. -- Goetze JAOS 88 54 und 57 6 N-T 264? --
Hilprecht BE 1/I n6-10, auch 13? -- Hirsch AfO 20 52ff. -- Jacobsen
Temple oval 149 n8. -- Loretz TCBTB I n83. -- Poebel PBS 5 n36. --
Scheil MDP 4 p2? -- Sollberger UET 8 p35 n41. -- Thureau-Dangin RA
8 135ff. und 138ff.

SAR-a-ti-gu-bi-si-in von Gutium.
    Thureau-Dangin RA 9 73ff.

Sargon von Akkad.
    Clay BRM 4 n4. -- Clay YOS 1 n7 (Gattin). -- Gadd UET 1 n6?; ib
n23 (Tochter); ib n271 (Siegel Tochter), vgl. n272. -- Hirsch AfO
20 34ff. -- Legrain UE III n537 = Woolley UE II t191 U 11684 (Siegel
Tochter). -- Nassouhi RA 21 65ff. -- Sollberger UET 8 n10.
    Für die Tochter Enḫeduanna siehe Gelb MAD 2² 194, Hirsch AfO 23
9 und Sollberger AfO 17 26.

Šilluš-Dagan von Simurrum.
    Nur Siegel. Keiser BIN 3 n492. -- Scheil RA 23 36f.

Šarkališarri von Akkad.
    Clay MJ 3 23ff. -- de Clercq CdC I n46 (Siegel). -- Feigin JAOS
59 107f. -- Goetze JAOS 88 55ff. 6 N-T 658. -- Hilprecht BE 1/I
n1-3. -- King CT 21 1 91146. -- Pope Survey I 281 nII. -- Stephens
YOS 9 n7 und 8. -- Stol Van beitel tot penseel p6 M 5. -- Thureau-
Dangin RTC n161-164 (Siegel). -- Ward SCWA f47 und 48 (Siegel). --
Weidner AfO 8 258f. f6a.

Šu-DUR-ÙL von Akkad.
    Dossin IrAnt 2 156 n11. -- Gadd EDSA 29f. -- de Genouillac PRAK
II t54 n9 (Siegel). -- Jacobsen Stratified cylinder seals 49 n701
(Siegel).

Šulgi von Ur.
    Amiaud ZA 3 94f. -- Aynard RA 54 17 oben. -- Barton RISA 366f. 9.
Belaiew RA 26 115f. -- Borger BiOr 28 3f., 14f. und 20f. ("Šulgi-
Prophetie"). -- Bromski + Schorr RO 2 188f. -- Çığ + Kızılyay NRVN I
n249 (Siegel). -- Clay YOS 1 n17. -- de Clercq CdC I n86 (Siegel);
CdC II p83ff. -- Contenau Contribution n28 (Siegel). -- Contenau
Umma p51 oben und unten (Siegel). -- Delaporte CCL I T 111, T 185,
T 186, T 215 und T 224 (alles Siegel); CCL II A 246 und A 260 (bei-
des Siegel). -- Delaporte ITT IV p103ff. passim (Siegel). -- Dela-
porte RA 8 188 n6 (Siegel). -- vDijk Sumer 11 110 n10 tXVI. -- vDijk
TLB 2 n14. -- Gadd UET 1 n24 B, 51-55, 56 (Siegel), 57-59, 63 (Sie-
gel), 64 (Tochter?) und 287. -- Gelb ArOr 18/I-II 189ff. -- de Ge-
nouillac FT II tXLIV TG 1382. -- de Genouillac ITT II/2 t87 1001;
ITT V p50 9705, p57 und tI 9882 (alles Siegel). -- de Genouillac
Trouvaille n91 (Siegel). -- Hackman BIN 5 n106, 238, 273, 320 und 345

(alles Siegel). -- <u>Hallo</u> Titles 136 Anm. 11. -- <u>Heuzey</u> RA 4 90. --
<u>Hilprecht</u> BE 1/I n15 und 16. -- <u>Hussey</u> Bulletin Buffalo 11/II 153
n16 (Siegel). -- <u>Jacobsen</u> AS 6 20ff. -- <u>Jacobsen</u> Gimilsin temple
142 n1 (Siegel). -- <u>Jean</u> Šumer et Akkad CXL:128 (Siegel). -- <u>Kang</u>
SETDA n105 und 107 (beides Siegel). -- <u>Keiser</u> BIN 2 p48 unpubl. Siegel. -- <u>Keiser</u> BIN 3 n440 (Siegel). -- <u>Keiser</u> BRM 3 n24, 31, 39, 42,
43, 50, 72 und 74 (alles Siegel); ib n52 (Siegel Sohn). -- <u>Keiser</u>
YOS 4 n86, 141, 142 und 164 (alles Siegel). -- <u>King</u> CT 3 1 17288 und
17287. -- <u>King</u> CT 5 2 12217 und 12218. -- <u>King</u> CT 9 3 35389. -- <u>King</u>
CT 21 9 89131 (Siegel); ib 10-11. -- <u>M.Lambert</u> RA 64 70f. n4. -- <u>M.</u>
<u>Lambert</u> RA 67 159ff. -- <u>Legrain</u> PBS 13 n28 (Siegel). -- <u>Legrain</u> PBS
14 n271 (Siegel). -- <u>Legrain</u> PBS 15 n42. -- <u>Legrain</u> TRU n122 (p96;
Siegel). -- <u>Legrain</u> UE X n407, 408 (= Gadd UET I n63) und 422 (alles
Siegel). -- <u>Legrain</u> UET 3 einige Siegel (Schneider Siegellegenden
p20). -- <u>Lenormant</u> Choix n69. -- <u>Luckenbill</u> Adab n37-39. -- <u>Lutz</u>
UCP 9/II Part II n88 (Siegel). -- <u>Madhlum</u> Sumer 16 arab. p91 und
t11 B. -- <u>Mercer</u> JSOR 13 39 n20 (Siegel). -- <u>Messerschmidt</u> + <u>Ungnad</u>
VS 1 n24 und 25. -- <u>Myhrman</u> BE 3/I n14 (Siegel). -- <u>Nikol'skij</u> DV 5
n157, 160, 161, 163, 203, 435 und 478 (alles Siegel). -- <u>Norris</u> I R
2 II 4. -- <u>Oppenheim</u> Eames p167 Bab. 21 (Siegel). -- <u>vdOsten</u> Newell
n135 (Siegel, vSoden GGA 1936 42). -- <u>Owen</u> OrNS 40 392f. n6 (Siegel). -- <u>Pinches</u> Amherst n22 und 44 (beides Siegel). -- <u>Pinches</u> Berens n28 und 29 (beides Siegel). -- <u>Pinches</u> CT 44 n2. -- <u>Poebel</u> PBS
5 n41. -- <u>Pohl</u> OrNS 16 464f. -- <u>Pohl</u> TMH NF 1/2 t94 n139* (Siegel)'.
-- <u>Porada</u> Corpus I n295? -- <u>Radau</u> EBH 251f. EAH 61 (Siegel). -- <u>de</u>
<u>Sarzec</u> DC t21 n4, t28 n1, 2 und 6, t29 n3 und 4. -- <u>Sauren</u> Orienta-
lia Lovaniensia periodica 4 p42f. n38 und p47f. n46 (beides Siegel).
-- <u>Scheil</u> MDP 6 p20, 21f. und 22 unten. -- <u>Scheil</u> MDP 14 p22f. --
<u>Scheil</u> RT 18 73 (Siegel). -- <u>Scheil</u> RT 37 130f. (Siegel). -- <u>Schnei-</u>
<u>der</u> AnOr 1 p45 n22 (Siegel). -- <u>Schneider</u> AnOr 7 p42 B a 1 (Siegel).
-- <u>Schneider</u> Or 47-49 n132, 269, 281, 282, 294 und 485 (alles Siegel). -- <u>vSchuler</u> BJVF 7 293ff. -- <u>Šilejko</u> ZVO 25 143? -- <u>Sollberger</u>
BAC n190, 242 und 278 (alles Siegel). -- <u>Sollberger</u> Genava N.S. 2
241 n5 (Siegel). -- <u>Sollberger</u> IRSA p145 Anm. 1 (Siegel). -- <u>Soll-</u>
<u>berger</u> UET 8 n22, 23, 25-30 und 105. -- <u>Southesk</u> Catalogue II 57 Qa
37. -- <u>Stephens</u> YOS 9 n21. -- <u>Szlechter</u> TJAMC p198 IOS 18 (Siegel).
-- <u>Thureau-Dangin</u> RTC n417 und 418 (beides Siegel). -- <u>Thureau-</u>
<u>Dangin</u> SAK 190f. d. -- <u>Toscanne</u> RA 7 59. -- <u>Unger</u> Katalog III 23f.
n170. [Nachtrag: Legrain UE X n403 = UET 3 n1320 (Siegel Tochter?).]
     Für die Tochter ME-^dEn-líl siehe <u>Hallo</u> HUCA 33 42. Für die Töch-
ter (?) Ennirzianna und Enmaḫgalanna siehe <u>Sollberger</u> AfO 17 23f.

<u>Šuruškin von Umma.</u>
     <u>Thureau-Dangin</u> RA 9 76.

<u>Šu-Sîn/Suen ("Gimil-Sîn") von Ur.</u>
     <u>Boissier</u> RA 23 17 n1 (Siegel). -- <u>Buchanan</u> Ashmolean I n439
(Siegel). -- <u>Christian</u> Altertumskunde t415 5 (Siegel). -- <u>Cığ</u> +
<u>Kızılyay</u> NRVN I n36 (Siegel)? -- <u>Civil</u> JCS 21 24ff. -- <u>Contenau</u>
Umma p51 (Siegel). -- <u>Davidson</u> Bulletin of the Museum of Art ..
37/I 41 (Siegel). -- <u>Delaporte</u> CCL I T 127, T 192 und T 217-219
(alles Siegel); CCL II A 257-259 (Siegel). -- <u>Delaporte</u> ITT IV p29
7265 (Siegel). -- <u>Edzard</u> AfO 19 1ff. -- <u>Falkenstein</u> UVB 8 23 (zweimal). -- <u>Gadd</u> UET 1 n72, 73, 75 (Siegel), 77 (Siegel) und 81. -- <u>de</u>
<u>Genouillac</u> Babyl. 8 tIII Pupil 2, tV Pupil 13 und 18 (alles Siegel).
-- <u>de Genouillac</u> ITT II/1 tII 866 und t30 2737 (beides Siegel); ITT
III/1 tI 5922 und 5978 (beides Siegel); ITT V p58 9912, p60 9951 und
t15 6772 (alles Siegel). -- <u>de Genouillac</u> Trouvaille n73 (Siegel).
-- <u>Hackman</u> BIN 5 n64 und 82 (beides Siegel). -- <u>Hallo</u> TLB 3 n30 und

44 (beides Siegel). -- <u>Jacobsen</u> Gimilsin temple 134f. n1. -- <u>Jan-</u>
<u>neau</u> Une dynastie chaldéenne 53f. (Siegel). -- <u>Jean</u> Šumer et Akkad
LXXXVII:139, XCII:131, CL:130 und CLX:146 (alles Siegel). -- <u>Keiser</u>
BIN 2 n11. -- <u>Keiser</u> BIN 3 passim (Siegel). -- <u>Keiser</u> BRM 3 n37, 38,
46, 52, 53, 114, 130 und 156 (alles Siegel). -- <u>Keiser</u> YOS 4 n73,
101, 130 und 193 (alles Siegel). -- <u>King</u> CT 21 28 90844; ib 28 91023
(Siegel). -- <u>King</u> CT 32 6 103354 und 103353. -- <u>Kramer</u> ISETP I 181
Ni 9738? -- <u>Kutscher</u> JCS 22 63ff. (Siegel). -- <u>Langdon</u> TAD n14 (Sie-
gel). -- <u>Legrain</u> RA 32 130 (Siegel). -- <u>Legrain</u> TRU p98 ("Gimil-
Sin", Siegel). -- <u>Legrain</u> UE X n430 und 432, auch 433? (alles Sie-
gel). -- <u>Legrain</u> UET 3 einige Siegel (Schneider Siegellegenden
p20f.). -- <u>Luckenbill</u> Adab n43. -- <u>Lutz</u> UCP 9/II p118 TN 39 und ib
Part II n54, 74, 99 usw. (alles Siegel). -- <u>Madhlum</u> Sumer 16 arab.
p91 und t11 A. -- <u>Messerschmidt + Ungnad</u> VS 1 n27. -- <u>Moortgat</u> VAR
n253 und 259 (beides Siegel). -- <u>Myhrman</u> BE 3/I n13 und 65 (beides
Siegel). -- <u>Nesbit</u> Sumerian records from Drehem p[91] (Siegel). --
<u>Nies</u> UDT n73A, 160 und 167-169 (alles Siegel). -- <u>Nikol'skij</u> DV 5
passim (Siegel). -- <u>Oppenheim</u> Eames passim (Siegel). -- <u>Oppert</u> RA 5
57 f2. -- <u>vdOsten</u> Brett n48 (Siegel). -- <u>Owen</u> Festschrift Gordon
131ff. (Siegel); ib 136 Anm. 53 N-798 (Siegel). -- <u>Owen</u> OrNS 40
395f. n9 (Siegel). -- <u>Peters</u> Nippur II Tafel nach p238. -- <u>Poebel</u>
PBS 5 n68 I 1-15? -- <u>Pohl</u> TMH NF 1/2 t89 n38* und t90 n52* (beides
Siegel). -- <u>Sauren</u> Orientalia Lovaniensia periodica 4 p40f. n34
(Siegel). -- <u>Scheil</u> MDP 4 p8. -- <u>Schneider</u> AnOr 1 p44f. n1 und 23
(Siegel). -- <u>Schneider</u> AnOr 7 p42 B a 2 (Siegel). -- <u>Schneider</u> Or 18
tXVI (Siegel). -- <u>Schneider</u> Or 47-49 n420 und 486 (beides Siegel).
-- <u>Sjöberg</u> JCS 24 70ff. -- <u>Sollberger</u> BAC n31, 37, 73, 180, 183,
184, 308 und 337 (alles Siegel). -- <u>Sollberger</u> UET 8 n35. -- <u>Spe-</u>
<u>leers</u> RIAA n13. -- <u>Steele</u> JAOS 63 n157 (Siegel). -- <u>Stephens</u> YOS 9
n24. -- <u>Szlechter</u> TJAMC p190 FM 47 (Siegel). -- <u>Thureau-Dangin</u> RA 5
99ff. -- <u>Thureau-Dangin</u> RTC n429 und 430 (beides Siegel). [Usw.,
        ⌊siehe <u>Schneider</u> OrNS 15 418.]

<u>Ugme</u> siehe Pirigme.

<u>Uḫub</u> (? Utuku?) von Kiš.
  <u>Hilprecht</u> BE 1/II n108 + 109.

<u>Undalulu von Akšak.</u>
  <u>Waterman</u> Tel Umar p6.

<u>Ur-^d[von Adab.</u>
  <u>Gadd</u> UET 1 n79 = <u>Legrain</u> UE X n426 = Legrain UET 3 n19 (Siegel).

<u>Ur-^d[von Umma.</u>
  Nur Siegel. <u>Contenau</u> Contribution n28. -- <u>Hackman</u> BIN 5 n106 und
273. -- <u>Nikol'skij</u> DV 5 n246 und 391.

<u>Urabba von Lagaš.</u>
  <u>Thureau-Dangin</u> RTC n287 (Siegel).

<u>Ur-AN-AN-NAGA von Nippur.</u>
  Nur Siegel. Çığ + Kızılyay NRVN I n249. -- <u>de Clercq</u> CdC I n86.
-- <u>Pohl</u> TMH NF 1/2 t94 n139*.

<u>Ur-^dBa-Ú von Lagaš.</u>
  <u>Gadd</u> UET 1 n25 (Sohn). -- de Genouillac FT II tXLI TG 2182. --
<u>de Genouillac</u> RA 10 101f. n3. -- <u>de Sarzec</u> DC pIV-VI, t8bis n2, t26
n1a-b, t27 n2, t37 n1 und 2, t38 Mitte links. -- <u>Thureau-Dangin</u> SAK
62f. c.

Ur-Enlil von Nippur.
          Hilprecht BE 1/II n94 (?), 96 und 97.

Ureslilla von Adab.
          Mercer JSOR 12 146ff. n32.

Urgar von Lagaš.
          Parrot RA 29 55f. -- de Sarzec DC pLVIII. -- Šilejko ZVO 25
          140ff.

Urgigir von Uruk.
          Sollberger UET 8 n15. -- Thureau-Dangin RA 20 5ff.

Ur-Ḫendursag von Šulgi-Utu.
          Delaporte CCL I T 185 (Siegel).

Ur-Lamma von Lagaš.
          Nur Siegel. Delaporte CCL I T 116, T 199 und T 201. -- Delaporte
          ITT IV p103ff. passim ("Ur-dKal"). -- Schneider AnOr 1 p45 n21. --
          Thureau-Dangin RTC n420 und 421.

Ur-Lisi von Umma.
          Nur Siegel. Contenau Umma p51, 51f. und 54. -- Fish Catalogue
          p78 n565. -- de Genouillac Babyl. 8 tIV Pupil 8 und 11. -- Hackman
          BIN 5 n36, 130, 232 und 238, sowie 203 (Schwester?). -- Keiser BIN
          3 n487. -- Keiser YOS 4 passim. -- Lutz UCP 9/II Part II n88. --
          Nikol'skij DV 5 passim. -- Oppenheim Eames passim. -- Owen JCS 23
          69f. n2. -- Parr JCS 24 135f. -- Sauren Orientalia Lovaniensia
          periodica 4 p55f. n59. -- Sauren WMAH n77. -- Schneider AnOr 1 p44f.
          n20 und 22. -- Schneider AnOr 7 p42 B a 1 b und B b. -- Schneider
          Or 47-49 passim. -- Sollberger BAC n140, 190 und 278. -- Szlechter
          TJAMC p209 IOS 45 und p215 IES 318. [Usw., siehe Schneider OrNS 15
                              ⌐417f. und 421. Siegel Sohn Scheil RT 37 128 Mitte.]

Ur-Lumma von Umma.
          de Clercq CdC II p92ff.

Ur-Mama von Lagaš.
          de Sarzec DC pLVIII?

Ur-Nammu von Ur.
          Barton RISA 274f. 13. -- Civil RA 56 213 (Familie, Tochter des
          Apilkin von Mari). -- Clay BRM 4 n44. -- Clay YOS 1 n16. -- Cros
          NFT 167ff. -- Gadd UET 1 n30, 32-40, 42, 44-47, 48 (Siegel), 49,
          50 und 284-286. -- Hilprecht BE 1/I n14; 1/II n121 und 122. -- King
          CT 21 2-9 (6 89126 Siegel). -- Kramer ISETP I 177 Ni 4375? --
          McCown Nippur I t148:8? -- Oelsner WZJ 18 53 n18. -- Poebel PBS 5
          n40? -- Safar Sumer 3 Tafel gegenüber p235 des arab. Teils b. --
          Sollberger RA 61 69 n1 (Siegel Gattin). -- Sollberger UET 8 n19-21.
          -- Thompson Archaeologia 70 115 rechts oben.

Ur-Nanše von Lagaš.
          Basmachi Sumer 16 45ff. -- vBuren Found.fig. f3. -- Sollberger
          Corpus p1-7.

Urnigin von Uruk.
          Sollberger UET 8 n15 (Sohn und Gattin).

Ur-dNin-x von Umma.
          Nikol'skij DV 5 n203 (Siegel).

Ur-Ningirsu von Lagaš.

    Clay YOS 1 n8. -- Delaporte CCL I T 66 (Siegel). -- Edzard Sumer 15 25 n8a. -- Gadd JRAS 1922 391ff. -- de Genouillac FT II tXLVI TG 1573. -- King CT 10 2 86917. -- King CT 33 50 104724(!). -- de Sarzec DC t37 n8 und 9, auch t46 n9? -- Šilejko VN nVIII. -- Stephens YOS 9 n13. --ʹ Thureau-Dangin MP 27 101ff. und 104ff. -- Winckler ABK n13.

Ur-Nin(ki)mar von Lagaš.

    S.Smith JRAS 1932 307f.

Ur-Ninsun von Lagaš.

    de Sarzec DC pLVIII.

Ur-Pabilsag.

    Sollberger UET 8 n3.

Ur-Sîn von Umma.

    Oppenheim Eames p74 G 24 (Siegel).

Ur-^{d}TUR von Adab.

    Banks Bismya 302 (Siegel).

Uruinimgina ("Urukagina") von Lagaš.

    Sollberger Corpus p48-61 und 64. -- Sollberger ZA 53 6. -- Terrien de Lacouperie BOR 4 184f. (Siegel)?

Urur von Akšak.

    Waterman Tel Umar p6.

Urzage.

    Hilprecht BE 1/II n93.

Utu-ḫegal von Uruk.

    Erlenmeyer APA 2 255f. -- Gadd JRAS 1926 684ff. -- Gadd UET 1 n30 und 31. -- Mercer JSOR 10 281ff. n9. -- Stephens YOS 9 n19. -- Thureau-Dangin RA 9 111ff.

▨ -ḫé-ì-dùg von Adab.

    Hallo Titles 38 und 107f. A 7447.

Zuweisung unsicher, können z.T. späteren Datums sein.

    Buccellati + Biggs AS 17 n32, 38 (?), 39 (?), 42 (?), 46 (?), 47, 48, 50 und 51 (?).
    Clay BRM 4 n46.
    Clay YOS 1 n29.
    Cros NFT 97.
    Dougherty AASOR 8 45 (50 f4)?
    vDriel Festschrift Böhl 106 LB 16a und 16b.
    vDijk Meddelelser fra Ny Carlsberg Glyptotek 19 50ff.?
    vDijk Sumer 15 5ff. n1.
    Edzard Sumer 15 24f. n7.
    Falkenstein ATU n618-620?
    Gadd JRAS 1928 626ff.?·
    Gadd UE I p126 TO 219 und 220 (Lugal-[TAR] von Uruk?); ib p127 TO 304?
    Gadd UET 1 n5, 13, 15 (?), 19, 20, 29, 68, 74, 82, 83, 84, 267 (?), 277, 279 (?), 280, 308 (?).
    Gadd UET 6/II n192?
    Gelb MAD 1 n194.

de Genouillac FT II tXL TG 697, TG 223, TG 1248, TG 1458 (?) und
TG 1200; tXLI TG 2224, TG 2626 und TG 3601 (?); tXLIV TG 618 (?);
tXLVIII TG 2510.

Heuzey Catalogue Louvre 145f.

Hilprecht BE 1/I n12; ib tXII n29-31?; BE 1/II n107 und 119.

Jacobsen Pre-Sargonid temples 296 n9. Auch andere Texte der auf
p289ff. behandelten Gruppe könnten Königsinschriften sein.

Jacobsen Temple oval 146 n1 (?), 146 n3, 148 n4 (?), 150 n9 (?)
und 150 n11 (?).

Keiser BIN 2 n4 (?), 5 (?), 6, 7 (?) und 10 (?).

King CT 7 3 12031; ib 4 12033?

King CT 10 2 22469?

King CT 32 5 98917 und 98918.

King HB Tafel nach p152 BM 90951.

Kramer ISETP I 169 Ni 9502 (?), 179 NI 9717 (?), 212 Ni 13213 (?)
und 216 Ni 13222.

Kraus Gedächtnisschrift Edhem I 112 a.

M.Lambert RA 59 177ff.

Langdon Kish I p4 bowl; ib p4f. und tXXXV 1 Mitte.

Leemans JCS 20 35f. n2.

Legrain PBS 13 n25 (?) und 26 (?).

Legrain PBS 15 n8 und passim.

Lenormant Choix n1 (?) und 56 (?).

Lloyd Sumer 2 1ff. n2.

Luckenbill Adab n3 (?), 24 (?) und 36.

Martin RT 24 193.

McCown Nippur I t148:8.

Meier AfO 11 364f.

V.Müller MAOG 4 130 tI f1-2.

Nougayrol RA 41 26ff. AO 16652 (?); ib 27f. AO 16651; ib 27 und
29 AO 15393 (?).

Oelsner WZJ 18 52 n13, 53 n23 und n24 (?).

Pinches CT 44 n2.

Poebel PBS 5 n30 und n68 IV-V (?).

de Sarzec DC pLIII écuelle d'onyx (?); pLIII masse d'armes (?);
pLIV épée aux lions (?); pLVII; pLIX bec de vase; t26 n6 (?), n8
(?) und n10b (?); t44bis n5.

Scheil MDP 4 p3.

Scheil MDP 6 p1.

Scheil RT 14 105f. (x-ba-ni-bi-ri-ni (?), von Lullubum?).

Šilejko ZVO 25 143.

Sollberger Corpus p62-64.

Sollberger UET 8 n4-8 (?), 14 (?), 18 (?), 38-43, 44 (?), 46 (?),
47 (?), 48 (?), 49 (?), 50, 51 (?), 52, 53, 54 (?), 55, 57 (?) und
106 (?).

Speleers Babyl. 9 221ff.

Speleers RIAA n3?

Stephens YOS 9 n1 (?), 2 (?), 9 und 11 (?).

Toscanne RA 7 60.

Toscanne RT 30 122 C.

Toscanne RT 31 123 D (?).

Weidner AfO 15 95 Anm. 65.

Winckler ABK n52.

Winckler AOF I 545 n3.

Woolley UE II p526 U 7994?

§ 6. Altbabylonische Königsinschriften.

Allgemein: Barton RISA. -- Kärki SKFZ. -- King LIH. -- Sollberger +

Kupper IRSA. -- **Thureau-Dangin** SAK.
Bibliographie Herrscher Isin-Larsa-Zeit: **Hallo** BiOr 18 4ff. (Kärki StOr
35 326ff.).
Für die datierten Siegel cf **Nagel** AfO 18 319ff. und 20 125ff., **Weidner**
JKF 2 127ff.

Abdi-araḫ von Kiš.
    Edzard Sumer 13 188 IM 10787 und IM 10788??

Abi-ešuḫ von Babel.
    Finkelstein YOS 13 p86ff. einige Siegel. -- **King** LIḪ n68. --
Langdon RA 20 9ff. -- **Moortgat** VAR n494 (Siegel). -- **Szlechter**
TJAMC p55f. UMM G 36 (Siegel).

Abi-sarē von Larsa.
    Alexander BIN 7 n115 (Siegel). -- **Birot** Syria 45 244 n2. -- **King**
CT 33 50 104838. -- **Porada** Sumer 7 66ff. (Siegel). -- **Sollberger** UET
                                                           \8 n65.
Ammiditana von Babel.
    Delaporte CCL II A 562, A 563 und A 567 (alles Siegel). -- **Fin-
kelstein** YOS 13 p86ff. einige Siegel. -- **King** LIḪ n100. -- **Pinches**
CT 45 n46, 50, 54 und 55 (alles Siegel). -- **Szlechter** TJAMC p62ff.
UMM G 59 und p144f. UMM G 5 (beides Siegel).

Ammiṣaduqa von Babel.
    Buchanan Ashmolean I n551 (Siegel). -- **Finkelstein** YOS 13 p86ff.
einige Siegel. -- **Hilprecht** BE 1/II n129. -- **King** LIḪ n69. -- **Moortgat** VAR n495 (Siegel). -- **Ranke** BE 6/I n105 = tX (einige Siegel).

AN-àm von Uruk.
    Für die Lesung des Namens cf Kraus BiOr 22 289.
    Clay YOS 1 n35 und 36. -- **Falkenstein** BagM 2 p54. -- **Falkenstein**
UVB 9 15. -- **Gadd** CT 36 5 113207. -- **Hilprecht** BE 1/I n26.

Ašduniarim von Kiš.
    Gadd CT 36 4. -- **Thureau-Dangin** RA 8 65ff.

Azuzum von Ešnunna.
    Jacobsen Gimilsin temple 136 n6; ib 148 n22 und 23 (Siegel).

Belakum von Ešnunna.
    Jacobsen Gimilsin temple 137 n11.

Bilalama von Ešnunna.
    Jacobsen Gimilsin temple 135 n3 und 135f. n4; 146 n15 und 147 n17
(beides Siegel). -- **Jacobsen** Stratified cylinder seals 50 n709 und
51 n735 (beides Siegel). [Für die Tochter ME-ku-bi siehe §12 unter
                                        \Tan-Ruhurater (Gattin).]
Būr-Sîn von Isin.
    vDijk TLB 2 n17. -- **Hilprecht** BE 1/I n19. -- **Legrain** UE X n445,
528 und 540 (alles Siegel). -- **Moortgat** VAR n255 (Siegel). -- **Unger**
SAWW 250/II p41 n8 mit f21 (Siegel; so Unger, aber auf dem Photo
kaum erkennbar). -- **Weidner** AfO 4 133f.

Daduša von Ešnunna.
    M.Ellis JCS 24 69 n2 und 12 (beides Siegel). -- **de Genouillac**
RA 7 151ff.? -- **Goetze** Sumer 14 5 IM 52922 (Siegel, unpubliziert).
-- **Schroeder** KAH II n3. -- **Simmons** JCS 14 30f. n64 (Siegel).

Damiq-ilišu von Isin.

Hallo JNES 18 60 A 7556. -- Jacobsen Gimilsin temple 149 n25
(Siegel)? -- Legrain PBS 15 n85.

Enanedu, Schwester Warad-Sîn's und Rīm-Sîn's von Larsa.
    Cf Sollberger AfO 17 26.
    Figulla UET 5 n272 (Siegel). -- Gadd Iraq 13 27ff. -- Gadd UET
1 n137. -- Legrain UE X n459 (Siegel).

Enannatumma, Tochter Išme-Dagan's von Isin.
    Cf Sollberger AfO 17 25.
    Gadd UET 1 n103-105. -- King CT 21 21 90166 und 22-23. -- Soll-
berger UET 8 n64.

Enlil-bāni von Isin.
    Edzard Sumer 15 27f. n14. -- Hallo JNES 18 60 A 7555. -- Hogg
JMOS 1 1ff. -- Langdon Kish I p110f. A. -- Loding AfO 24 47ff. --
Scheil RT 33 212f. -- Stephens JCS 1 267ff.

Gungunum von Larsa.
    Arnaud RA 66 33f. n1. -- King CT 21 22-23. -- Scheil RT 24 25
1 d. -- Sollberger UET 8 n64.

Hammurapi ("Hammurabi") von Babel.
    Adams Uruk countryside 217. -- Borger OrNS 27 407f. -- Delaporte
CCBN n200 (Siegel). -- Dussaud MP 33 1ff. -- vDijk TLB 2 n15. --
Gadd UET 1 n146 (+?) Stephens YOS 9 n39-61. -- Gadd UET 1 n147, 148
und 304 (alles Siegel). -- Gelb JNES 7 267ff. -- de Genouillac PRAK
I t9 B 53. -- Hilprecht BE 1/I n27? -- King LIH. -- Langdon OECT 1
p23f. -- Legrain PBS 14 n328 (Siegel). -- Özgüç Bell. 19 304f. (Sie-
gel). -- Ormsby JCS 24 99 Seal 1. -- Parrot MAM II/3 p256 n193 und
225 (beides Siegel). -- Scheil MDP 2 p83ff. -- Sollberger IRSA p218
IVC61 und IVC6m. -- Ungnad VS 9 n42-43, 107 und 194 (alles Siegel).
-- Winckler ZA 2 122f. 82-7-14,... .

Ibalpi'el I. und II. von Ešnunna.
    vDijk TIM 5 n21 (Siegel). -- M.Ellis JCS 24 69 passim (Siegel).
-- Goetze Sumer 14 5 IM 52272 (Siegel); ib p23f. (Siegel). -- Hager
Dissertation tII 3 (Siegel). -- Jacobsen Gimilsin temple 137f. n12
und n12a, 139 n15; ib 154 n47a-50 (Siegel). -- Lutz UCP X/1 p69 TN
36 und p74 TN 107 (beides Siegel). -- Scheil RA 27 98. -- Simmons
JCS 13 106f. n6 und 116 n34 (beides Siegel). -- Weidner AfO 18 123f.
(Siegel).

Iddin-Dagan von Isin.
    Gadd UET 1 n229 (Siegel), 293 und 294. -- Loding AfO 24 47ff.

Iddin-ilum von Kisurra.
    Koldewey MDOG 15 13 (Sohn).

Ilišuilia von Ešnunna.
    Nur Siegel. Jacobsen Gimilsin temple 144 n7 und 8. -- Jacobsen
Stratified cylinder seals 49f. n705.

Ilum-gāmil von Uruk.
    Biggs Festschrift Oppenheim 1ff. -- Falkenstein BagM 2 51f.?

Ipiq-Adad I. und II. von Ešnunna.
    Baqir Sumer 2 25b mit Anm. 1 (Siegel). -- Cullimore Oriental
cylinders n29 (Siegel). -- Delaporte CCBN n198 (Siegel). -- Jacobsen

Gimilsin temple 137 n9, 138 n13 und 138f. n13a; ib 152 n40 und 153
n42-45, auch 46? (alles Siegel). -- Laessøe AcOr 29 243ff. -- Nougayrol Syria 39 189f. (Siegel). -- Simmons JCS 14 49 n67 (Siegel).

Ipiq-Ištar von Malgium.
    Messerschmidt + Ungnad VS 1 n32.

Iqīš-Tišpak von Ešnunna.
    Jacobsen Gimilsin temple 139f. n16; ib 155 n52 (Siegel).

Išarramašu von Ešnunna.
    Jacobsen Gimilsin temple 136 n5.

Išbi-Erra von Isin.
    Crawford BIN 9 tXCIII (Siegel). -- Kramer ISETP I 202 Ni 9977 (?)
und Ni 9981 (?).

Išme-Dagan von Isin.
    Baqir Sumer 5 38? -- Gadd UET 1 n101 und 102. -- Hilprecht BE
1/I n17. -- King CT 21 20 und 21 90173. -- Legrain PBS 15 n46. --
Poebel PBS 5 n66. -- Stephens YOS 9 n22, 23 und 25.
    Siehe auch unter Enannatumma.

It-ti-^{d}Na-bi(?)-[um-...].
    Datierung unsicher. Eilers Persica 4 5ff. n1.

Kirikiri von Ešnunna.
    Jacobsen Stratified cylinder seals 50 n709 (Siegel).

Kudurmabuk.
    Edzard AfO 20 159ff. -- Gadd UET 1 n122, 123, 299 und 300. --
King CT 21 33. -- Messerschmidt + Ungnad VS 1 n30. -- Thureau-Dangin
RA 9 121ff. -- Thureau-Dangin RA 11 91ff.
    Siehe auch unter Enanedu (Tochter Kudurmabuk's).

Lipit-Ištar von Isin.
    Buccellati + Biggs AS 17 n49 (+) Legrain PBS 15 n47? -- Gadd
EDSA 33f. -- Gadd UET 1 n107-109 (Siegel), 110 und 295. -- King CT
21 18. -- Legrain UE X n440 (Siegel). -- Sollberger UET 8 p36 n47.
-- Stephens YOS 9 n26 und 68.

Narām-Sîn von Ešnunna.
    di Cesnola Cyprus tXXXI n1 (Siegel). -- Frankfort CS tXXVII b
(Siegel). -- Jacobsen Gimilsin temple 139 n14. -- Leake Transactions
..., second series 4 258.

Nidnuša von Dēr.
    Stephens YOS 9 n62.

Nūr-Adad von Larsa.
    Arnaud RA 66 34 n2. -- Faust YOS 8 n39 und 56 (beides Siegel). --
Gadd CT 36 3 114342. -- Gadd UET 1 n111. -- Goetze JCS 4 113ff.
(Siegel). -- Grice YOS 5 n155 (Siegel). -- Keiser BRM 3 n17 (Sie-
gel). -- King CT 21 29. -- Sollberger UET 8 n67.

Nūr-aḫum von Ešnunna.
    Jacobsen Gimilsin temple 135 n2; ib 144f. n9-11 (Siegel).

Puḫija von Ḫuršitum.
    Messerschmidt + Ungnad VS 1 n115.

Rīm-Sîn von Larsa.
vBothmer Ancient art from New York private collections p7 und t9 n26 (Siegel). -- de Clercq CdC I n187 (Siegel). -- vDijk TIM 5 n68 (Siegel). -- Edzard Sumer 13 185 IM 22890. -- Faust YOS 8 n41, 122 und 166 (alles Siegel). -- Figulla UET 5 n277 (Siegel). -- Gadd UET 1 n134 (?), 138-142 und 144. -- Hilprecht BE 1/II n128. -- Langdon OECT 1 p20ff. (Gattin); ib t30 WB 1922,183?? -- Lenormant Choix n70. -- Maxwell-Hyslop Iraq 14 118f. -- Messerschmidt + Ungnad VS 1 n30. -- Moortgat VAR n322 (Siegel Gattin). -- Norris I R 3 X. -- Ormsby JCS 24 99 Seal 2. -- vdOsten Brett n78 (Siegel). -- vdOsten Newell n661 (Siegel). -- Pinches PSBA 39 69 (Siegel). -- Price Rim-Sin nVIII. -- Sollberger UET 8 n83 (?), 84-87, 88 (?). -- Stephens YOS 9 n31, 33, 38, 72 (wenn echt). -- Winckler ABK n58.
Siehe auch unter Enanedu.

Rīmum von Bahrein.
Datierung unsicher. Durand JRAS 1880 189ff.

Sabium von Babel.
vDijk TIM 5 n6 (Siegel). -- Legrain PBS 14 n327 (Siegel Sohn). -- Waterman BDHP p136 91-5-9,2189A (Text n23; auch AJSL 29 203) (Siegel).

Samsu-ditana von Babel.
Finkelstein YOS 13 p86ff. einige Siegel. -- Gordon Iraq 6 13f. n26 (Siegel).

Samsu-iluna von Babel.
Borger OrNS 27 408. -- Gadd UET 1 n149-151 (Siegel). -- Goetze JCS 11 106f. n1 = Buchanan JCS 11 46f. und tI (Siegel). -- Keiser BIN 2 n105 (Siegel). -- King LIḤ n97-99. -- Messerschmidt + Ungnad VS 1 n33. -- Pinches Berens n96 (Siegel). -- Pinches CT 45 n60 (Siegel). -- Poebel AfO 9 241ff. -- Scheil RA 13 13 n4 (Siegel). -- Schroeder VS 16 n156. -- Sollberger RA 61 39ff. -- Sollberger RA 63 29ff. -- Sollberger RA 63 40ff. -- Szlechter TJAMC p130f. FM 27 und p136 FM 38 (beides Siegel). -- Szlechter TJDB p56f. (Siegel). -- Thureau-Dangin RA 39 5ff.

Sîn-e/irībam von Larsa.
Clay YOS 1 n30. -- Goetze JCS 4 115 (Siegel). -- Grice YOS 5 n155 (Siegel). -- Williams AJSL 44 242f. n32 (Siegel).

Sîn-gāmil von Uruk.
Falkenstein BagM 2 51f.? -- King CT 21 17 91082. -- Scheil RA 12 193.

Sîn-idinnam von Larsa.
Arnaud RA 66 35 n3 und 35f. n4. -- Delitzsch BA 1 301ff. -- vDijk JCS 19 1ff. -- Figulla VS 13 n56 (Siegel). -- Gadd UET 1 n117 und 120. -- Goetze JCS 4 113ff. (Siegel). -- Hallo JCS 21 97ff. -- Keiser BRM 3 n17 (Siegel). -- King CT 21 30. -- Langdon OECT 1 t30 WB 1922,183? -- Langdon OECT 2 p27ff. -- Norris I R 5 XX. -- Pinches IV R² 36 n2. -- Sollberger UET 8 n68-72.

Sîn-iqīšam von Larsa.
Sollberger UET 8 n73 und 74.

Sîn-kāšid von Uruk.
Edzard Sumer 13 187f. -- Falkenstein BagM 2 p6f. (Siegel Gattin);

ib p50f.; ib t8. -- Falkenstein UVB 22 p29f. -- King CT 21 12-17. --
King PSBA 37 23 n1. -- Oberhuber SAKF Textband p11 Mitte. -- Schott
Eanna n8, 10 und 11. -- Walker AfO 23 88f.

Sîn-māgir von Isin.
    Boissier RA 23 19f. n7 (Siegel). -- Delaporte CCBN n225 (Siegel).
-- Poebel JAOS 57 359ff. -- Weissbach BMisc nI.

Sumuabum von Babel.
    Legrain PBS 14 n326 (Siegel).

Sumu-Awnanim von Šadlaš.
    Raschid Sumer 23 arab. p177ff.

Sumu-il von Larsa.
    Alexander BIN 7 n116 (Siegel). -- Cros NFT 157ff. -- Figulla UET
5 n766, 767 und 784 (alles Siegel). -- Gadd UET 1 n114-116; ib n240
(Siegel).

Sumu-la-il von Babel.
    Delaporte CCBN n138 (Siegel).

Ṣilli-Adad von Larsa.
    Gadd UET 1 n121.

Ṣilli-Sîn von Ešnunna.
    Jacobsen Gimilsin temple 140 n17.

Šarrija von Ešnunna.
    Jacobsen Gimilsin temple 137 n10.

Šu-ilīšu von Isin.
    Gadd UET 1 n100. -- Jacobsen Gimilsin temple 149 n25 (Siegel)? --
McCown Nippur I t119:1 (Siegel). -- Sollberger UET 8 n62.

Takil-ilīšu von Malgium.
    Jacobsen AfO 12 363ff.

Urdukugga von Isin.
    Stephens YOS 9 n27-30.

Ur-Ningizzida von Ešnunna.
    Jacobsen Gimilsin temple 136 n8; ib 151 n37 (Siegel); ib 185 un-
ten. -- Moortgat VAR n254 (Siegel).

Ur-Nin(ki)mar von Ešnunna.
    Jacobsen Gimilsin temple 136 n7; ib 151 n34-36 (Siegel).

Ur-Ninurta von Isin.
    Pinches IV R^2 35 n5. -- Poebel PBS 5 n68 II.

Uṣur-awāssu von Ešnunna.
    Nur Siegel. Jacobsen Gimilsin temple 147 n19, 148 n20, 148
n21a (?). -- Jacobsen Stratified cylinder seals 50 n726.

Warad-Sîn von Larsa.
    Clay YOS 1 n31. -- Delaporte CCL II A 817. -- Edzard Sumer 13 184
IM 22900. — Falkenstein BagM 3 25ff. -- Faust YOS 8 n71 (Siegel).
-- Gadd UET 1 n122, 123, 125, 126, 128, 129, 134 (?), 136, 137, 299-

301, 302 (Siegel Sohn). -- <u>Grice</u> YOS 5 n46, 122 und 165 (alles Siegel). -- <u>King</u> CT 1 45-46. -- <u>King</u> CT 21 31-33. -- <u>Norris</u> I R 5 XVI. -- <u>Pinches</u> IV R² 35 n6. -- <u>Sollberger</u> UET 8 n75-82, 83 (?) und 93. -- <u>Thureau-Dangin</u> RA 9 121ff. -- <u>Winckler</u> MAOV 1 16 n2. Siehe auch unter Enanedu.

<u>Warassa von Ešnunna.</u>
  <u>Jacobsen</u> Stratified cylinder seals 50 n724 (Siegel).

<u>Za-ba-a-a von Larsa.</u>
  <u>Birot</u> Syria 45 243f. n1 (als Prinz).

<u>Zambia von Isin.</u>
  <u>Hallo</u> JNES 18 60f. A 7557.

<u>Zuweisung unsicher.</u>
  <u>Edzard</u> Sumer 13 189 IM 5553; ib t3 IM 49659 (könnte auch älter sein).
  <u>Gadd</u> UET 1 n308?
  <u>de Genouillac</u> PRAK I t8 B 45.
  <u>Kramer</u> ISETP I 109 Ni 9694?
  <u>Legrain</u> PBS 13 n26?
  <u>Messerschmidt + Ungnad</u> VS 1 n114.
  <u>Poebel</u> PBS 5 n68 IV-V (?), n74, n76 (?).
  <u>Sollberger</u> UET 8 n63, 89-92 und 94.

§ 7. Altassyrische Königsinschriften (auch drittes Jahrtausend).

  Allgemein: <u>Grayson</u> ARI I. -- <u>Weidner</u> IAK.
  Cf <u>Borger</u> EAK I.

<u>Aminu.</u>
  <u>Delaporte</u> CCL II A 360 (Siegel).

<u>Ikūnum.</u>
  <u>Weidner</u> IAK VI/1-4.

<u>Ilušuma.</u>
  <u>Weidner</u> IAK IV/1(-2). -- <u>Weidner</u> ZA 43 114ff.

<u>Irišum I.</u>
  Für die Lesung des Namens cf Hirsch Altass.Rel.² Nachträge p4.
  <u>Landsberger</u> Bell. 14 219ff. -- <u>Preusser</u> Paläste p10ff. (Siegel). -- <u>Weidner</u> AfO 13 159 Assur 1737? -- <u>Weidner</u> IAK V/1-13.

<u>Ititi.</u>
  <u>Weidner</u> IAK I/1.

<u>Puzur-Sîn.</u>
  <u>Landsberger</u> JCS 8 31ff.

<u>Samsi/Šamši-Adad I.</u>
  <u>Amiet</u> Syria 37 222f. (Siegel)? -- <u>Borger</u> EAK I 9ff. b. -- <u>Delaporte</u> CCBN n216 (Siegel). -- <u>Delaporte</u> CCL II A 284 und 359 (beides Siegel). -- <u>Delaporte</u> RA 10 89ff. (Siegel). -- <u>Dossin</u> Syria 20 98. -- <u>de Genouillac</u> RA 7 151ff.? -- <u>Langdon</u> RA 27 23ff. (Siegel). -- <u>Unger</u> RLV IV t160 d (Siegel). -- <u>Weidner</u> IAK VIII/1-6.

Sargon I.
    Balkan Observations 51ff. (Siegel; Weidner IAK VII/1).

Silulu.
    Balkan Observations 54ff. (Siegel).

Šalimaḫum.
    Weidner IAK III/1.

Zarriqum.
    Weidner IAK II/1.

Zuweisung unsicher.
    Andrae AIT 107 f80?
    Andrae FWA tLXXXVI 11431.

§ 8. Mittelbabylonische (kassitische) Königsinschriften.

    Bibliographie: El-Wailly Sumer 10 43ff. -- Jaritz MIO 6 225ff.
    Für die Siegel cf Limet Légendes.
    Siehe auch §26 (Kudurru's).

Adad-šuma-uṣur von Babylonien.
    Cf Brinkman ZA 59 233ff.
    Dossin IrAnt 2 151 n1 // n2. -- Hilprecht BE 1/I n81. -- Scheil
    MDP 2 p97f. -- Winckler MAOV 1 19 n6?

Agum II. von Babylonien.
    Pinches V R 33.

Burnaburiaš II. von Babylonien.
    Arnaud RA 66 37 n6. -- vDijk TLB 2 n20. -- Hilprecht BE 1/I n33,
    34, 67 (?) und 68. -- Moortgat VAR n554 (Siegel). -- Norris I R 4
    XIII. -- Platon ILN 6539 860 f3 (Siegel). -- Ward SCWA f512 (Siegel).

Enlil-nādin-aḫi oder Enlil-šuma-uṣur von Babylonien.
    Cf Brinkman ZA 59 245f.
    Gadd CT 36 13.

Gaddaš von Babylonien.
    Winckler Untersuchungen 156 n6 Vs.

Kadašman-Enlil I. und II. von Babylonien.
    Arnaud RA 66 38 n7. -- Buccellati + Biggs AS 17 n52. -- El-
    Wailly Sumer 10 51f. -- Herzfeld MAOG 4 81f. -- Hilprecht BE 1/I
    n65 und 66. -- King BBS nI. -- W.Lambert RA 63 68 nIV. -- Legrain
    PBS 15 n57 (?), 58, 65-68 (?). -- Oppenheim CAD Z 130a. -- Thompson
    AAA 19 n267?

Kadašman-Turgu von Babylonien.
    Delaporte CCL II A 822. -- Hilprecht BE 1/I n59-63, 1/II n138. --
    Legrain PBS 15 n57? -- Moortgat ZA 48 24 f1 (Siegel). -- Weidner
    ITN n39 E VAT 15420 (Vereinbarung zwischen K. und Adad-narari I.?).

Karaindaš von Babylonien.
    Pinches IV R² 36 n3. -- Schott Eanna n13.

Kaštiliaš IV. von Babylonien.
    Hilprecht BE 1/I n70-72, auch n79? -- Legrain PBS 15 n61. --

Scheil MDP 2 p93f. und 95f.

Kudur-Enlil von Babylonien.
    Arnaud RA 66 169ff. -- Baqir Iraq Supplement 1944 p15 f15? --
Hilprecht BE 1/I n64. -- Legrain PBS 15 n60; siehe HKL I zu n65-68.

Kurigalzu I. und II. von Babylonien.
    Cf Brinkman OrNS 38 320ff.
    Al-Jumaily Sumer 27 arab. p82 rechts. -- Andrae MDOG 21 38. --
Baqir Iraq Supplement 1944 p14f. f16-19. -- Baqir Iraq Supplement
1945 p3 f5, p5 und 13 f9, p5, 7f. und 13 f27-28, p13 DK3-144, p13
f6. -- Baqir Iraq 8 p89 f12, p90 DK4-118, p90 DK4-85. -- Boissier
RA 29 93ff. -- vBuren OrNS 23 1ff. f9 (Siegel). -- Castellino OrAnt
10 175f. -- Clay BRM 4 n47. -- Dalley Iraq 34 129 n26. -- Delaporte
CCBN n296. -- Delaporte CCL I D 56 (Siegel); CCL II A 818, A 819 und
A 820. -- Gadd CT 36 5 114704 (Siegel) und 6-7. -- Gadd UET 1 n152-
156, 159 und 162-164. -- Hilprecht BE 1/I n35-52, BE 1/II n133-135.
-- Jaritz MIO 6 234 n46. -- Keiser BIN 2 n15. -- King BBS nII. --
King CT 9 3 22457. -- Koldewey Tempel Blatt 8 f76 rechts Mitte. --
Kramer Sumer 4 1ff. -- W.Lambert AfO 23 49 II (Siegel). -- W.Lambert
RA 63 66f. nI-III. -- Langdon AJSL 40 228. -- Legrain PBS 14 n531
(Siegel). -- Legrain PBS 15 n48, 50 und 51. -- Lehmann ZA 5 417ff.
-- Luckenbill Adab n44-47. -- McCown Nippur I t30:10 und t31:8. --
Messerschmidt + Ungnad VS 1 n55? -- Norris I R 4 XIV 1-3; ib 5 XXI.
-- vdOsten Newell n276 (Siegel), 660 (?), 662 (Siegel) und 665. --
Scheil MDP 6 p30 unten. -- Scheil RA 26 7f. -- Scheil RT 16 90f. --
Scheil RT 23 133f. -- Schott Eanna n14 und 15. -- S.Smith JEA 18
28ff. -- Sollberger Genava N.S. 2 237f. -- Sollberger UET 8 n99. —
Winckler ZA 2 307f. tIII n4 a.

Melišiḫu von Babylonien.
    Cf Brinkman ZA 59 238ff.
    King BBS nIII und IV. -- de Morgan MDP 1 180 nXII. -- Scheil MDP
2 p99ff. -- Scheil MDP 2 p112. -- Scheil MDP 4 p163ff. -- Scheil
MDP 6 p44f.? -- Scheil MDP 10 p87ff. -- Weissbach BMisc nII?

Merodachbaladan I. von Babylonien.
    Cf Brinkman ZA 59 242ff.
    Borger AfO 23 1-23. -- Dalley Sumer 23 45ff. -- King BBS nV. --
Messerschmidt + Ungnad VS 1 n34. -- Scheil MDP 2 p116. -- Scheil
MDP 6 p31ff.

Nazimaruttaš von Babylonien.
    Arnaud RA 66 164ff. -- Baqir Iraq Supplement 1944 p15 f21. --
Buccellati + Biggs AS 17 n55. -- Delaporte CCL II A 821. -- Hilprecht BE 1/I n53-58, 75+ und 78. -- Legrain PBS 13 n69. -- Legrain
PBS 15 n52, 53 und 55. -- Mustafa Sumer 3 p19 t5 n41. -- Scheil MDP
2 p86ff. -- Southesk Catalogue II 84 QB41 (Siegel)?

Šagarakti̯šurias von Babylonien.
    Böhl MLVS II 49f. -- Hilprecht BE 1/I n69. -- Legrain PBS 15 n59.
— Scheil MDP 14 p32f. -- Sollberger UET 8 n100. -- Weidner ITN
n29. -- Wiseman Iraq 15 149 ND 3498.

Ulamburiaš von Babylonien.
    Weissbach BMisc nIII.

Zuweisung unsicher.
    Edzard Sumer 15 t1 IM 49104?

<u>Hilprecht</u> BE 1/I n76 ( ]-iaš), 77 (?); BE 1/II n130 (?).
<u>Köcher</u> KUB 37 n124 usw.
<u>Koldewey</u> Tempel Blatt 8 f76 rechts oben (?) und rechts unten (?).
<u>Legrain</u> PBS 15 n62 (?), 63 (?), 64, 66, 70 (?), 71 (?), 72 (?),
73 (?).
<u>Messerschmidt + Ungnad</u> VS 1 n56?
<u>Mustafa</u> Sumer 3 p19 t5 n40?
<u>Pinches</u> IV R² 12?
<u>Scheil</u> RT 24 25 1 e?
<u>Winckler</u> AOF I 516f. K 3992.

§ 9. Mittelassyrische und neuassyrische Königsinschriften.

Allgemein: <u>Grayson</u> ARI I. -- <u>Luckenbill</u> ARAB I-II.
Cf <u>Borger</u> EAK I und <u>Schramm</u> EAK II.

Adad-narari I.
<u>Andrae</u> FWA p162 Assur 10814 // tXC 2370 und 5479. -- <u>Edzard</u> Sumer
20 49ff. -- <u>Haller</u> Heiligtümer p47 Anm. 93. -- <u>Meščaninov</u> AfO 7
266ff. -- <u>Weidner</u> AfO 5 89ff. -- <u>Weidner</u> AfO 17 145ff. -- <u>Weidner</u>
AfO 17 272 Satzung 3. -- <u>Weidner</u> AfO 19 104. -- <u>Weidner</u> IAK XX/1-37.
-- <u>Weidner</u> ITN n39 E VAT 15420 (Vereinbarung zwischen A. und Kadas-
man-Turgu?).

Adad-narari II.
<u>Andrae</u> Stelenreihen n9? -- <u>King</u> AKA 154. -- <u>Millard</u> Iraq 32 170f.
BM 121044. -- <u>Schroeder</u> KAH II n87 (?) und 88 (?). -- <u>Seidmann</u> MAOG
9/III.

Adad-narari III.
<u>Andrae</u> MDOG 27 9 und 29 39. -- <u>Dalley</u> Iraq 30 139ff. -- <u>Delitzsch</u>
AL 61. -- <u>Hulin</u> Sumer 26 127ff.? -- <u>Johns</u> JRAS 1928 519ff. (Postgate
NRGD n51). -- <u>Messerschmidt</u> KAH I n35 und 36. -- <u>Millard + Tadmor</u>
Iraq 35 57ff. -- <u>Norris</u> I R 35 n1-4. -- <u>Parker</u> Iraq 24 38f. ND 7104
(Siegel)? -- <u>Postgate</u> NRGD n1-4, 5 (?), 6, 42-45, 46-48 (?), 50 (?)
und 54. -- <u>Scheil</u> RA 14 159f. (?). -- <u>Schroeder</u> KAH II n116 (Stif-
tung?). -- <u>Schroeder</u> KAH II n145 (+?) Weidner AfO 21 43ff. VAT 9968?
-- <u>Schroeder</u> KAV n94 (+) 117 (Stiftung); ib n116 ebenso? -- <u>Thompson</u>
AAA 18 n39. -- <u>Thompson</u> AAA 20 p113ff. (Erlass). -- <u>Thompson</u> Archaeologia 79 n66. -- <u>Unger</u> PKOM 2. -- <u>Wiseman</u> Iraq 15 149 ND 3499. --
<u>Wiseman</u> Iraq 26 119 ND 5417?
Für Sammuramat siehe unter Šamši-Adad V.

Arik-dēn-ilu.
<u>Weidner</u> IAK XIX/1-7.

Asarhaddon.
<u>Andrae</u> MDOG 43 42. -- <u>Basmachi</u> Sumer 18 48 f1 (+) Nougayrol Syria
33 147ff. (Asarhaddon oder Aššurbanipal?). -- <u>Borger</u> Asarh. + AfO 18
113ff. -- <u>Borger</u> BiOr 21 143ff. -- <u>Falkenstein</u> LKU n46. -- <u>Goetze</u>
JCS 17 119ff. -- <u>Gurney</u> STT I n49 (Stiftung). -- <u>Heidel</u> Sumer 12
9ff. -- <u>Keiser</u> BIN 2 n132 (Bestätigung von Stiftungen)? -- <u>W.Lambert</u>
RA 63 65f. (Gattin Ešarra-ḫamât). -- <u>Leeper</u> CT 35 33 83-1-18,388
(Vertrag?). -- <u>Millard</u> AfO 24 117ff. -- <u>Millard</u> Iraq 23 176ff. --
<u>Nougayrol</u> AfO 18 314ff. -- <u>Nougayrol</u> Syria 39 190ff.? -- <u>Parker</u> Iraq
24 38 ND 7080 (Siegel). -- <u>Pinches</u> CT 44 n3-9. -- <u>E.Schmidt</u> Perse-
polis II p61 PT 4 904. -- <u>Walker</u> CT 51 n215. -- <u>Weidner</u> AfO 13 215
VAT 11534 (Vertrag). -- <u>Wiseman</u> Iraq 20 1ff. (Vertrag). -- <u>Wiseman</u>
Iraq 26 124 ND 5470.
Für Naqi'a-Zakūtu siehe unter Sanherib.
[Macmillan BA 5/V nXLVI wahrscheinlich doch nicht (+) Ass. C.]

Aššurbanipal.
 Andrae Stelenreihen n1 (Gattin). -- Aynard Le prisme du Louvre
AO 19.939. -- Basmachi Sumer 18 48 f1 (+) Nougayrol Syria 33 147ff.
(Asarhaddon oder Aššurbanipal?). -- Th.Bauer IWA. -- vBissing ZA 46
159ff. n9. -- Böhl AfO 6 107f. -- Boissier RA 30 80f. Fragment III.
-- Clay YOS 1 n42. -- Deller + Parpola OrNS 37 464ff. (Vertrag). --
Gadd Stones p179f. n34 und 35, p194f. 124925, 206f. n73. -- Harper
ABL 1105 und 1239 (Vereidigungen). -- Hilprecht Explorations 461. --
Kalac Bell. 18 35ff. -- Knudsen Iraq 29 49ff. -- W.Lambert AfO 18
385ff. (Aššurbanipal und/oder Šamaššumukīn). -- Langdon OECT 6
p70ff. -- Leeper CT 35 passim. -- Legrain PBS 15 n74. -- Meek JAOS
38 167ff. -- Meissner BuA I Taf.-Abb. 42. -- Millard Iraq 27 12ff.
(Siegel). -- Millard Iraq 30 98ff. -- Nassouhi AfK 2 97ff. -- Nassouhi MAOG 3/I-II nXV. -- Norris I R 8 n1. -- Perry LSS 2/IV n6. --
Piepkorn AS 5. -- Postgate NRGD n9-12. -- E.Schmidt Persepolis II
p57f. PT 4 1173, p58 PT 4 455, p59 PT 4 1180 (?) und p83f. -- Sollberger JCS 11 62. -- Streck Assurb. -- Thompson AAA 20 p79ff. --
Thompson Iraq 7 n20, 21, 23, 31 und 33-35. -- Thompson PEA p29ff.
-- Ungnad ARU n17 (Gattin). -- Weidner AfO 7 1ff. -- Weidner AfO 8
175ff. -- Weidner AfO 13 204ff., 216f. und 217f. -- Weidner Reliefs
p25ff., 63f. und 137ff. -- Weippert WO 7 74ff. (Gottesbrief). --
Weissbach Hauptheiligtum p39f. -- Winckler AOF II 17 K 13225? --
Winckler SKT III.

Aššur-bēl-kala.
 Andrae Stelenreihen n17? -- Haller Gräber p177. -- King AKA
128ff. und 152f. -- Millard Iraq 32 168f. BM 134497? -- Nassouhi
MAOG 3/I-II nI. -- Schroeder KAH II n77. -- Thompson AAA 20 p115f.
-- Weidner AfO 6 75ff. -- Weidner AnOr 12 336ff.

Aššur-bēl-nišēšu.
 Weidner IAK XIII/1.

Aššur-dān I.
 Weidner AfO 17 284f. Satzung 18. -- Weidner AfO 22 76f. K 2667?
-- Weidner ITN pXIVb Assur 4777.

Aššur-dān II.
 Andrae FWA p166 n8; auch tXCV 10219+10306? -- Furlani Rendiconti
ANL VI/9 685ff. -- Messerschmidt KAH I n20. -- Schroeder KAH II n82.
-- Weidner AfO 3 151ff. -- Weidner AfO 22 76f. VAT 8890.

Aššur-etel-ilani.
 Siehe Sinšarriškun.

Aššur-nādin-ahhē.
 Weidner IAK XV/1.

Aššur-nādin-apli.
 Weidner ITN n40 und 41.

Aššur-narari I.
 Weidner IAK X/1-4.

Aššur-narari V.
 Millard Iraq 32 174 BM 134596 (Vertrag?)? -- Weidner AfO 8 17ff.
(Vertrag).

Aššurnasirpal I.
 Schroeder KAH II n80.

Aššurnasirpal II.
       Andrae Farbige Keramik p32f. t31-32. -- Andrae FWA p168 n10b. --
Andrae Stelenreihen n6, auch n10?? -- [Barnett Festschrift Böhl
19ff.] -- Bottéro Semitica 1 25ff. -- [Dombrowski RA 67 131ff., //
óLe Gac Aššur-naṣir-aplu 166ff.] -- Haller Gräber p180. -- Hawkins
AnSt 19 111ff. -- King AKA 155-387. -- King Bronze reliefs 35f. --
King CT 33 50 104411. -- Koldewey MDOG 20 21. -- Langdon OECT 1 t29
WB 198. -- Le Gac Aššur-naṣir-aplu. -- Mallowan Nimrud I 183 f118?
-- Messerschmidt KAH I n25. -- Messerschmidt + Ungnad VS 1 n64-67.
-- Nassouhi MAOG 3/I-II nIII. -- Schroeder KAH II n87 (?), 88 (?),
94 und 95. -- Speiser Art and archaeology 30 190f. -- Thompson AAA
18 p79ff. passim. -- Thompson AAA 19 p55ff. passim. -- Thompson
Archaeologia 79 p103ff. passim. -- Thompson Iraq 4 43ff.? -- Unger
MAOG 6/I-II [= Sollberger Iraq 36 231ff.]. -- Wiseman Iraq 13 118
ND 811. -- Wiseman Iraq 14 24ff. -- Wiseman Iraq 15 149 ND 3491 und
ND 3492.

Aššur-ne/irari siehe Aššur-narari.

Aššur-rabi I.
       Müller Sumer 28 39ff.

Aššur-rēša-iši I.
       Borger EAK I 102ff. g und 104 h. -- Layard ICC 75 F? -- Lloyd
Iraq 5 135 Anm. 1. -- Millard Iraq 32 171 BM 134564? -- Thompson
AAA 19 n139, 153 (?), 225 und 278. -- Weidner AfO 4 12. -- Weidner
AfO 17 285f. Satzung 19. -- Weidner ITN n63-67 und pXVI Assur 4535.

Aššur-rēša-iši II.
       Andrae Stelenreihen n12. -- Nassouhi MAOG 3/I-II nII.

Aššur-rīm-nišēšu.
       Weidner IAK XIV/1.

Aššur-uballiṭ I.
       Thompson Archaeologia 79 n45-46? -- Weidner AfO 17 268ff. Satzung
   1. -- Weidner IAK XVII/1-7 (XVII/6 Siegel).

Enlil-narari.
       Weidner AfO 17 270f. Satzung 2. -- Weidner IAK XVIII/1-2.

Enlil-nāṣir I.
       Weidner IAK XII/1.

Erība-Adad I.
       Weidner IAK XVI/1-2.

Erība-Adad II.
       Andrae Stelenreihen n27. -- Winckler AOF III 248 K 2693.

Ninurta-apal-Ekur.
       Schroeder KAH II n76. -- Weidner AfO 17 277ff. Satzung 9-17.

Ninurta-tukul(ti)-Aššur.
       Stephens YOS 9 n80.

Puzur-Aššur III.
       Weidner IAK XI/1-3.

Salmanassar I.
       Borger EAK I 15f. g (?) und 49f. b. -- Haller Heiligtümer p3

t23? -- Thompson AAA 18 n24. -- Thompson AAA 19 n91, 184-193,
210 (?) und 218 (?). -- Weidner AfO 17 272f. Satzung 4-5. -- Weidner IAK XXI/1-26.

Salmanassar II.
Andrae Stelenreihen n14. -- Schroeder KAH II n81. -- Schroeder
KAV n78 (Stiftung).

Salmanassar III.
Amiaud + Scheil Salmaneser II (Bearbeitung der bis 1890 bekannten
Texte). -- Andrae AAT 40ff. f27 und 42ff. f29-33. -- Andrae FWA p172
n11d, tCI 8101, tCII 10237 und 9464, tCIII 11391 und 11390. -- Andrae JIT t32 b und c. -- Boissier RT 25 81ff. -- Brinkman JNES 32
40ff. -- Cocquerillat RA 46 130 Anm. 5. -- Delitzsch BA 6/I. -- Gurney STT I n43. -- Hulin Iraq 25 48ff. -- Kinnier Wilson Iraq 24
90ff. -- Laessøe Iraq 21 38ff. und 40f. -- Laessøe Iraq 21 147ff.
-- Layard ICC 77 B. -- Lehmann-Haupt Matreialien n18 und 20-23. --
Michel passim. -- Nassouhi MAOG 3/I-II nV A. -- Postgate Sumer 26
133ff. -- Rasmussen Salmanasser. -- Reade Iraq 25 38ff. -- Schramm
EAK II 74f. -- Scheil RT 26 26 n2. -- Schroeder KAH II n99 (?), 104,
106, 111 (?), 114 und 140 (?). -- G.Smith Assyrian discoveries Tafel
nach p80? -- G.Smith III R 7-8. -- Thompson AAA 18 n11 (?), 14, 19
und 31. -- Thompson AAA 19 n68 (?), 107 (?), 295 und 302. -- Thompson Archaeologia 79 n39 und 65. -- Thureau-Dangin Til-Barsib 159
n11. -- Weidner AfO 13 314 Assur 11429, 5657 und 9490. -- Wiseman
Iraq 14 67 ND 1128. -- Wiseman Iraq 26 118 ND 4369.

Salmanassar IV.
Messerschmidt + Ungnad VS 1 n69? -- Postgate NRGD n54. -- Scheil
RT 16 176ff. -- Schroeder KAH II n26? -- Thureau-Dangin RA 27 11ff.

Salmanassar V.
de Vogüé CIS 2/I p3ff. n2-7, 11 und 12

Sanherib.
[Andrae Kultrelief aus dem Brunnen des Asurtempels zu Assur.
WVDOG 53. Leipzig 1931.] -- Andrae MDOG 33 19 b. -- Andrae MDOG 44
29 unten. -- Andrae Stelenreihen n4 (Gattin?). -- Baer RA 54 155ff.
-- Bezold ZA 1 442 a. -- Borger Asarh. §86 (Gattin Naqi'a-Zakūtu);
ebenso §83?? -- Botta Monument de Ninive IV t182 n3 und 4. -- Ebe-
ling OrNS 17 t27-30 (Stiftung). -- Ebeling OrNS 17 t31 (Vertrag). --
Furlani Rendiconti ANL VI/10 475ff. -- Furlani RSO 15 134f. --
Grayson AfO 20 83ff. -- Haller Heiligtümer p54 t53 a, p73 t63 b (?),
p79 t70 a und b. -- Jacobsen Jerwan 19ff. — Johns JRAS 1928 519ff.
-- King CT 74 1-39. -- Koldewey Pflastersteine t4 Exemplar v. --
Layard ICC 75 B (?), 81 B (?), 81 C, 85 unten (?). -- Layard
Nineveh and Babylon 584. -- Luckenbill Senn. — Martiny Kultrich-
tung 30. -- Meissner + Rost BS. -- Messerschmidt + Ungnad VS 1 n76.
-- Peiser OLZ 7 39 n2. -- Pohl OrNS 16 463 n2? — Postgate NRGD
n33 und 34 usw. -- Rost Tigl. III. tXX (K 6205) + Tadmor JCS 12
80ff. (81-3-23,131)? -- Safar Sumer 2 51. -- Scheil RT 20 200 n8
(Gattin Naqi'a). -- Scheil RT 26 27f. -- Scheil ZA 11 425ff. --
Schroeder KAH II n121. -- Schroeder KAV n74. -- G.Smith Senn. --
S.Smith First campaign. -- Strassmaier AV n332 N 3555. -- Tadmor
Eretz Israel 5 150ff. (Orakelanfrage o.ä.). -- Thompson AAA 18
n16, 40 und 46. -- Thompson AAA 19 n298. -- Thompson Archaeologia
79 n31, 43 (?), 75, 76, 79 +(?) 83, 81, 82, 85, 86, 89-93, 95A,
95B, 96-98, 101, 122M und 122N. -- Thompson Iraq 7 n2-8. -- Ungnad
ARU n14 (Gattin Naqi'a - Zakūtu). -- de Vogüé CIS 2/I p10f. n10. --

Weidner ITN n29. -- Wiseman Iraq 20 15f. (Siegel). [Grotefend ZKM 7
                                            _(1850) Tafel n1 und 2.]

Sargon II.

Bearbeitung durch Renger in Vorbereitung.
Andrae Farbige Keramik p11f. t6. -- Barnett Carchemish III p211,
265 und 280 m (?). -- Borger Asarh. §87 (Winckler SKT II 6)? -- Botta Monument de Ninive III-IV. -- Clay YOS 1 n38. -- Crowfoot Samaria-Sebaste III p35? -- Delaporte CCL II A 826. -- Dothan Ashdod
II-III p192ff. -- El-Amin Sumer 9 35ff. usw. -- Gadd Iraq 16 173ff.
und 198ff. -- de Genouillac RA 10 83ff. -- Jacobsen Khorsabad I und
II. — Levine Two Neo-Assyrian stelae 25ff. -- Lie Sargon Annals. --
Lyon Keilschrifttexte Sargon's. -- Messerschmidt KAH I n37-39. --
Messerschmidt + Ungnad VS 1 n70, 71 und 73. -- [Mitchell BMQ 36
(1972) 136 und tLV d, // ∅Winckler Sargon t40 nV (dazu nachzutra-
gen).] -- Nassouhi MAOG 3/I-II nVIII. -- Nassouhi RA 22 85ff. --
Norris JRAS 1856 Tafel nach p222 Lion 11? -- Postgate NRGD n32 und
54. -- Rost Tigl. III. tXX (K 6205) + Tadmor JCS 12 80ff. (81-3-23,
131)?? -- E.Schmidt Persepolis II p57 PT 4 548a, p58 PT 4 495, p58
PT 4 1170 und p58 PT 6 233. — Schott Eanna n19 und 20. -- Tadmor
JCS 12 22ff. und 77ff. passim. -- Thompson Archaeologia 79 n28 (?),
41, 43 (?), 70, 71 und 74. -- Thompson Iraq 7 n1. -- Thureau-Dangin
RA 30 53ff. -- Thureau-Dangin TCL 3. -- Thureau-Dangin Til-Barsib
p159 n10 und tXV n3. -- Unger IAMN 9 16f. -- de Vogüé CIS 2/I p9
n8 und p12f. n13. -- Weidner AfO 3 1f. und 5. -- Weidner AfO 14
40ff. und 49ff. -- Weissbach ZDMG 72 161ff. -- Winckler Sargon. --
Winckler SKT II 1 K 1349 und 4 K 1660.

Sîn-šarru-iškun = Aššur-etelli-ilāni.

Cf Borger JCS 19 59ff., Falkner AfO 16 305f.
Böhl MLVS III 31ff. -- Borger JCS 19 76ff. -- Clay BRM 4 n50
(Vertrag mit Sîn-šumu-lîšir). -- Clay YOS 1 n43 (A.-e.-i.). -- Ebe-
ling AnOr 12 71ff. (A.-e.-i.). -- Edzard AfO 19 143 (A.-e.-i.). --
Falkner AfO 16 306f. -- King CT 34 2-7. -- Langdon OECT 1 p37f.
(A.-e.-i.). -- Messerschmidt KAH I n56. -- Parker Iraq 19 135ff. ND
5550 (Stiftung). -- Postgate NRGD n13 usw. (A.-e.-i.); ib n37?? --
Schroeder KAH II n129, 130 und 132-134. -- Schroeder KAV n171. --
Strassmaier AV n4094 K 2744. -- Streck Assurb. p380f. (A.-e.-i.). —
Weidner AfO 13 215 Anm. 69 (Vereidigung).

Sîn-šumu-lîšir.

Cf Borger JCS 19 74ff. und OrNS 38 237ff.
Clay BRM 4 n50 (Vertrag).

Šamši-Adad III.

Weidner AfO 15 94 Anm. 57? — Weidner IAK IX/1.

Šamši-Adad IV.

Andrae Stelenreihen n15. -- Borger EAK I 145f. j. -- Schroeder
KAH II n79. -- G.Smith III R 3 n11. -- Thompson AAA 19 n222.

Šamši-Adad V.

Andrae MDOG 54 41 oben. -- Andrae Stelenreihen n5 (Gattin Sammu-
ramat; cf Schramm Historia 21 [1972] 513ff.). -- Brinkman JNES 32
44f. -- Haller Gräber p176. -- Haller Heiligtümer p66 t58 c. --
Mallowan Nimrud II 594 und 596 f576. -- Messerschmidt KAH I n31-33.
-- Norris I R 29-34. -- Scheil RT 22 37 c. -- Schroeder KAH II n142
(Gottesbrief). -- Thompson AAA 18 n39 und 44. -- Weidner AfO 8 27ff.
(Vertrag). -- Weidner AfO 9 89ff. — Wiseman Iraq 26 119 ND 5417?

Tiglatpileser I.
    King AKA 27-127. -- Layard ICC 75 E? -- Le Gac Aššur-naṣir-aplu
169f. -- Lehmann-Haupt Materialien n4-7. -- Messerschmidt KAH I
n22? -- Millard Iraq 32 167ff. mehrere Texte vielleicht einschlägig.
-- Schroeder KAH II n64, 65, 67, 70, 72 (?) und 157 (??). -- Thompson AAA 18 n25 und 34. -- Thompson AAA 19 n153 (?), 281, 284, 285,
287 und 288. -- Thompson Archaeologia 79 n"53" (?), 54A, 54B und 55.
-- Weidner AfO 10 28 Anm. 213. -- Weidner AfO 17 286ff. Satzung 20-
23. -- Weidner AfO 18 342ff. und 19 141ff. -- Winckler AOF III 245
Rm 573?

Tiglatpileser II.
    Andrae Stelenreihen n11?

Tiglatpileser III.
    de Clercq CdC II p263 n253ter? -- Falkner Sculptures 122f. --
Johns ADD 871? -- Layard ICC 84 B und C. -- Layard Nineveh and
Babylon Tafel vor p601 n6. -- Levine Two Neo-Assyrian stelae 11ff.
(+?) [Herrero Cahiers de la Délégation Archéologique en Iran 3
("1973") 105-113]. -- Messerschmidt KAH I n21 und 23. -- Nassouhi
MAOG 3/I-II nVII. -- Postgate NRGD n7, 8, 31, 52 (?), 53 (?) und
54. -- [Postgate Sumer 29 ("1973") 47-59.] -- Rost Tigl. III. --
Thureau-Dangin Arslan-Tash p60ff., 85f. (?) und 86f. (?). -- Weid-
ner AfO 3 5 Anm. 6. -- Winckler AOF II 3f. 83-1-18,215? -- Wiseman
Iraq 13 21ff. -- Wiseman Iraq 18 117ff.

Tukulti-Ninurta I.
    Ebeling OrNS 17 t32-34 (Stiftung). -- Haller Gräber p113? -- Le-
drain RA 2 145? -- Millard Iraq 32 171 BM 123387? -- Schroeder KAH
II n92, auch 157?? -- Weidner AfO 17 274ff. Satzung 6-8. -- Weidner
AfO 22 75f. Assur 9202? -- Weidner ITN.

Tukulti-Ninurta II.
    Andrae Farbige Keramik p13 t7-8. -- Cocquerillat RA 46 131 Anm.
2? -- Delaporte CCL II A 824. -- Dossin AAS 11/12 197ff. -- Ledrain
RA 2 145? -- Schramm BiOr 27 147ff. -- Schroeder KAH II n85, 86 und
89-91. -- Thompson AAA 18 n52. -- Thompson AAA 19 n66 (?), 122 (?)
und 174. -- Thompson Archaeologia 79 n1. -- Tournay AAS 2 169ff.

Zuweisung unsicher.
    [Abadah Sumer 28 ("1972") 78f. IM 75173?]
    Andrae AAT tXXX.
    Andrae FWA tC 12104.
    Andrae Stelenreihen passim.
    Barnett Carchemish III p280 m.
    Borger Asarh. §102a.
    Crowfoot Samaria-Sebaste III 35.
    Cullimore Oriental cylinders n80 (Tukul[ti-...]). [Dhorme RA 25
    El-Amin Sumer 5 145ff. tXVII B.   \53ff. n28?]
    Gadd AnSt 1 108ff.?
    Hulin Iraq 28 84ff.
    Hulin Sumer 26 127ff.
    Johns ADD 1262?
    King CT 34 3 80-7-19,13; ib 15-16?
    Knudsen Iraq 29 p68 und tXXV ND 5537.
    W.Lambert AfO 22 64?
    W.Lambert CT 46 n49 (+?) 50?
    Langdon BL n169 (Gottesbrief).
    Langdon TI tVI.

Layard ICC 75 B und C, 77 A, 81 B und 85 unten.
Layard Monuments II t54 n10 und t55 n6.
Leeper CT 35 16.
Lehmann-Haupt Materialien n36 und 37.
Lenormant Choix n76A? [Macmillan BA 5/V nXLVI, wahrscheinlich
Messerschmidt + Ungnad VS 1 n56? \doch nicht (+) Asarh. Ass. C.]
Millard Iraq 32 167ff. passim.
Nougayrol RA 60 72ff.?
Pohl OrNS 16 463 n2.
Sarfaraz Magalle-ye Barrasī-hā-ye Tārīhī 3/V 13ff.
Scheil RA 14 159f.
E.Schmidt Persepolis II p58 PT 4 1174, p58 PT 4 238 (?), p59 PT
4 1180.
Schroeder KAH II n72, 87, 88, 99, 111, 140 (?) und 157 (?).
Tadmor JCS 12 97f.
Thompson AAA 18 p79ff. passim.
Thompson AAA 19 p55ff. passim.
Thompson Archaeologia 79 p103ff. passim.
Thompson Iraq 4 43ff.
Thureau-Dangin RA 6 133f. (Aššur-dān ...).
Thureau-Dangin Til-Barsib 158 n6 und tXIV n2.
Walker CT 51 n217?
Weidner AfO 13 312 Assur 6719 // 18474.
Weidner AfO 21 43ff.
Weidner AfO 22 75f. Assur 9202 und 76f. K 2667.
Weidner IAK XXI/12.
Winckler AOF II 1f. Sm 1444; 10f. K 6303; 19ff. Rm 283; AOF III
245 Rm 573.
Winckler SKT II 6 K 4477.
Wiseman Iraq 13 107 ND 410 (?), 119 ND 831.
Wiseman Iraq 20 p19ff. (Siegel).
Wiseman Iraq 26 124 ND 5446, 124 ND 5506 (?), 124 ND 5540.

§ 10. Neu/Spätbabylonische Königsinschriften (ab ± 1160).

Bibliographie ± 1160 - 722: Brinkman PHPKB 319-382.
Bibliographie 626-539: [Berger Die neubabylonischen Königsinschriften,
Königsinschriften des ausgehenden babylonischen Reiches (626-539 a.Chr.),
AOAT 4/I, Kevelaer und Neukirchen-Vluyn 1973, p127-388].
Siehe auch §26 (Kudurru's).

Adad-apla-idinnam.
    Cf Brinkman PHPKB 135ff. und 335ff.
    Birot Syria 45 246f. n6. -- Gadd StOr 1 28ff. -- Gadd UET 1
n165 (?), 166 und 167. -- Herzfeld Iran in the Ancient East 134. --
King BBS nXIII und XXVI. -- Norris I R 5 XXII. -- Place Ninive et
l'Assyrie II 308. -- Wetzel MDOG 53 28.

Enlil-nādin-apli.
    Cf Brinkman PHPKB 116ff. und 329f.
    Dossin IrAnt 2 153 n6. -- Hilprecht BE 1/I n83. -- King BBS nXI?

Erība-Marduk.
    Cf Brinkman PHPKB 220ff. und 354f.
    Norris JRAS 1856 Tafel nach p222 Duck 1.

Eulmaš-šākin-šumi.
    Cf Brinkman PHPKB 160ff. und 341f.
    Contenau RA 29 29f. -- W.Lambert AfO 22 9 nII.

Evil-Merodach.
>   Cf Sack Amēl-Marduk.
>   Koldewey WEB⁴ 78 f50 und 156 f99 oben. -- Nassouhi AfO 3 66. --
>   Scheil MDP 5 pXXIII. -- Scheil MDP 10 p96 oben. -- Scheil MDP 14
>   p60.

Itti-Marduk-balāṭu.
>   Cf Brinkman PHPKB 94ff. und 324.
>   King BBS nXXX. -- Messerschmidt + Ungnad VS 1 n112.

Kaššū-nādin-aḫḫī.
>   Cf Brinkman PHPKB 156f., 341 und 395.
>   Calmeyer Datierbare Bronzen 165 n49.

Mār-bīti-apla-uṣur.
>   Cf Brinkman PHPKB 165f. und 343f.
>   Dossin IrAnt 2 160 n19.

Marduk-aḫḫī-erība.
>   Cf Brinkman PHPKB 144ff. und 338f.
>   Hilprecht BE 1/II n149.

Marduk-nādin-aḫḫī.
>   Cf Brinkman PHPKB 119ff. und 330ff.
>   Contenau RA 28 105ff. -- Gadd BMQ 7 44f. -- Gadd UET 1 n306. --
>   King BBS nVII (?), VIII und XXV. -- Koldewey MDOG 7 25ff. -- Norris
>   I R 70? -- Sayce PSBA 19 70ff. -- Sollberger UET 8 n101. -- Weidner
>   AfO 8 258f. f6d.

Marduk-šāpik-zēri.
>   Cf Brinkman PHPKB 130ff. und 334f.
>   Hilprecht BE 1/II n148. -- King BBS nXII. -- King LIH n70. --
>   Meek BASOR 74 7ff.

Marduk-zākir-šumi I.
>   Cf Brinkman PHPKB 192ff. und 349ff.
>   Messerschmidt + Ungnad VS 1 n35. -- Thureau-Dangin RA 16 117ff.
>   -- Weidner AfO 8 27ff. (Vertrag). -- Weissbach BMisc nVI.

Merodachbaladan II.
>   Cf Brinkman Festschrift Oppenheim 6ff.
>   Gadd Iraq 15 123ff. -- King BBS nXXXV. -- Langdon Kish III
>   p17ff. -- Messerschmidt + Ungnad VS 1 n37. -- Norris I R 5 XVII.
>   -- Schott Eanna n16 und 17.

Nabonassar.
>   Cf Brinkman PHPKB 226ff. und 356f.
>   Keiser BIN 2 n31 (privat). -- Seidl BagM 4 p60f. n105?

Nabonid.
>   Bezold PSBA 11 86? -- Clay YOS 1 n45. -- Dhorme RA 11 105ff. --
>   Gadd AnSt 8 46ff. // Langdon NBK Nab. n9 (Mutter Nabonid's). --
>   Gadd AnSt 8 56ff. -- Gadd UET 1 n187. -- King BBS nXXXVII. -- King
>   CT 34 23-37. -- Koldewey Königsburgen II 22f. n19? -- W.Lambert AfO
>   22 1ff. -- Langdon NBK Nab(on). n1-15. -- Langdon OECT 1 p32ff. --
>   Legrain PBS 15 n80. -- Oppenheim Dreams 192f. -- Saggs Iraq 31
>   166ff.? -- Saggs Sumer 13 190ff. -- Scheil RT 16 190 Si 4?? --
>   S.Smith CT 37 21 38346? -- S.Smith RA 22 57ff. -- Walker CT 51 n75.
>   -- Waterman Tel Umar II p78 und tXXV f2.

Nabopolassar.
    Clay BRM 4 n51. -- King BBS p127. -- Koldewey WEB⁴ 132, 138 f88
und 139 f89-90. -- Langdon NBK Nabop. n1-5. -- Scheil RT 16 185
oben. -- Weissbach Hauptheiligtum p41ff. -- Wetzel MDOG 53 22.

Nabû-apla-idinna.
    Cf Brinkman PHPKB 182ff. und 347ff.
    King BBS nXXIX und XXXVI. -- Langdon OECT 1 p25ff.

Nabû-mukīn-apli.
    Cf Brinkman PHPKB 171ff. und 344f.
    Brinkman ZA 62 91ff. -- Dossin IrAnt 2 161 n21. -- King BBS nIX.

Nabû-šuma-imbi, Gouverneur von Borsippa.
    Cf Brinkman PHPKB 225f.
    Strong JRAS 1892 350ff.

Nabû-šuma-iškun.
    Cf Brinkman PHPKB 224ff. und 355f.
    Messerschmidt + Ungnad VS 1 n36.

Nabû-šumu-lîbūr.
    Cf Brinkman PHPKB 147f. und 339f.
    King PSBA 29 221.

Nebukadnezar I.
    Cf Brinkman PHPKB 104ff. und 325ff.
    Böhl BiOr 7 42ff. (+) Weidner AfO 16 72f. — Brinkman PHPKB 113
Anm. 624. -- Dossin IrAnt 2 158 n14 (Gebet). -- Hinke NBSt 116ff. --
King BBS nVI und XXIV. -- W.Lambert JCS 21 126ff. nI. -- Pope Survey
I 283 nVII. -- G.Smith III R 38 n2? -- Walker CT 51 n73?

Nebukadnezar II.
    Cf Borger in Pauly-Wissowa, Paulys Realencyclopädie der classi-
schen Altertumswissenschaft Supplementband XII (Stuttgart 1970) 890-
894.
    Belaiew RA 26 115f. -- Clay YOS 1 n44. -- de Genouillac PRAK I
t14 B 136? -- Goetze Crozer Quarterly 23 65ff. -- Koldewey WEB⁴ 77
f49 und 175 f111. -- W.Lambert CT 46 n45? -- Langdon NBK Neb. n1-52.
-- Legrain PBS 15 n77 und 79. -- Levy Sumer 3 4ff. -- de Longpérier
Musée Napoléon III tIV? -- G.R.Meyer Vier Jahrtausende² 231ff. --
Nougayrol RA 64 68. -- Porter Travels II t78. -- Scheil MDP 4 t18 4.
-- Scheil RA 24 48 PS. -- Scheil SFS p126 Si 214. -- E.Schmidt Persepolis II p58 PT 4 1175 (?) und PT 4 250. -- Schott Eanna n26 und
27. -- S.Smith CT 37 5-20. -- S.Smith RA 21 78f. usw. -- Sollberger
Genava N.S. 2 238f. -- Tallon MUSJ 44 1ff.? -- Unger Babylon 282ff.
-- Weissbach Das Babylon der Spätzeit p49 n9? -- Weissbach Haupthei-
ligtum p44ff. -- Zabłocka + Berger OrNS 38 122ff. [Flandin Voyage en
                                                  \＿Perse t222.]
Neriglissar.
    vDijk TLB 2 n22. -- Langdon NBK Ner. n1-3. -- Messerschmidt + Un-
gnad VS 1 n59. -- Scheil MDP 10 p96 unten.

Ninurta-kudurri-uṣur II.
    Cf Brinkman PHPKB 175 und 345.
    Amandry Antike Kunst 9 p59 f3 und p66f. (Prinz)? -- Dossin IrAnt
2 160 n18.

Ninurta-nādin-šumi.

Cf <u>Brinkman</u> PHPKB 98ff. und 324f.

<u>Dossin</u> IrAnt 2 151f. n3. -- <u>Herzfeld</u> Geschichte der Stadt Samarra tXXXIII?

<u>Simbar-Šiḫu.</u>

Cf <u>Brinkman</u> PHPKB 150ff. und 340.

<u>Goetze</u> JCS 19 121ff. -- <u>King</u> BBS nXXVII.

<u>Sîn-balāssu-iqbi, Gouverneur von Ur.</u>

Cf <u>Brinkman</u> OrNS 34 248ff. und 38 336ff.

<u>Gadd</u> UET 1 n168-183. -- <u>Sollberger</u> UET 8 n102.

<u>Sîn-tabni-uṣur, Gouverneur von Ur.</u>

Cf <u>Brinkman</u> OrNS 34 253ff. und 38 342.

<u>Scheil</u> RT 36 188ff. (zu Brinkman nachzutragen).

<u>Šamaššumukīn.</u>

Cf <u>Streck</u> Assurb. I pCCLVIff.

<u>King</u> BBS nX. -- <u>W.Lambert</u> AfO 18 385ff. (Aššurbanipal und/oder Šamaššumukīn). -- <u>Lehmann</u> Ššmk II tI-VII. -- <u>Pinckert</u> LSS 3/IV n6. -- <u>Scheil</u> RT 16 91f. -- <u>Scheil</u> RT 36 188ff. (Sîn-tabni-uṣur von Ur). -- <u>Steinmetzer</u> ArOr 7 314ff.

<u>Zuweisung unsicher.</u>

<u>Clay</u> YOS 1 n37.

<u>Gadd</u> UET 1 n307?

<u>Keiser</u> BIN 2 n34 (Gouverneur?)?

<u>W.Lambert</u> CT 46 n47 (zu Lambert AfO 22 1ff.?)?

<u>Messerschmidt + Ungnad</u> VS 1 n56?

<u>Neate</u> Iraq 33 54ff.?

<u>Pinches</u> IV R² 12?

<u>Scheil</u> RT 24 25 1 e?

<u>E.Schmidt</u> Persepolis II p58 PT 5 264 (?); p59 PT 4 777 (?); p59 PT 5 17 (?); p63 PT 4 448 (?).

<u>S.Smith</u> CT 37 21 38346.

<u>Tallon</u> MUSJ 44 1ff.?

<u>Walker</u> CT 51 n76.

<u>Weissbach</u> Das Babylon der Spätzeit p49 n9.

§ 11. Königsinschriften der Achämenidenzeit und der Spätzeit.

Allgemein: <u>Weissbach</u> KA. [Nachzutragen <u>Ouseley</u> Travels II t(XLVI und) XLVII.]

<u>Antiochus I. Soter.</u>

<u>Weissbach</u> KA p132ff.

<u>Artaxerxes I.</u>

<u>Herzfeld</u> ApI n22. -- <u>Savel'jeva</u> VDI 1972/III 107ff. -- <u>E.Schmidt</u> Persepolis I 126 und 129. -- <u>Weissbach</u> KA p120f.

<u>Artaxerxes II.</u>

<u>Herzfeld</u> ApI n24. -- <u>Scheil</u> MDP 24 p126ff. -- <u>Weissbach</u> KA p122ff.

<u>Artaxerxes III.</u>

<u>Scheil</u> MDP 21 n30.

<u>Darius I.</u>

<u>Ghirshman</u> Perse 257 f310. -- <u>Herzfeld</u> ApI n3, 10 und 12. -- <u>Hinz</u> AiFF 52ff. -- <u>Hulin</u> Orientalia Lovaniensia periodica 3 121ff. --

Scheil BIFAO 30 293ff. = RA 27 93ff. -- Scheil MDP 21 passim. — E. Schmidt Persepolis II 106. -- S.Smith JRAS 1926 433ff. -- Vallat JA 260 247ff. -- Vallat Syria 48 58f. -- Weissbach Grab Darius 21ff. -- Weissbach KA p8-107 (106f. Siegel). -- Weissbach ZA 44 150ff.

Darius II.
Scheil MDP 21 n24 und 25.

Kyros.
Gadd UET 1 n194, auch 307?? -- Herzfeld ApI n2. -- Weissbach KA p2ff. und 126f.

Xerxes.
Balkan Anatolia 4 125f. -- Herzfeld ApI n13-17; [n18 +!? de Bruin Cornelis de Bruins reizen f133 Z. 7b, 7a, 5c, 5b, 6, 5a +!? Ouseley Travels II tXLVII n8]. -- Scheil MDP 21 n27? -- Weissbach KA p106ff.

Gouverneure der seleukidischen Zeit.
Clay YOS 1 n52 (Anu-uballiṭ = Nikarchos). -- Jordan Uruk-Warka p40f. (Anu-uballiṭ = Kephalōn). -- Keiser BIN 2 n34?

§ 12. Königsinschriften aus Elam.

Allgemein: König ElKi. -- Sollberger + Kupper IRSA p124ff. und 256ff.

Att/ddahušu.
Amiet MDP 43 n1682, 1683 und 2327 (alles Siegel). -- Delaporte CCL I S 489 (Siegel). -- Dossin IrAnt 2 156f. n12. -- Scheil MDP 4 p10. -- Scheil MDP 6 p26. -- Scheil MDP 14 p30f. -- Scheil MDP 28 p4ff. n3, p8f. n5 und p9 n6. -- Scheil RA 26 1ff. -- Scheil RA 27 187f. — Sollberger JCS 22 30ff.

Attar-kittah.
Steve MDP 41 112f.

Epart, Ebarat.
Nur Siegel. Amiet MDP 43 n1685 und 1686. -- Delaporte CCL I S 486.

Epir(Enpir)-mupi.
Nur Siegel. Amiet MDP 43 n1547. -- Delaporte CCL I S 475. -- Jean Religion sumérienne tXV f55.

Ešpum(?).
Delaporte CCL I S 443 und S 471 (beides Siegel). -- Scheil MDP 10 p1ff.

Indattu (Idadu).
Amiet MDP 43 n1677, 1678, 1783, 2325 und 2326 (alles Siegel). -- Delaporte CCL I S 485 und 485[b] (Siegel). -- Scheil MDP 2 p69ff. und 72f. -- Scheil MDP 10 p13. -- Scheil MDP 14 p26 und 27f.

Indattu(Idadu)-Inšušinak.
Scheil MDP 6 p16ff.

Kuduzuluš.
vDijk TIM 4 n33 und 34 (Siegel).

Kuk-kirwaš/kirmeš.
Amiet MDP 43 n1684 (Siegel). -- Scheil MDP 2 p74ff. — Scheil RA

23 35 (Siegel).

Kuk-Našur/Nasir.
 Amiet MDP 43 n2015 (Siegel). -- Scheil MDP 6 p28f. -- Scheil MDP
28 p11 n8. -- Scheil RA 29 68 unten.

Kuter-Nahhunte.
 Scheil MDP 2 p117. -- Scheil RA 29 68ff.

Pala-iššan.
 Dossin MDP 18 n97, 98 und 100 (Siegel).

Puzur(Pù-zur$_x$)-Insušinak.
 Scheil MDP 2 p59ff. und 63ff. -- Scheil MDP 4 p4ff. -- Scheil MDP
6 p7 und 8ff. -- Scheil MDP 10 p9f. und 10f. -- Scheil MDP 14 p7ff.
und 17ff. -- Weidner AfO 8 258f. f6b.

Simut-wartaš.
 Pézard MDP 15 p91f.

Šilhak-Insušinak.
 Dossin IrAnt 2 157 n13.

Šutruk-Nahhunte.
 Scheil MDP 2 p118f.

Tan-Ruhurater.
 Amiet MDP 43 n1674 und 1675 (beides Siegel); n1676 (Siegel Gattin). -- Porada Expedition 13/III-IV 32 f6 (Siegel)? -- Scheil MDP
14 p24f. (Gattin).

Tan-uli.
 Amiet MDP 43 n2330 (Siegel).

Tempt(Temti)-agun.
 Porada JNES 5 258 f3 (Siegel). -- Scheil MDP 6 p23f. -- Scheil
RA 29 68ff.

Tempt(Tepti)-ahar.
 Scheil MDP 4 p167f.
 Vgl. Reiner AfO 24 87ff.

Tempt(Temti)-halki.
 Scheil MDP 2 p77f. -- Scheil MDP 6 p27.

Tempt(Tep)-halki.
 Scheil MDP 2 p120ff.

Untaš-Napiriša.
 Für die Lesung des Namens cf Hinz JNES 24 351ff.
 Ghirshman MDP 39 tXCVIII G.T.Z. 274. -- Rutten MDP 32 p13ff. nI.
-- Scheil MDP 10 p85f. -- Scheil MDP 11 p12ff. -- Scheil MDP 28
p33 C? -- Steve MDP 41 passim.

Ušumgal, énsi von Susa.
 Boissier RA 23 17f. n2 (Siegel).

Zuweisung unsicher.
 Herzfeld Archaeologische Mitteilungen aus Iran 9 159ff. (Umge-

bung Hamadan).
>Scheil MDP 2 p66.
>Scheil MDP 4 p9 unten.
>Scheil MDP 6 p54f.?
>Scheil MDP 11 p43 unten?
>Scheil MDP 28 p33 C.

§ 13. Königsinschriften u.ä. aus Mari, Ḫana (Tirqa) usw.

Allgemein: Sollberger + Kupper IRSA p87ff., 165ff. und 241-250.
Für die datierten Siegel cf Nagel AfO 18 321, 20 126 und 128, Strommenger JCS 12 115ff., Weidner JKF 2 127ff.

Für DINGIR-BU (Ilsu?) von Mari siehe oben p3.

Andrae AIT 102f. (Siegel Izi-Dagan von Mari).
vBuren JCS 5 133f. (Siegel Jarim-Lim [von Jamḫad?]).
Civil RA 56 213 (Tochter Apil-kīn's von Mari).
Delaporte CCL II A 337, A 385, A 418 und A 914 (Siegel, Herrscher aus
der Umgebung von Mari; Kupper RA 53 97ff.).
Dossin Syria 21 153ff. (Niwar-Mer von Mari).
Dossin Syria 21 159ff. (Apil-kīn von Mari).
Dossin Syria 21 161ff. (Isṭup-ilum von Mari).
Dossin Syria 32 1ff. (Jaḫdun-Lim von Mari).
Dossin Syria 48 2ff. (Zimri-Lim von Mari).
Herzfeld RA 11 134ff. (Zimri-Lim von Mari, aus Tirqa).
King CT 5 2 12146 (Ikū(š)-Šamaš? von Mari).
Ménant Catalogue la Haye n97 (Siegel Zimri-Lim von Mari).
Nassouhi AfO 3 109ff. (Puzur-Ištar und Tūra-Dagan von Mari).
D.Oates Iraq 29 74ff.? (aus Tell al-Rimah).
Parrot MAM II/3 p2ff. (Isṭup-ilum von Mari); p251ff. (Siegel Tūra-
Dagan, Zimri-Lim usw.).
Parrot MAM III p309f. n1, p310 n2 und p329f. M 2241 (Ikūs-Šamagan von
Mari); p318f. n11, p323 n17, p327f. n68 (?) und p328 n69 (Ib-lul-il von
Mari); p321 n14 (?), p321 n15, p324 n18 (?), p324 n19 (?), p325 n22 (?),
p326 n23 (?), p326 n24 (?) und p330 M 2248 (?).
Parrot MAM IV p58f. (Enim-Dagan von Mari).
Sollberger CRRA 15 104ff. (Sohn Puzur-Ištar's von Mari).
Stephens RA 34 183ff. (Siegel Hammurapi von Ḫana).
Thureau-Dangin RA 31 140f. (Lamgi-Mari von Mari) und 144 (Jasmaḫ-Addu
von Mari, Sohn Samsi-Adad's I. von Assyrien).
Thureau-Dangin RA 33 49ff. (Jaḫdun-Lim von Mari).
Thureau-Dangin RA 33 170 (Zimri-Lim von Mari) und 177ff. (Ilum-išar
von Mari).
Thureau-Dangin RA 34 172ff. (I-ti-ilum von Mari).
Thureau-Dangin Syria 5 275f. (Hammurapi von Ḫana) und 279f. (Tukulti-
Mer von Ḫana).
Thureau-Dangin TCL 1 n237 (Siegel Išar-Lim von Ḫana).
Walker Iraq 32 27ff. (Herrscher von Razamā).
Weidner AfO 18 122f. (Siegel Jaggid-Lim von Mari).
Weissbach BMisc nIV (Šamaš-rēšu-uṣur von Suḫu und Mari).

§ 14. Inschriften ḫurritischer Herrscher.

Meek HSS 10 n231 (Itḫi-Teššub von Arrapḫa).
Pfeiffer HSS 9 n1 (Siegel Saussattar von Mitanni).
Thureau-Dangin RA 9 1ff. (Adalsen von Urkiš und Nawar).
Wiseman AT n13 und 14 (Siegel Šuttarna, verwendet von Saussatar; cf
Nougayrol BiOr 15 116).

§ 15. Königsinschriften aus Urarṭu.

Benedict JAOS 81 359ff.
König HChI.
Melikišvili Urartskie klinoobraznye nadpisi.

§ 16. Königsinschriften aus Kleinasien und dem Westland.

Für die Texte aus Kleinasien cf Laroche Catalogue².

Balkan Observations 78f. (Anitta). -- Barnett Carchemish III p265 und
279f. -- vBuren JCS 5 133f. (Siegel Jarim-Lim [von Jamḫad?]). -- Eisen
Moore n130 (Siegel Tochter Aplaḫanda's [von Karchemis?]). -- Figulla KUB
1 n16 (Bilingue Ḫattušili I., politisches Testament). -- Goetze AJA 40
210ff. (Bulle Isputaḫsu, aus Tarsus). -- Ch.McCown Tell en-Naṣbeh I 150ff.
(private Weihinschrift, für König). -- Meissner AfO Beih. 1 71ff. (Kapara
von Guzana). -- Moortgat Tell Halaf III passim (Kapara von Guzana). --
Nougayrol + Amiet RA 56 169ff. (Siegel Sumirapa von Tuba). -- Nougayrol
Syria 39 188ff. (Siegel Aplaḫanda [von Karchemis?]). -- Opificius Geschnittene Steine der Antike n37 (Siegel Muzunadu). -- Otten KBo 10 n1-3
(Bilingue Ḫattušili I.). -- Pettinato AAS 20 73ff. (Ibbiṭ-Lim von Ebla;
demnächst Pettinato bei P.Matthiae Missione archeologica Italiana in Si-
ria, rapporto preliminare delle campagne 1967-1968 [Tell Mardikh]). --
E.Schmidt Persepolis II 59f. PT 4 942 (Herrscher o.ä. von Suḫu). -- S.
Smith Idri-mi (Alalaḫ). -- Weidner KUB 3 n86-88 und 90-92. -- Weidner
KUB 4 n25? -- Weissbach BMisc nIV (Šamaš-rešu-uṣur von Suḫu und Mari). --
Wiseman AT p18 und JCS 13 61 (Siegel aus Alalaḫ).

§ 17. Chroniken.

Gesamtbearbeitung durch Grayson (Assyrian and Babylonian chronicles,
TCS 5) im Druck.
Siehe auch §20 (Eponymenlisten).

Güterbock ZA 42 47ff. -- E.T.Harper BA 2 501 79-7-8,36 (+) King CT 13
45 K 2973. -- John's ADD n888 (+) King CCEBK II 46ff. (+) W.Lambert Festschrift Böhl 271ff. (// ib 280). -- King CCEBK. -- King CT 34 38-43 (Syn-
chronistische Geschichte). -- King CT 34 43-50. -- Kugler Von Moses bis
Paulus 342f. -- Millard Iraq 26 14ff. -- Pinches BOR 6 36 Sp II 1008. --
Pinches JRAS 1894 807ff. -- Pinches LBAT n418. -- Pinches Old Testament³
480f. und 561, 484 oben und 484 unten. -- S.Smith BHT. -- S.Smith CT 37 21
38284 (?) und CT 37 22. -- Sollberger JCS 16 40ff. (Tummal). -- Sollberger UET 8 n32 und 33? -- Strassmaier 8. Kongress n28. -- Strassmaier ZA 6
230 Rm 844? -- Weidner AfO 4 213ff. -- Weidner AfO 17 384f. -- Weidner
AfO 20 115f.? -- Weidner IAK XIX/3? -- Wiseman CCK.

§ 18. Königslisten.

Cf Grayson Festschrift vSoden 105ff. und Röllig ib 265ff.

Clay YOS 1 n32. -- vDijk UVB 18 44ff. und 53ff. -- Finkelstein JCS 17
39ff. Rs. -- Finkelstein JCS 20 95ff. -- Gadd CT 36 24f. -- Gelb JNES 1
209ff. -- Jacobsen AS 11. -- W.Lambert Festschrift Böhl 271ff. und 280. --
Millard Iraq 32 174ff. BM 128059. -- Nassouhi AfO 4 1ff. -- Nissen ZA 57
1ff. -- Pinches V R 44. -- Poebel AS 15. -- Rost MVAG 2/II 240. -- Sachs
Iraq 16 202ff. -- Scheil RA 28 1ff. -- Schroeder KAV n9-15, 16 (?), 18 und
182. -- Sollberger JCS 8 135f. -- Sollberger JCS 21 279ff. -- Strassmaier
ZA 7 198ff. -- Weidner AfO 3 66ff.
Die vorsintflutlichen Herrscher bei vDijk UVB 18 44ff., Finkelstein JCS
17 39ff. Rs., Jacobsen AS 11 und W.Lambert Festschrift Böhl 271ff. //280.

§ 19. Datenlisten und Jahresformeln.

Cf <u>Ungnad</u> RLA II 131-194 usw.

<u>Aro</u> BSAW 115/II n8. -- <u>Baqir</u> Sumer 4 103ff. -- <u>Baqir</u> Sumer 5 45ff. und 83ff. -- <u>Boissier</u> RA 11 161ff. (RLA II 173f.). -- <u>Clay</u> YOS 1 n26 (RLA II 136ff.) und 33 (RLA II 172f.). -- <u>Edzard</u> Tell ed-Dēr n234 (Formel). -- <u>Feigin</u> JNES 14 137ff. -- <u>Figulla</u> UET 5 n872 (Formel). -- <u>Figulla</u> VS 13 n105 (RLA II 171f.). -- <u>Gadd</u> UET 1 n265-266 (RLA II 149ff.), 292 (RLA II 136ff. und 147) und 298 (RLA II 149ff.). -- de <u>Genouillac</u> PRAK II t18 B 224?; ib t33 D 14 (Formel). -- <u>Goetze</u> Iraq 22 156 (Formel). -- <u>Hilprecht</u> BE 1/II n125 und 127 (RLA II 136ff.). -- <u>King</u> CCEBK II 97ff. (RLA II 169 ff.). -- <u>King</u> LIḤ n101 (RLA II 164ff.) und 102 (RLA II 168f.). -- <u>Langdon</u> OECT 2 p31ff. -- <u>Mercer</u> Sumero-Babylonian year-formulae. -- <u>Messerschmidt</u> OLZ 8 268ff. (Formel). -- <u>Morgan</u> MCS 2 31f. usw. -- <u>Peiser</u> OLZ 13 193ff. (Formel). -- <u>Pinches</u> PEFQS 1900 269ff. (Formel). -- <u>Pinches</u> IV R² 35 n8 (Formel oder Bruchstück einer Datenliste). -- <u>Poebel</u> PBS 5 n70 (RLA II 147). -- <u>Scheil</u> RT 34 105ff. (RLA II 173). -- <u>Sollberger</u> UET 8 n65. -- <u>Steele</u> JAOS 63 155ff. -- <u>Thureau-Dangin</u> RA 15 52ff. (RLA II 149ff.). -- <u>Thureau-Dangin</u> TCL 1 n159 (RLA II 172). -- <u>Unger</u> AnOr 12 312ff. -- <u>Ungnad</u> BA 6/III 43ff. (RLA II 169f.) und 46 (RLA II 170); ib 47 (Formel).

§ 20. Eponymenlisten u.ä.

Cf <u>Ungnad</u> RLA II 412-457 usw.

<u>Andrae</u> Stelenreihen. -- <u>Balkan</u> AS 16 166ff. (ḫamuštum-Eponymen?). -- <u>Bezold</u> PSBA 11 286f. -- <u>Delitzsch</u> AL² 87-94. -- <u>Gurney</u> STT I n46 + II n348 und I 47 Vs. -- <u>Johns</u> ADD n1098 = PSBA 18 205ff. -- <u>King</u> ZA 10 97f. -- <u>Lewy</u> TMH 1 t24 d (ḫamuštum-Eponymen?). -- <u>Michel</u> WO 1/IV 261ff. n20 (Eponymatswürfel). -- <u>Schroeder</u> KAV n20-24. -- <u>G.Smith</u> Eponym canon. -- <u>Ungnad</u> RLA II 412-437 (Cᵇ, p428-435, zugleich Chronik). -- <u>Weidner</u> KUB 4 n93.

§ 21. Privatinschriften und Vermerke.

Widmungen für das Wohlergehen eines Königs werden zu den Inschriften dieses Königs gerechnet.

Kolophone, Siegellegenden, Gewichte und Gefässe mit Massangaben werden gesondert behandelt (§110-113).

Für die Luristan-Bronzen cf <u>Calmeyer</u> Datierbare Bronzen p161-167.

<u>Abadah</u> Sumer 27 87f. n394 (sumerisch) und 88 n402 (sum.). -- [<u>Abadah</u> Sumer 28 ("1972") 78f. IM 75173 (akkadisch)?] -- <u>Ali</u> Sum. letters 144ff. B:18 (sum.). -- <u>Allotte</u> DP n1 (sum.), auch n3 (sum.)? -- <u>Amandry</u> Antike Kunst 9 p59 f3 und p66f. (akk.); ib p66 und 69f. (akk.). -- <u>Amiet</u> RA 64 9ff. (sum.). -- <u>Andrae</u> AIT 87 f67?; ib 107 f80 (akk.)? -- <u>Andrae</u> JIT p81 f63 (akk.); ib p129 unten, t39 y (akk.); ib t43 e (akk.). -- <u>Andrae</u> MDOG 28 26 (akk.). -- <u>Andrae</u> Stelenreihen. -- <u>Ball</u> Light from the East 216f. (akk.). -- <u>Baqir</u> Iraq Supplement 1945 p5, 7f. und 13 f27-28 (akk.?). -- <u>Baqir</u> Iraq 8 p90 DK4-118 und DK4-85 (akk.?). -- <u>Bernhardt</u> TMH NF 4 n45 (sum.). -- <u>Birot</u> Syria 45 243f. n1 (akk.). -- <u>Buccellati</u> + <u>Biggs</u> AS 17 n5 (sum.), 12 (?), 39 (? sum.), 40 (? sum.), 41 (? sum.), 46 (? sum.), 51 (?), 54 (? sum.) und 58 (akk.). -- <u>Budge</u> Amulets 98 (akk.). -- <u>Calmeyer</u> Datierbare Bronzen 161 n1 (akk.), 165 n47 (akk.). 166 n81 (akk.), 166 n82 (akk.), 166 n83 (akk.) und 166 n86 (akk.?). -- <u>Cameron</u> JCS 20 125 (sum.). -- <u>Civil</u> RA 56 213 (sum.). -- <u>Clay</u> BRM 4 n45 (sum.). -- <u>Clay</u> MJ 3 23ff. (akk.). -- <u>Clay</u> YOS 1 n1 (sum.), 2 (sum.), 3 (sum.), 6 (sum.), 7 (sum.), 9 (? sum.), 18 (akk.) und 19 (sum.). -- <u>Cros</u> NFT 236 (sum.), 241 A (sum.) und 250f. (sum.). -- <u>Cullimore</u> Oriental cylinders n81 (akk.). -- <u>Dalley</u> Iraq 34 130 n33 (akk.). -- <u>Delaporte</u> CCL II A 814 (sum.), A 828

(akk.) und A 829 (akk.). -- Dhorme RB nouvelle série 8 277f. (akk.). --
Dossin IrAnt 2 149ff. (akk.). -- Dossin MUSJ 45 250ff. (akk.). -- Dossin
RA 27 85ff. (? akk.). -- Dossin RA 35 129ff. (akk.). -- Dougherty AASOR
8 45 und 50 f4 (? sum.). -- vDijk Meddelelser fra Ny Carlsberg Glyptotek
19 50ff. (? sum.). -- Edzard Sumer 14 109ff. (sum.). -- Edzard Sumer 15
26 n10 (sum.); ib t1 IM 49104 (? akk.). -- El-Amin Sumer 5 145ff. tXVII
A (? akk.). --Falkenstein ATU n618-620 (? sum.). -- Falkenstein BagM 2
p2ff. (sum.). -- Falkenstein UVB 8 23 (zweimal; sum.). -- Falkenstein
UVB 12/13 42ff. (sum., mittelbabyl. Zeit). -- Fossey Babyl. 4 248f.
(akk.). -- Gadd AnSt 1 108ff. (? akk.). -- Gadd AnSt 8 46ff. // Langdon
NBK Nab. n9 (akk.). -- Gadd BMQ 7 44 (akk.). -- Gadd JRAS 1928 626ff. (?
sum.). -- Gadd UE I p125 BM 114206 (sum.) und BM 114207 (sum.); p127 TO
304 (? sum.). -- Gadd UET 1 n4 (sum.), 7 (sum.), 11 (akk.), 12 (sum.),
14 (? sum.), 16 (sum.), 23 (sum.), 25 (sum.), 43 (? sum.), 64 (sum.),
66 (?), 69, 98 (sum.), 99 (sum.), 267 (? sum.), 278 (sum.) und 279 (?
sum.). -- de Genouillac FT II tXL TG 183 (sum.); tXL TG 1458 (? sum.?);
tXLI TG 3886 (sum.); tXLI TG 3601 (? sum.); tXLI TG 3960 (sum.); tXLI
TG 4014 (sum.); tXLIV TG 618 (?). -- de Genouillac RA 10 101f. n2 (?
sum.). -- Gibson JNES 31 293 n1853 (akk.). -- Goetze JCS 23 39ff. (sum.).
-- Güterbock AS 16 197f. (akk.). -- Haller Gräber p22 (akk.) und 110
(akk.). -- Haller Heiligtümer p48 t49 (akk.). -- Heinrich Fara p75 f46
(sum.) und t35 "b". -- Herzfeld Persian empire 31 f7 (? akk.?); 69 f8
(? akk.). -- Hilprecht BE 1/I n28-32 und 73 (n30 akk.); ib n77 (? sum.);
BE 1/II passim (sum. oder Sprache nicht feststellbar). -- Hoffmann Fogg
n55 (sum.). -- Jacobsen CTNMC n76 (akk.) und 77 (akk.). -- Jacobsen
Khorsabad II 104 n2 (akk.). -- Jacobsen Pre-Sargonid temples 289ff. passim (sum. und akk.). -- Jacobsen Temple oval 146 n1 (?), 148 n4 (?), 148f.
n5, 149 n6, 150 n9 (?) und 150 n11 (? Sprache dieser Texte sum. oder
akk.). -- Keiser BIN 2 n5 (? sum.), 9 (sum.) und 31 (akk.). -- King BBS
nXXXIV (akk.). -- King CT 7 3 22452 (akk.), 4 22451 (akk.) und 4 12033
(?). -- King CT 10 2 22470 (sum.) und 22469 (? sum.). -- King CT 32 8
60036 (akk.). -- Klengel-Brandt OrNS 37 81ff. (akk.). -- Koldewey MDOG
15 13 (akk.). -- Koldewey Tempel Blatt 8 f76 rechts oben (? sum.) und
rechts unten (?). -- M.Lambert RA 67 158f. (sum.). -- W.Lambert AfO 22
9 nI (akk.). -- W.Lambert AfO 22 64 (? akk.). -- W.Lambert Iran 10 161ff.
(akk.). -- W.Lambert RA 63 65f. (akk.). -- Lamon Megiddo I t72 n18. --
Langdon JRAS 1930 601f. -- Langdon Kish I p40f. (akk.). -- Langdon OECT
1 p20ff. (sum.). -- Layard Nineveh and Babylon 276 (akk.) und 562 rechts
(? akk.?). -- Legrain PBS 15 passim (zumeist sum.; n63 und 69 akk.). --
Lenormant Choix n1 (? sum.?), 2 (sum.), 9 (? akk.), 56 (? sum.), 57
(sum.), 76 A (? akk.) und 76 B (akk.). -- Luckenbill Adab passim (sum.).
-- Luckenbill Senn. 152 XVI (akk.). -- vLuschan Ausgrabungen in Sendschirli V p96f. (akk.). -- Ch.McCown Tell en-Naṣbeh I 150ff. (akk.). -- Meissner TMH 4 p8 n3 (sum.) und p8f. n4 (sum.). -- Messerschmidt + Ungnad VS
1 n60 (akk.), 61 (akk.) und 69 (akk.). -- G.R.Meyer Altorientalische
Denkmäler f51 (sum.). -- Michel WO 1/IV 261ff. n20 (akk.). -- Montet
Les constructions et le tombeau de Psousennès à Tanis p139ff. (akk.). --
Mustafa Sumer 3 19ff. (soweit erkennbar akk.). -- Nagel AfO 19 95f. n10
(akk.). -- Nassouhi MAOG 3/I-II nII (akk.), nV B (akk.) und nXIII (akk.).
-- Nougayrol RA 41 24ff. (sum.). -- Nougayrol RA 41 26ff. AO 16652 (?
sum.); 27 und 29 AO 15393 (? sum.). -- D.Oates Iraq 29 74ff. (? akk.). --
Oelsner WZJ 18 51 n2 (sum.) und 53 n24 (? sum.). -- Parrot MAM II/3 p82
(akk.) und 86 (akk.). -- Parrot MAM III p311ff. n3 (?), 4-9, 10 (?), 12,
13, 14 (?), 16, 18 (?), 19 (?), 21, 22 (?), 23 (?), 24 (?), p330 M 2248
(?) und p331 M 2374 (all diese Texte akk.). -- Parrot MAM IV p56f. --
Parrot Syria 32 tXVI 3; ib tXVII 1. -- Pettinato Mesopotamia 5-6 p54f.?
-- Pognon Inscriptions sémitiques II p106f. n59 (akk.). -- Pope Survey I
284 nXIII (akk.) und 285 nXIV (akk.). -- Prince JAOS 26 93ff. -- Roux
Sumer 16 27 (akk.). -- Safar Sumer 5 tVII (nach p164) n3 (sum.). -- de

Sarzec DC pLIII écuelle d'onyx (? sum.), pLIII masse d'armes (? sum.),
pLIV-LV Lou-pad (sum.), pLIV écuelle en pierre verte (? sum.), pLIV épée
aux lions (? sum.) und pLVII petite-fille de Naram-Sin (akk.); t26 n6 (?
sum.) und t26 n8 (? sum.). -- Sayce PSBA 19 74 V (? akk.?). -- Scheil
MDP 4 p166 (akk.). -- Scheil MDP 6 p11 (sum.) und p30 oben. -- Scheil
MDP 28 p12f. n10 (sum.) und p13 n11 (akk.). -- Scheil RA 14 89ff. (akk.).
-- Scheil RA 25 37f. (sum.). -- Scheil RA 27 188f. -- Scheil RT 16 176ff.
(akk.). -- Scheil RT 20 200 n8 (akk.). -- Scheil RT 21 125f. (akk.). --
Scheil SFS p91f. (akk.). -- E.Schmidt Persepolis II p58 PT 4 238 (? akk.),
p58 PT 5 264 (? akk.), p58f. PT 4 99 und 328 (akk.), p59 PT 4 861 (akk.),
p59 PT 4 777 (? akk.), p59 PT 4 716 (akk.), p59f. PT 4 942 (? akk.) und
p63 PT 4 448 (? akk.). -- Schroeder AfK 2 69 (akk.). -- Schroeder KAH II
n14 (akk.), 15 (akk.), 26 (akk.), 64 (akk.) und 138 (akk.). -- Schroeder
KAV n146 (akk.) und 151 (akk.). -- Šilejko AfO 5 11ff. (akk.). -- S.Smith
Sumer 2 19ff. (akk.). -- Sollberger AfO 18 129 n1 (sum.). -- Sollberger
BAC p99f. Ashmolean 1937.651 (sum.?). -- Sollberger Corpus Ent. 76 (sum.),
Enz. 2 (sum.), N. 2 (sum.) und N. 8 (sum.), auch N. 4 (sum.)? -- Sollberger CRRA 15 103ff. (akk.). -- Sollberger Genava 26 66 (sum.). -- Sollberger JAOS 88 191ff. n1 (sum., aus mittelbabyl. Zeit) und n2 (akk.). --
Sollberger UET 8 n4-8 (? sum.), 12 (akk.), 15 (sum.), 18 (? sum.), 44 (?),
45 (? sum.?), 46 (? sum.), 47 (?), 48 (? sum.), 49 (? sum.), 51 (?), 54
(?), 96 (sum.), 97 (sum.), 98 (sum.?), 104 (sum.) und 106 (? sum.). --
Speleers RIAA n3 (? sum.) und 5 (sum.). -- Stephens YOS 9 n1 (? sum.), 2
(? akk.), 3 (?), 10 (? sum.), 11 (? sum.), 17 (akk.), 66 (sum., aus mittelbabyl. Zeit) und 67 (ebenso). -- Strommenger Mesopotamien t46 unten
(sum.). -- Strommenger ZA 53 46ff. (sum.). -- Thureau-Dangin RA 20 3ff.
(sum.). -- Thureau-Dangin RA 24 81f. (akk.). -- Thureau-Dangin RA 31 142
und 143 (beide akk.? aus Mari). -- Thureau-Dangin RA 34 175f. (akk., aus
Mari). -- Thureau-Dangin Til-Barsib p156f. (akk.). -- Toscanne RT 31 121
A (sum.) und 123 D (? sum.). -- Weidner AfO 8 258f. f6c (sum., aus mittelbabyl. Zeit). -- Weidner AfO 10 28 Anm. 213 (akkad.). -- Weidner AfO 13
318 Assur 10274 (akk.). -- Weidner AfO 16 148f. (akk.). -- Weidner AfO
16 213 Assur 18763 (akk.). -- Weidner IAK XVII/2 (akk.). -- Weissbach
BMisc nII (? akk.). -- Wiseman Iraq 13 107 ND 410 (? akk.). -- Wiseman
Iraq 20 p17f. (Siegel des Gottes Assur, akk.). -- Wiseman Iraq 26 124
ND 5429 (akk.) und ND 5506 (? akk.?). -- Woolley UE II p526 U 7994 (?
sum.). -- Yadin Hazor II p115ff. (akk.); Hazor III-IV tCCCXVI 3-4 (akk.?).
Für die Priesterinnen Enanedu und Enannatumma siehe oben p16.

§ 22. Grabinschriften u.ä.

Borger Asarh. §10. -- Clay YOS 1 n43. -- Ebeling TuL n12. -- Falkenstein BagM 2 p42. -- Gadd AnSt 8 46ff. // Langdon NBK Nab. n9. -- Haller
Gräber. -- Langdon Kish I tXXXIV 2. -- Luckenbill Senn. 151 XIII und XIV.
-- Messerschmidt + Ungnad VS 1 n54. -- Reiner AfO 24 87ff. -- Scheil RA
13 165ff.

§ 23. Gesetze.

Bergmann Codex Ḫammurabi.
Borger BAL II p2ff. und III p101ff. (Kodex Hammurapi).
Buccellati + Biggs AS 17 n49 (+) Legrain PBS 15 n47 (Lipit-Ištar, Ge-
setz oder Edikt? sum.).
Civil AS 16 1-12 (sum.; z.T. Kodex Lipit-Ištar).
Clay YOS 1 n28 (sum.).
Driver + Miles AssL.
Driver + Miles BabL (namentlich Kodex Hammurapi).
Finet Code de Hammurapi.

Finkelstein JCS 22 66ff. (Kodex Ur-Nammu, sum.).
Goetze LE (Kodex Ešnunna).
Kramer AS 16 13ff. (Kodex Ur-Nammu, sum.).
Kramer ISETP I 167 Ni 4082 (sum.)? ib 205 Ni 9575 (sum.)?
Kramer OrNS 23 40ff. (Kodex Ur-Nammu, sum.).
Lewy ARK n288-290 (altassyr. Gesetze).
Nougayrol RA 46 53ff. (sum.).
Peiser SPAW 1889 823ff. (neubabyl. Gesetze).
Postgate Iraq 35 19ff. n4 (mittelassyr. Gesetze).
Scheil MDP 24 n395?
Schroeder KAV n1, 2, 4, 5 und 6+143 (mittelassyr. Gesetze).
Steele Code (Kodex Lipit-Ištar, sum.).
Strassmaier Warka n110 (sum.)?
Weidner AfO 12 46ff. (mittelassyr. Gesetze).
Yaron Laws of Eshnunna.
Vgl. W.Lambert CT 46 n45 ("Nebuchadnezzar king of justice").

§ 24. Edikte, Erlasse, Stiftungen.

Bauer IWA p90.
Buccellati + Biggs AS 17 n49 (+) Legrain PBS 15 n47 (Lipit-Ištar von Isin; Gesetz oder Edikt?).
Clay BRM 4 n50.
Ebeling OrNS 17 t27-30 und t32-34.
Ebeling SVAT.
Falkenstein LKU n46?
Figulla KBo 1 n27 (Telebinu).
Figulla KUB 1 n16 (Ḫattušili I.).
Finkelstein RA 63 45ff. und 189f. (Ammiṣaduqa von Babel).
Gurney STT I n44 und 49; STT II n406-407?
Harper ABL 877; ib 1452 (Schenkung Sanherib's an Asarhaddon).
Johns ADD n891.
Johns JRAS 1928 519ff.
Keiser BIN 2 n132.
King BBS nXXXV und XXXVI.
Kraus AS 16 225ff. (Samsu-iluna von Babel).
Kraus Edikt (Ammiṣaduqa von Babel).
Langdon OECT 1 p25ff.
Nougayrol PRU IV passim (siehe p271 sub 2 und 4), auch p290-293.
Nougayrol PRU VI n179?
Parker Iraq 19 135ff. ND 5550.
Pfeiffer AASOR 16 n51.
Postgate NRGD (und OrNS 42 441ff.).
Scheil RT 36 188ff.
Schroeder KAH II n116?
Schroeder KAV n39, 78, 94 (+) 117 und 116.
Thompson AAA 20 p113ff.
Thureau-Dangin RA 19 86f. (Schenkung eines Statthalters des Meerlandes, aus mittelbabyl. Zeit).
Weidner AfO 13 114 VAT 16382.
Weidner AfO 17 257ff.
Weidner ITN n39 D unnumeriert.
Weidner ITN n49 (Schenkung Ninurta-apal-Ekur's an seine Tochter).
Winckler SKT II 1.
Wiseman AT n126 (Jarim-Lim); n127 ebenso?

§ 25. Alte "kudurru's".

Cf <u>Gelb</u> MAD 2² p3f. (und Edzard SRU p10).

<u>Allotte</u> DP n2. -- <u>Ball</u> PSBA 20 19ff. -- <u>Keiser</u> BIN 2 n2. -- <u>King</u> CT 5 3. -- <u>King</u> CT 32 7-8 22460. -- <u>Luckenbill</u> Adab n48. -- <u>Parrot</u> AfO 12 319ff.

§ 26. Kudurru's.

Cf <u>Hinke</u> NBSt pXIVff. und <u>Steinmetzer</u> Kudurru (namentlich p1-92).

<u>Arnaud</u> RA 66 164ff. und 169ff. -- <u>Baqir</u> Iraq Supplement 1944 p15 f21. -- <u>Barnett</u> BMQ 26 92 tXXXV b. -- <u>Basmachi</u> Sumer 18 49 f2. -- <u>Basmachi</u> Sumer 23 123 n7. -- <u>Borger</u> AfO 23 1-23. -- <u>Brinkman</u> ZA 62 91ff. -- <u>Clay</u> YOS 1 n37. -- <u>Contenau</u> MDP 29 162ff. -- <u>Dalley</u> Sumer 23 45ff. -- <u>Gadd</u> CT 36 6-7 und 13. -- <u>Gadd</u> UET 1 n165. -- <u>Ghirshman</u> Arts asiatiques 17 p19f. und p39 f36. -- <u>Herzfeld</u> Archaeologische Mitteilungen aus Iran 9 159ff. -- <u>Herzfeld</u> Geschichte der Stadt Samarra tXXXIII. -- <u>Hilprecht</u> BE 1/I n80, 83 und 149. -- <u>Hinke</u> NBSt p116ff. -- <u>King</u> BBS. -- <u>Koldewey</u> Königsburgen II p22 n18. -- <u>Koldewey</u> MDOG 7 25ff. -- <u>Le Gac</u> ZA 9 385ff. -- <u>Legrain</u> PBS 13 n69 (?) und 69a. -- <u>Messerschmidt + Ungnad</u> VS 1 n35-37, 57, 58 und 70. -- <u>de Morgan</u> MDP 1 167ff. nI, V, VII und XII. -- <u>Norris</u> I R 70. -- <u>Nougayrol</u> JCS 2 203ff. -- <u>Reiner</u> AfO 24 87ff. -- <u>Sayce</u> PSBA 19 70ff. -- <u>Scheil</u> MDP 2 p1ff. -- <u>Scheil</u> MDP 2 p86ff., 93f., 95f. , 97f., 99f., 112, 113f., 115 und 116. -- <u>Scheil</u> MDP 4 p163ff. -- <u>Scheil</u> MDP 6 p31ff., 44f., 46 und 47. -- <u>Scheil</u> MDP 10 p87ff. und p95 oben. -- <u>Scheil</u> MDP 14 p35. -- <u>Seidl</u> BagM 4 p7ff. n4, 19, 28, 39, 85 und 105. -- <u>Steinmetzer</u> ArOr 7 314ff. -- <u>Thureau-Dangin</u> RA 16 117ff. und 135f. -- <u>Walpole</u> Travels Tafel nach p426.

§ 27. Staatsverträge etc. und Vereidigungen.

Für die hethitischen Staatsverträge cf <u>Laroche</u> Catalogue².

<u>Borger</u> Asarh. §69.
<u>Clay</u> BRM 4 n50.
<u>Deller + Parpola</u> OrNS 37 464ff.
<u>Ebeling</u> OrNS 17 t31.
<u>Ehelolf</u> KUB 34 n1.
<u>Falkenstein</u> BagM 2 p54f.?
<u>Goetze</u> JCS 4 140.
<u>Harper</u> ABL 1105, 1186 (?) und 1239.
<u>Leeper</u> CT 35 33 83-1-18,388?
<u>Millard</u> Iraq 32 174 BM 134596?
<u>Nougayrol</u> PRU IV passim (siehe p271 sub 1, 3 und 4); auch p281-289 und p292 19.75.
<u>Nougayrol</u> PRU VI n177?
<u>Otten</u> KBo 8 n11?
<u>Otten</u> KBo 16 n32.
<u>Otten</u> KBo 19 n40.
<u>Schroeder</u> KAV n139 (+) 141 (+) Weidner AfO 21 45f.?
<u>Sturm</u> KUB 31 n82.
<u>Weidner</u> AfO 8 17ff. und 27ff.
<u>Weidner</u> AfO 13 p215 VAT 11534 und p215 Anm. 69.
<u>Weidner</u> ITN n39 E VAT 15420?
<u>Weidner</u> KUB 3 n9 (?), 12 (?), 13+ , 15 (?) und 18 (?).
<u>Weidner</u> KUB 4 n76.
<u>Weidner</u> PDK.
<u>Wiseman</u> AT n1ff.
<u>Wiseman</u> Iraq 20 1ff. (Vassal-treaties).
<u>Wiseman</u> JCS 12 124ff.

§ 28. Sumerische Urkunden älterer Zeit (vor Ur III).

Für die piktographischen Texte siehe oben §4.
Für die MU-ITI-Texte cf Gelb MAD 2² p10f. und 208, Grégoire Archives
p17f., Sollberger BiOr 16 115; nach Wilcke stammen diese Texte aus der
Zeit Šarkališarri's.
Die altsumerischen Urkunden aus Tello werden aufgezählt von J.Bauer
Altsumerische Wirtschaftstexte p40ff.

Allotte DP. -- Banks Bismya 305ff.? -- Barton PBS 9/I. -- Biggs JCS 20
85 und 87 AbS T 80 und 86ff. AbS T 14. -- Böhl MLVS I 6ff. -- Buccellati
AS 17 n1, 2, 3 (?), 4 und 6-11. -- Contenau Contribution n53 und 54 (MU
ITI). -- Crawford Expedition 14/II 17 f7. -- Cros NFT 179-184, 222 und
262ff. -- Deimel passim, auch Inschr.Fara III; Or 2 57f. MU ITI. -- Dela-
porte ZA 18 245ff. nI-VI. -- Donald MCS 9/I (passim MU ITI). -- vDijk
Sumer 13 t33 A. -- Edzard SRU (+ Krecher ZA 63 145-271). -- Falkenstein
UVB 10 p19f. t26 b. -- Fish Catalogue n1-27 (n2-17 MU ITI). -- Fish MCS
2 15 n3. -- Fish MCS 4 12 n1. -- Förtsch VS 14. -- Frank StrKT n43 (MU
ITI). -- Gadd UE I tXLI n1. -- Gelb AS 16 57ff. -- Gelb MAD 1. -- [Gelb
MAD 2² 208 tablet Serota (MU ITI).] -- Gelb MAD 4. -- de Genouillac
Babyl. 8 37ff. tXII HG 12. -- de Genouillac FT II tXLIII TG 1238, TG 1306,
TG 168 und TG 2334; tXLIV TG 3391 (?); tL TG 2892; tLII TG XX X; tLV TG
1655. -- de Genouillac ITT II. -- de Genouillac ITT V. -- de Genouillac
TSA. -- Goetze JAOS 88 56 und 58f. 6 N-T 112 und 6 N-T 662. -- Goetze
JCS 20 126f. -- Grégoire Archives n1-12, 202, 203 (?) und 204 (?); n2,
4-10 und 202 MU ITI. -- Hackman BIN 8 (passim MU ITI). -- Hallo OrNS 42
235ff. -- Hussey HSS 3. -- Jacobsen CTNMC n1-4. -- Jacobsen Pre-Sargonid
temples 289f. n1 (?). -- Jestin NTSS und TSS. -- Keiser BRM 3 n26 und 101
(MU ITI); n33a, 100 und 103. -- King CT 1 1. -- Kramer JAOS 52 112f. --
M.Lambert ArOr 35 521ff. -- M.Lambert Gedächtnisschrift Unger 27ff. --
M.Lambert RA 63 97ff. -- M.Lambert RA 65 167ff. -- M.Lambert Syria 47
245ff. n2 und 8 (Mari). -- Langdon Babyl. 4 246f. -- Langdon Babyl. 7 67
n1. -- Leemans JCS 20 34ff. n1. -- Legrain PBS 13 n12, 24 und 27. --
Legrain PBS 15 n3 (?), 17 (?) und 20 (?). -- Legrain RA 32 125ff. --
Levy + Artzi 'Atiqot 4 n1 und 2. -- Limet Étude. -- Loretz TCBTB I n69
und 70, auch 77? -- Luckenbill Adab. -- Matouš ArOr 39 4ff. und 6ff. --
Nikol'skij DV 3/II. -- Nikol'skij DV 5 n1-89 (n1-86 MU ITI). -- Oberhuber
SAKF n3. -- Ogden JAOS 23 19f. -- Parrot MAM IV 57f. (Mari). -- Parrot
Syria 41 8 f2 (Mari). -- Pinches Amherst passim. -- Pinches PSBA 27 76ff.
-- Pohl TMH 5. -- Riftin Publications ... 1 15ff. Tafel. -- de Sarzec
DC pXXXIV-XXXV (?), XLIX und LIV-LV. -- Scheil RA 14 163. -- Scheil RA
18 98. -- Scheil RA 24 43 A. -- Scheil ZA 12 268. -- E.Schmidt MJ 22 tXII
f2-4. -- Šilejko RA 11 61f. -- Sollberger BiOr 16 114 und tV. -- Sollber-
ger Corpus Ean. 65; p59-61; p64 Ukg. 61. -- Sollberger CT 50. -- Sollberger Genava 26 49ff. -- Sollberger ZA 53 6ff. -- Speleers RIAA n43 und 80
(MU ITI). -- Thureau-Dangin ITT I. -- Thureau-Dangin RA 8 158 AO 5656-
5659 (MU ITI). -- Thureau-Dangin RA 9 81ff. -- Thureau-Dangin RTC. --
Unger IAMN 12 p47 Ni 2541.

§ 29. Ur III-Urkunden.

Bibliographie Oppenheim Eames p215ff. (+ Jones & Snyder SET p345ff.).
Chronologische Zusammenstellungen Fish MCS 5 33ff. (Lagash), 61ff.
(Umma) und 92ff. (Drehem).

Allotte RA 16 1ff. -- Allotte RA 25 1ff. -- Archi OrAnt 9 1ff. -- Archi OrAnt 11 263ff. -- Arnold Ancient-Babylonian temple records. -- Barton AJSL 29 126ff. -- Barton HLC. -- Bedale Sumerian tablets from Umma.
-- Böhl Jubileumtentoonstelling t24 n356. -- Böhl MLVS I 13ff. -- Boson
Aegyptus 8 262ff.; 17 52ff.; 19 227ff.; 21 152ff. -- Boson Salesianum 4

173ff. -- Boson TCS. -- Bottéro Ḥabiru p5ff. (Goetze). -- Bromski RO 5
1ff. -- Buccellati Amorites. -- Buccellati + Biggs AS 17 n26-28. -- Cagni
OrNS 39 496ff. -- Calvot RA 63 101ff. -- Chiera PBS 8/I n97 (?), 100 (?)
und 8/II n157. -- Chiera STA. -- Chiera They wrote on clay p88? -- Çığ +
Kızılyay NRVN I. -- Clay YOS 1 n22-24. -- Contenau Contribution. -- Contenau JA 1914/I 619ff. -- Contenau RA 12 15ff. und 147ff. -- Contenau
Umma. -- Crawford JCS 8 46. -- Cros NFT p185 und p211 AO 4344. -- Dantinne
Quelques tablettes sumériennes d'Ur. -- A.Dávid passim. -- Davidson Bulletin of the Museum of Art ... 37/I 42. -- Deimel Or 2 54f. und 58ff.; 4
56ff.; 5 48ff.; 6 58ff.; 14 58ff.; 15 54ff.; 17 47ff.; 20 79ff.; 21 83ff.;
26 63ff. und 72. -- Delaporte ITT IV. -- Delaporte RA 8 183ff. -- Delaporte ZA 18 245ff. nVII-IX. -- Dhorme RA 9 39ff. -- Dhorme RA 9 156ff. und
158f. -- Driver AfO 4 26. -- Driver AfO 10 362. -- Driver OrNS 1 87f. --
vDijk Sumer 15 p14 n13. -- vDijk TIM 3 n145-151. -- vDijk ZA 55 70ff. n2-
5. -- Edgerton AJSL 38 141. -- Edzard JCS 16 78ff. n43, 45 und 48. --
Edzard Tell ed-Dēr n1. -- M.Ellis JAOS 90 266ff. -- Falkenstein NSGU. --
Falkenstein ZA 53 51ff. -- Falkenstein ZA 55 68f. -- Figulla UET 5 n690.
-- Fish passim. -- Förtsch MVAG 21 22ff. -- Forde Nebraska. -- Foxvog JCS
24 87f. -- Gadd UET 1 n195-212 (nur die Daten). -- Gelb JCS 15 35. --
Gelb RA 66 1ff. -- de Genouillac Babyl. 8 37ff. -- de Genouillac Fest-
schrift Hilprecht 137ff. -- de Genouillac FT II tXLIX TG 1549, TG 1551,
TG 814 und TG 2202; tL;.tLI; tLIII TG 2892. -- de Genouillac ITT II, III
und V. -- de Genouillac PRAK II t47 D 49. -- de Genouillac RA 11 27f. --
de Genouillac TCL 2. -- de Genouillac TCL 5. -- de Genouillac Trouvaille.
-- Goetze Iraq 22 151ff. -- Goetze JCS 2 165ff. -- Goetze JCS 7 103ff. --
Goetze JCS 9 19ff. -- Goetze JCS 11 77 n34. -- Goetze JCS 16 13ff. --
Goetze JCS 17 1ff. -- Goetze JCS 17 34. -- Goetze JCS 22 51f. -- Goetze
JNES 12 114ff. -- C.Gordon SCT n3-34. -- Grégoire Archives. -- Gurney
JRAS 1937 470ff. -- Hackman BIN 5. -- Hallo HUCA 29 69ff. -- Hallo HUCA
30 113ff. -- Hallo JCS 14 101ff. -- Hallo JNES 15 222. -- Hallo TLB 3. --
Hilprecht BE 1/II n124 und 126. -- Holma StOr 9/I. -- Huber Festschrift
Hilprecht 189ff. -- Hussey Bulletin Buffalo 11/II 109ff. -- Hussey HSS 4.
-- Hussey JAOS 33 167ff. -- Jacobsen CTNMC n5-54. -- Janneau Une dynastie
chaldéenne 32, 48f., 49f., 50ff. und 54ff. -- Jean RA 19 1ff. -- Jean
Šumer et Akkad. -- Jones JCS 15 114. -- Jones + Snyder SET. -- Kang
SETDA. -- Keiser BIN 2 n30. -- Keiser BIN 3. -- Keiser BRM 3. -- Keiser
YOS 4. -- Kienast ZA 53 93ff. -- King CT 1. -- King CT 3. -- King CT 5.
-- King CT 7. -- King CT 9. -- King CT 10. -- King CT 32. -- Knopf Fest-
schrift Hewett tXXVII. -- Kramer ISETP I 215 Ni 13224. -- Kramer JAOS 52
113f. -- Kraus JCS 3 168f. Anm. 30a? -- Krecher AfO 24 119f. -- Krušina-
Černý ArOr 25 547ff. und 27 357ff. -- Kutscher JCS 22 63ff. -- M.Lambert
passim. -- Langdon AJSL 34 124f. n28. -- Langdon Babyl. 6 41ff. -- Lang-
don Babyl. 7 68 n2, 68ff. n7 und 72ff. n1-16. -- Langdon Babyl. 7 237ff.
-- Langdon OLZ 15 17f. -- Langdon PSBA 35 47ff. -- Langdon PSBA 40 50ff.
-- Langdon RA 19 187ff. -- Langdon RA 34 75ff. -- Langdon TAD. -- Langdon
ZA 25 205ff. -- Lau JAOS 18 363ff. -- Lau Old Babylonian temple records.
-- Leemans JCS 20 35ff. n3 und 4. -- Legrain PBS 13 n5, 13, 28, 30, 31
und 32 (?). -- Legrain PBS 14 n275, 276 und 280. -- Legrain RA 10 41ff.
passim. -- Legrain RA 32 127ff. und 130. -- Legrain TRU. -- Legrain UET 3.
-- Levy + Artzi 'Atiqot 4 n5-83. -- Lichačev DBPŠ 228 1-4 und 229 5-6. --
Liebermann JCS 22 53ff. -- Limet Métal 242ff. und 279ff. -- Limet RA 49
69ff. -- Limet RA 62 1ff. -- Limet RA 65 15ff. -- Luciani Aevum 36 227ff.
-- Luciani Festschrift Rinaldi 29ff. -- Luckenbill AJSL 39 65f. -- Lutz
UCP 9/I Part I und Part II. -- [Malbran (Labat) RA 67 97ff.] -- Margolis
Sumerian temple documents. -- Meek HSS 10 n228 (Nuzi). -- Mercer JSOR 12
35ff.; 13 175ff.; 14 45ff. -- Myhrman BE 3/I. -- Nakahara Sumerian tablets
Kyoto. -- Nesbit Sumerian records from Drehem. -- Nies JAOS 37 255f. --
Nies UDT. -- Nikol'skij DV 5 n90-530. -- Nougayrol AnBi 12 276ff. -- Ober-
huber Festschrift Ammann I 19ff. -- Oberhuber SAKF n4-105 und 108-127. --

Oberhuber WZKM 59/60 108-117. -- vOefele JAOS 36 415. -- Oppenheim Eames.
-- Owen Festschrift Gordon 134ff. -- Owen JCS 23 68ff. -- Owen JCS 23 95
ff. -- Owen JCS 24 137ff. -- Pettinato Mesopotamia 5-6 299ff. -- Pettinato
TVLU. -- Pinches AAA 1 78ff. -- Pinches Amherst passim. -- Pinches Berens
passim. -- Pinches JRAS 1905 815ff. -- Pinches JRAS 1911 1053ff. und
1056f. -- Pinches JRAS 1915 457ff. -- Pinches JRAS 1917 735ff. -- Pinches
JRAS 1920 21ff. -- Pinches PSBA 37 87ff. und 126ff. -- Poebel OLZ 17 241f.
-- Pohl AnOr 12 275ff. -- Pohl TMH NF 1/2. -- Price Monuments 71. -- Radau
EBH passim. -- Raschid Sumer 23 133ff. -- Raschid TIM 6. -- Reisner TUT.
-- Riedel RA 10 207ff. -- Rinaldi passim. -- Šachov Assiriologija i Egiptologija 63ff. -- A.Salonen PDT. -- de Sarzec DC t40 n1. -- Sauren AION
31 171ff. -- Sauren Muséon 83 45ff. -- Sauren Orientalia Lovaniensia peri-
odica 1 39ff.; ib 4 17ff. -- Sauren WMAH. -- Sauren ZA 60 73ff. -- Sayce
PSBA 33 6. -- Scheil RA 10 6ff. -- Scheil RA 12 163ff. -- Scheil RA 13
134. -- Scheil RA 14 180f. und 181f. -- Scheil RA 15 61f., 85f., 138f. und
194. -- Scheil RA 17 207ff. -- Scheil RA 18 99. -- Scheil RA 22 156f. --
Scheil RA 24 44f. C. -- Scheil RA 25 45. -- Scheil RT 17 28ff. -- Scheil
RT 18 64ff. -- Scheil RT 19 58 n330. -- Scheil RT 19 62f. -- Scheil RT
22 151ff. -- Scheil RT 37 128ff., 134 und 135ff. -- Scheil ZA 12 258ff.,
265f., 266f. und 267. -- E.Schmidt MJ 22 tVIII f2. -- N.Schneider passim.
-- Schollmeyer AfO 4 23f. -- Schollmeyer MAOG 4 187ff. n1-3. -- Schoneveld
BiOr 9 173f. und 174. -- vSchuler JCS 13 104. -- Šilejko ZVO 25 134ff. --
G.Smith IV R¹ 36-37 n1 (Datierung). -- Sollberger AfO 18 104ff. -- Soll-
berger AfO 19 120ff. -- Sollberger JCS 7 48. -- Sollberger JCS 10 18ff.
n4-5, 20f. n7, 21ff. n9-12. -- Sollberger JCS 19 26ff. -- Sollberger JCS
44 89f. -- Sollberger RA 45 116. -- Speleers RIAA passim (nach Oppenheim
Eames p223 92, nach Sollberger 88 Ur III-Texte). -- Steele JAOS 63 156f.
-- Stephens JCS 13 13f. -- Strassmaier Warka n109. -- Szachno-Romanowicz
RO 11 79ff. -- Szlechter RA 59 111ff. -- Szlechter RA 59 145ff. -- Szlech-
ter TJAMC. -- Thureau-Dangin RA 3 118ff. -- Thureau-Dangin RA 4 13ff. --
Thureau-Dangin RA 4 69ff. n77. -- Thureau-Dangin RA 8 84ff. -- Thureau-
Dangin RA 8 152ff. -- Thureau-Dangin RTC. -- Toscanne RT 31 129 M, 129f.
N und 131f. Q-R. -- Turaev ZVO 13 08ff. -- Unger Babylonisches Schrifttum
p13 f12. -- Ungnad ArOr 7 8. -- Vanderburgh JAOS 33 24ff. -- Virolleaud
Comptabilité chaldéenne. -- Virolleaud + M.Lambert TÉL. -- Virolleaud ZA
19 384f. III und IV. -- Waetzoldt Textilindustrie. -- Waetzoldt WO 6 7ff.
-- Walker AfO 24 120f. n1 und 122f. n1-5. -- Weidner KAO 4 78 P 310 und
79 P 351. -- Weidner OLZ 15 392f. -- Weidner RSO 9 472f. P 368 und 474f. P
370. -- Wilhelm JCS 24 83. -- Woolley AJ 7 tXLVII 1 links oben.

§ 30. Nicht genauer datierbare sumerische Urkunden.

Für die MU-ITI-Texte siehe §28.

Ali Sum. letters 113ff. B:12. -- Allotte RA 12 47ff. -- Banks Bismya
317. -- Bernhardt TMH NF 4 n62, 66 und 76. -- Chiera PBS 8/I n101 und 102
(Übungen im Kontraktschreiben). -- Chiera PBS 11/III n51 (Übung). --
Chiera SLT 34 Vs. (Übung)? -- Clay BRM 4 n5 und 53. -- Cros NFT 184f. --
Delaporte ZA 18 245ff. nX. -- Dossin Syria 21 167ff. (Mari). -- Fish MCS
4 12 n2, 14 n4 und 5. -- Gadd UET 1 n283 (Datierung). -- Gadd UET 6/II
n195? -- de Genouillac FT II tXLIII TG 239; tXLV; tXLIX TG 1552; tL AO
13012; tLI TG 4023 und TG 3929; tLIII TG 2716. -- C.Gordon SCT n1 und 2.
-- Hussey Mount Holyoke alumnae quarterly 1/IV 214. -- Jestin RA 46 185ff.
(Mari). -- Kramer ISETP I 124 Ni 10153 (Übung). -- Langdon JRAS 1935 358
ff. -- Langdon JRAS 1936 87ff. -- Langdon PBS 12/I n23 (Übung). -- Leemans JCS 11 41. -- Legrain PBS 13 n39? -- Legrain PBS 14 n1071 und 1072.
-- Oberhuber SAKF n1 und 2. -- Pinches Amherst passim. -- Pinches Berens
passim. -- Pinches PSBA 21 164ff. -- Poebel BE 6/II n3? -- de Sarzec DC
t41 n2-8. -- Sollberger JCS 10 20 n6. -- Sollberger UET 8 n14? -- Spe-

leers RIAA passim. -- Thureau-Dangin RA 3 118ff. -- Toscanne RT 30 135
XV.

§ 31. Altakkadische Urkunden (auch Ur III-Zeit).

Cf Gelb MAD 2² p17.

Banks Bismya 305ff.? -- Buccellati + Biggs AS 17 n20-24. -- Civil JCS
15 79f. n39-41 (Datierungen)? -- Donald MCS 9/I. -- Dossin RA 32 189f. --
Dossin RA 61 97ff. (Mari). -- Gadd Iraq 4 178 und 185. -- Gadd Iraq 7 60f.
und 66. -- Gelb MAD 1. -- Gelb MAD 4. -- Gelb MAD 5. -- Gelb OAIC. -- Gelb
RSO 32 83ff. -- Goetze JCS 1 346f. -- Hackman BIN 8 passim. -- Hilprecht
BE 1/I n11. -- M.Lambert RA 67 96. -- Limet Étude. -- Loretz TCBTB I n68,
72 (?) und 73 (?). -- Lutz UCP 9/II Part I n83 und 89. -- Meek HSS 10 n3
und 13-213 (Nuzi). -- Pinches CT 44 n48. -- Poebel PBS 5 n38 (? Datierung)
und 156 (?). -- Preusser Paläste p12 und t12 c. -- Scheil MDP 2 p1ff. --
Scheil RA 13 132ff. -- Scheil RA 22 153f. -- Schneider AnOr 7 n372. --
Sollberger JCS 10 13ff. -- Sollberger JCS 10 20f. n8? -- Sollberger JCS
19 26f. nII. -- Thureau-Dangin RTC n161, 163, 170 und 174. -- Ungnad BB
n90.

§ 32. Elam-Urkunden aus sumerischer Zeit.

Dossin MDP 18 passim; n219 akkadisch. -- Legrain MDP 14 p62ff. (z.T.
akk.). -- Scheil MDP 10 p14ff. n121, 125 und 126. -- Scheil MDP 14 p5 n1.
-- Scheil MDP 22 n144 (akk.). -- Scheil MDP 28 p70f. n424 (akk.) und
p131f. n523-525 (524 akk.). -- Steve MDP 46 p13. -- Vallat Cahiers de la
Délégation Archéologique Française en Iran 1 p244 70-806.1 (akk.).

§ 33. Urkunden aus altbabylonischer Zeit.

Isin-Larsa-Zeit und Zeit der ersten Dynastie von Babel.
Auch Chagar Bazar, Ḫana-Terqa (dazu Goetze JCS 11 63ff.), Mari, Qatna,
Shemshara, Tell al-Rimah und Tell Brak.

Alexander BIN 7 n59-219. -- [Al-Hashimi Sumer 28 ("1972") 29-33 (Da-
tierungen).] -- Al-Zeebari ABIM und TIM 1 n35. -- Aro BSAW 115/II n7. --
Ball Light from the East 42. -- Ball PSBA 29 274ff. -- Ballerini RSO 2
539ff. -- Banks Bismya 326? -- Baqir Sumer 2 26 sub 4 mit Anm. 1. -- Baqir
Sumer 5 39ff. und 77ff., 136ff. und 143, 140ff. (Datierungen). -- Bauer
MAOG 4 1ff. (Ḫana). -- Birot ARM(T) 9 (Mari). -- Birot ARMT 12 (Mari). --
Birot RA 47 121ff. und 161ff., 49 15ff., 50 57ff. (Mari). -- Birot RA 62
25f. n4. -- Birot RA 66 132f. (Mari). -- Birot Syria 35 9ff. (Mari). --
Birot TÉA. -- Böhl MLVS I 22f. und II 12ff. -- Boson Aegyptus 22 266ff.
-- Bottéro ARM(T) 7 (Mari). -- Bottéro Ḫabiru p177ff. (Finkelstein). --
Bottéro RA 43 1ff. und 137ff., 44 112ff. (Qatna). -- Boyer ARM(T) 8 (Mari). -- Boyer CHJ. -- Buccellati + Biggs AS 17 n29? -- Burke ARMT 11 (Mari). -- Burke RA 52 57ff. und 53 139ff. (Mari). -- Chiera PBS 8/I und
8/II. -- Çığ + Kızılyay Bell. 26 20ff. -- Clay BRM 4 n52 (Ḫana). -- Crawford BIN 9. -- Crawford Expedition 14/II 16 f2. -- Cros NFT 192f. -- Dalley Iraq 30 87ff. (Tell al-Rimah). -- Dossin ARMT 13 n1 (Mari). -- Dossin
RA 36 48 (Mari). -- Dossin RA 64 17ff. (Mari). -- Dossin RA 64 97ff. (Mari). -- Dossin RA 65 37ff. (Mari). -- Dossin Studia Mariana 41ff. (Mari).
-- Dossin Syria 20 103ff. (Mari). -- Dossin Syria 21 167ff. (Mari)? --
vDijk TIM 3. -- vDijk TIM 5. -- vDijk TIM 5. -- vDijk ZA 55 70ff. n1. --
Edzard Tell ed-Dēr. -- M.Ellis JCS 24 43ff. -- Falkenstein BagM 2 p7 Anm.
24 und p72-79. -- Farber WO 7 18ff. -- Faust YOS 8. -- Feigin JAOS 55
284ff. -- Figulla CT 43 n118. -- Figulla CT 47. -- Figulla Iraq 15 88ff.

95f. -- Scheil RA 14 153. -- Scheil RA 14 153f. -- Scheil RA 15 80f. --
Scheil RA 23 40f. (Datierung). -- Scheil RA 23 44f. -- Scheil RA 25 43. --
Scheil RA 27 97f. -- Scheil RT 17 30f. Si 568 und Si 134. -- Scheil RT 17
34f. und 35 unten. -- Scheil RT 19 55 Mitte (Datierung). -- Scheil RT 20
64f. -- Scheil RT 23 93f. -- Scheil RT 24 25 1 b und 1 c. -- Scheil SFS
passim (Ungnad HG III p216 nicht vollständig). -- Schollmeyer MAOG 4 187
ff. n4-5. -- Schorr UAZP. -- Schroeder OLZ 21 75 (Datierung). -- Schroeder
VS 16 n80, 206 und 207. -- Simmons JCS 13 71ff. usw. -- G.Smith IV R¹ 36-
37 n4, 5, 9 und 19 (Datierungen). -- S.Smith JRAS 1926 436ff. -- Sollberger Genava 26 64f. (Datierungen). -- Sollberger JCS 5 77ff. -- Sollberger
JCS 10 20f. n8? -- Sollberger RA 45 105ff. -- Speleers RIAA passim (in
HKL I nur vereinzelt angegeben). -- Steele BASOR 122 45ff. -- Stephens RA
33 11ff. (Datierungen). -- Stephens RA 34 183ff. (Ḫana). -- Strassmaier
Warka n23, 74 und 75. -- Szlechter JCS 9 89f. -- Szlechter TJAMC. --
Szlechter TJDB. -- Thureau-Dangin Festschrift Koschaker 119f. (Mari). --
Thureau-Dangin RA 6 137f. -- Thureau-Dangin RA 8 68ff. -- Thureau-Dangin
RA 9 21ff. -- Thureau-Dangin RA 33 176 (Datierungen, Mari). -- Thureau-
Dangin Syria 5 269-277 (Ḫana). -- Thureau-Dangin TCL 1 (n237 und 238 Ḫa-
na). -- Ungnad BB n92? -- Ungnad HG III-VI. -- Ungnad VS 7-9; VS 7 n204
Ḫana, VS 8 n14 ebenso? -- Ungnad ZA 36 89ff. -- Veenhof Festschrift Böhl
359ff. -- Walker AfO 24 123f. n6 und 7, auch 8? -- Walker CT 51 n15? --
Waterman BDHP. -- Walters Water. -- Weitemeyer Hiring.

§ 34. Elam-Urkunden aus dem zweiten Jahrtausend.

Dossin MDP 18 passim, auch n241. -- vdMeer MDP 27 n288-290. -- de Meyer
Festschrift Böhl 293f. -- de Meyer Orientalia Gandensia 3 115ff. -- Reiner
AfO 24 87ff. -- Scheil MDP 10 p14ff. -- Scheil MDP 22-24 und 28.

§ 35. Altassyrische Urkunden und Briefe.

Cf Garelli Assyriens 391ff. und [CCT 6]; Hecker Grammatik p2-11.

Akurgal Kunst der Hethiter t24 links. -- Balkan passim. -- Bilgiç Anatolia 8 145ff. -- Bilgiç Appellativa. -- Bilgiç AÜDTFD 6 507; ib 9 241f.
und 246. -- Böhl MLVS II 36ff. -- Chantre Mission p92ff. -- Civil JCS 15
127. -- Clay BIN 4. -- Contenau TC I. -- Contenau TTC. -- Donbaz JCS 24
24ff. -- Driver AnOr 6 69f. -- Edzard + Hecker MDOG 102 86ff. -- Edzard
Tell ed-Dēr n190. -- Ehelolf MDOG 70 28 f14. -- Garelli RA 51 1ff.; 58
53ff. und 111ff.; 59 19ff. und 149ff.; 60 93ff. -- Gelb Alishar. -- Gelb
Athenaeum n.s. 47 119ff. -- Gelb JNES 1 219ff. -- Gelb JNES 16 163ff. --
de Genouillac Céramique cappadocienne I tA 1 und tD 6. -- Goetze Berytus
3 76ff. -- Goetze JCS 8 144f. n25 und 26. -- Golénischeff Gol. -- Güterbock Siegel aus Boğazköy II p79 n240. -- Hecker KUG. -- Hecker OLZ 65
357f. -- Hill Fertile crescent 10. -- Hirsch Altass.Rel. -- Hrozný ICK I.
-- Hrozný Syria 8 1ff. -- Hrozný V řísi pülmešíce 70. -- Jankovskaja KTK.
-- Kennedy JCS 14 1ff. -- Kennedy RHA fasc. 66 37ff. -- Kienast ATHE. --
King HT n102. -- Kümmel WO 5 32ff. -- Landsberger ArOr 18/I-II 336f. --
Landsberger Bell. 14 234 Kalley. -- Landsberger Festschrift Baumgartner
181f. -- Landsberger TTAED 4 7ff. -- Landsberger WO 3/I-II 62 und 66. --
H.Lewy passim. -- J.Lewy passim. -- Matouš ArOr 37 171ff. und 175f. -- Ma-
touš ArOr 41 309ff. -- Matouš AS 16 175ff. -- Matouš ICK II. -- Matouš
JJP 11/12 111ff. -- Meek HSS n223-227 (Nuzi). -- G.R.Meyer Altorientali-
sche Denkmäler f53. -- Oberhuber WZKM 59/60 117f. -- Otten KBo 9 n1-40.
-- Otten MDOG 89 68ff. -- Piggott The dawn of civilization p174. -- Pin-
ches AAA 1 49ff. -- Pinches PSBA 4 11ff. und 28ff. -- Poebel PBS 5 n156?
-- Sayce Babyl. 6 182ff. -- Scheil RT 31 55f. -- E.Schmidt Alishar Hüyük
OIP 19 p140ff. -- Šilejko IRAIMK 1 356ff. -- S.Smith CCT 1-5. -- Stephens
BIN 6. -- Stephens JSOR 11 101ff. -- Thureau-Dangin TC II. -- Thureau-

Dangin TCL 1 n241. -- Veenhof Aspects 120f. und 126ff.

§ 36. Mittelbabylonische (kassitische) Urkunden.

Aro BSAW 115/II n1-6 und 9. -- Balkan Kassitenst. I p11ff. ("Pferdetexte"). -- Ball PSBA 29 273f. -- Baqir Iraq Supplement 1945 p12 f24. --
Baqir Iraq 8 p89 f11. -- Baqir Iraq 8 p89 DK4-127 und p90 DK4-116. --
Brinkman WO 6 153f. UM 29-13-635 (Datierung). -- Chiera PBS 8/II n158-
163. -- Clay BE 14 und 15. -- Clay PBS 2/II. -- Contenau TCL 9 n47-56. --
Figulla UET 5 n259, 515 und 874. -- Gadd UET 1 n260 (Datierung). -- Güterbock KBo 18 n177 (+) 177a? -- Gurney Iraq 11 131ff. n1-9. -- Gurney Sumer
9 21ff. n1-27. -- Keiser BIN 2 n106 und 107. -- Leemans RA 60 75f. --
Leemans TLB 1 n264. -- Legrain PBS 13 n70 (?), 71-75, 78 und 80. -- Legrain RA 10 41ff. n85? -- Peiser UDBD. -- [Petschow Festschrift Böhl 299
ff.] -- Pinches CT 2 38 91-5-9,386? -- Pinches CT 44 n68 und 69. -- Pinches CT 45 n85? -- Rowton JNES 25 255 (Datierungen). -- Scheil RT 19 58
n266. -- Torczyner ATR. -- Walker CT 51 n16-40. -- Waterman AJSL 29 153
91-5-9,868 und 197 91-5-9,752. [Petschow Mittelbabylonische Rechts- und
Wirtschaftsurkunden der Hilprecht-Sammlung Jena, ASAW 64/V, Berlin 1974.]

§ 37. Babylonische Urkunden von ca. 1160 bis zum Ende der as-
syrischen Herrschaft über Babylonien.

Für die Zeit von ca. 1160 bis 722 cf Brinkman PHPKB 319ff.
Für Merodachbaladan II. cf Brinkman Festschrift Oppenheim 41ff.
Für Assur-nādin-šumi cf Brinkman OrNS 41 245ff.
Für Šamaššumukīn cf Weidner AfO 16 35f.
Für Kandalanu cf Borger JCS 19 62f. und Weidner AfO 16 38f.
Für Sîn-šumu-līšir cf Borger OrNS 38 237ff.
Für Assur-etelli-ilāni bzw. Sîn-šarru-iškun cf Borger JCS 19 66ff. und
Falkner AfO 17 308f.
Für die "Jahre des Torschliessens" cf Borger JCS 19 69ff. und Hunger
BagM 5 193f.
Für Uruk zur Zeit Assurbanipal's cf Brinkman OrNS 34 255f.

Böhl AfK 2 49ff. (Itti-Marduk-balāṭu).
Böhl MAOG 11/III p31f. (Merodachbaladan II.).
Böhl MLVS III 10f. (Mušēzib-Marduk).
Borger JCS 19 63 (Datierungen Kandalanu) und 66ff. (Datierungen Assur-
etelli-ilāni bzw. Sîn-šarru-iškun).
Borger OrNS 38 237ff. (Datierungen Sîn-šumu-līšir).
Brinkman JCS 25 93 (Mušēzib-Marduk).
Budge PSBA 10 tIV-VI (nach p146) (Šamaššumukīn).
Clay BE 8/I n1 und 159 (Assurbanipal), 2 (Šamaššumukīn), 3 (Kandalanu),
4-6 (Assur-etelli-ilāni), 141 (Sîn-šumu-līšir) und 157 (Sîn-šarru-iškun).
Clay BRM 1 n1-40 und 42 (die Namen der Herrscher bei Clay p45f.).
Clay JAOS 41 (Marduk-bēl-zēri).
Contenau TCL 12 n1-15, auch 16?? (die Namen der Herrscher bei Contenau
p1f.).
Dougherty GCCI II n133 und 367 (Kandalanu).
Driver JRAS 1924 Cent. spl. 41ff. (Šamaššumukīn).
Evetts Inscriptions App. n1 (Sîn-šarru-iškun).
Falkner AfO 16 307f. (Sîn-šarru-iškun).
Figulla UET 4 n8 und 206 (Merodachbaladan II.), 204 (Nergal-ušēzib),
15, 32, 84 und 201 (Šamaššumukīn), 23 (Assurbanipal), 9, 27 und 90 (Nin-
gal-idinna), 200 (Sîn-balāssu-iqbi).
Gadd UET 1 n262 (Merodachbaladan II.)
Hall Season's work 166 f114 (ein Text undatiert, ein Text Šamaššum-
ukīn, zwei Texte Assurbanipal).

Heltzer Mokslas ir Gyvenimas 1964 n9 45 (Kandalanu).
Hunger BagM 5 193ff. (n3 Assur-nādin-šumi, 5 Assurbanipal, 18-20 Šamaš-
šumukīn, 2, 5 und 6 Kandalanu, 4, 10-12, 14, 23 und 24 Sîn-šarru-iškun,
7-9, 15?, 16, 21 und 22 "Torschluss").
Jakob-Rost FB 10 39ff. (Šamaššumukīn, Kandalanu, Assurbanipal).
Jakob-Rost FB 12 49ff. (Merodachbaladan II., Bēl-ibni, Asarhaddon,
Šamaššumukīn, Kandalanu).
Jastrow Oriental studies Oriental Club Philadelphia 116ff. (Kandalanu;
auch [Stigers JQR 63 (1972/3) 171-174]!).
Keiser BIN 1 n134 (Šamaššumukīn) und 159 (Kandalanu).
King Cat.Spl. 1905-4-9,68 (Merodachbaladan II.).
King ZA 9 396ff. (Sîn-šarru-iškun).
Krückmann TMH 2/3 passim (die Namen der Herrscher bei Krückmann p14).
Langdon JRAS 1928 321ff. (Assurbanipal und Kandalanu, zumeist nur die
Datierungen; p321 auch Datierungen nach Bēl-ibni, Assur-nādin-šumi und
Asarhaddon).
Langdon OECT 1 p25ff. (Nabû-apla-idinna).
Legrain PBS 13 n82-83 (Assur-etelli-ilāni).
Legrain RA 10 41ff. n46 (Šamaššumukīn).
Lutz UCP 9/I Part II n1 (Kandalanu).
Moldenke CTMMA II n2 und 3 (Šamaššumukīn), 5 und 6 (Kandalanu).
Nassouhi MAOG 3/I-II nXIV (Assurbanipal).
J.Oates Iraq 27 136 (Datierungen nach Sîn-šumu-līšir).
Oppenheim Iraq 17 77 Anm. 26 (Šamaššumukīn) und p87ff. (Sîn-šarru-
iškun).
Oppert RA 1 3ff. (Kandalanu).
Peiser KB 4 122ff. "K" 3790 und 124ff. Rm 157 (Asarhaddon).
Pinches AfO 13 51ff. (Asarhaddon)
Pinches Berens n103 (Kandalanu).
Pinches CT 4 31 88-5-12,533 (Šamaššumukīn).
Pinches CT 44 n70 (Šamaššumukīn).
Pinches JTVI 26 163ff. (Šamaššumukīn).
Place Ninive et l'Assyrie II 307f. (Merodachbaladan II.).
Pohl AnOr 9 n1-4 (die Namen der Herrscher bei Pohl p7).
Reade JCS 23 3 mit Anm. 26 und p7 mit Anm. 36 (Datierungen nach Sîn-
šarru-iškun).
San Nicolò BR 8/7 passim.
Scheil RA 15 81ff. (Assurbanipal).
Scheil RA 18 32f. n35 (Šamaššumukīn).
Scheil RT 17 31f. (Kandalanu).
S.A.Smith MAT t28 (Assurbanipal).
Speleers RIAA n278 (Asarhaddon).
[H.G.Stigers JQR 63 (1972/3) 171-174 = Jastrow Oriental studies Orient-
al Club Philadelphia 116ff.!]
Strassmaier 8. Kongress n1 (Merodachbaladan II.), 2 (Sargon), 3-5
(Asarhaddon), 6-8 (Šamaššumukīn), 9-11 (Kandalanu).
Strassmaier ZA 3 211ff. n5 (Šamaššumukīn).
Unger IAMN 9 p22ff. (Datierungen nach Šamaššumukīn, Assurbanipal,
Assur-etelli-ilāni und Sîn-šarru-iškun).
Ungnad VS 4-6 passim (die Namen der Herrscher VS 6 pVII sowie pVIII
sub Ḫallušu).
Walker AfO 24 125 n10 (Sîn-šarru-iškun).
Weidner AfO 16 35-46 (Šamaššumukīn, Kandalanu, Asarhaddon).
Wiseman CCK p89f. BM 40039 und BM 36514 (Kandalanu); p92 mit Anm. 2
(Datierung nach Assurbanipal).

§ 38. Mittel- und neuassyrische Urkunden.

Für die mittelassyrischen Texte cf <u>Saporetti</u> Onomastica II 261-369.
Für die neuassyrischen Texte cf <u>Deller</u> OrNS 34 277ff.

<u>Andrae</u> FWA tCVII-CVIII. -- <u>Aynard</u> + <u>Nougayrol</u> RA 65 85ff. -- <u>Baer</u> RA
54 155ff. -- <u>Borger</u> AfO 18 299. -- <u>Contenau</u> TCL 9 n57-66. -- <u>Deller</u> Festschrift Volterra VI 639ff. -- <u>Deller</u> OrNS 33 257ff. -- <u>Deller</u> RA 66 94
n4. -- <u>Deller</u> WZKM 57 29ff. -- <u>Ebeling</u> ARu. -- <u>Donbaz</u> IAMY 15-16 223ff.
-- <u>vDijk</u> TIM 4 n45. -- <u>Ebeling</u> KAJ. -- <u>Ebeling</u> MAOG 7/I-II. -- <u>Ebeling</u>
OrNS 17 t35. -- <u>Fales</u> CEC. -- <u>Finkelstein</u> AnSt 7 137ff. -- <u>Finkelstein</u>
JCS 7 122ff. und 137ff. -- <u>Goetze</u> JAOS 59 1ff. (Tarsus). -- <u>Güterbock</u>
Tell Fakhariya t82-85. -- <u>Gurney</u> AnSt 17 195 f1. -- <u>Gurney</u> STT I n48 und
II n405. -- <u>Hallo</u> Festschrift Böhl 180ff. -- <u>Harper</u> ABL 574 (?), 1169
und 1452. -- <u>Hirsch</u> AfO 23 79ff. -- <u>Ismail</u> Sumer 24 17ff. -- <u>Jacobsen</u>
CTNMC n68. -- <u>Jankovskaja</u> OrNS 36 334f. -- <u>Johns</u> ADB. -- <u>Johns</u> ADD I-IV.
-- <u>Johns</u> PSBA 30 111ff. und 137ff. -- <u>King</u> CT 33 14-19. -- <u>Kinnier Wilson</u>
Wine lists. -- <u>Köcher</u> AfO 18 300ff. -- <u>Landsberger</u> Date palm p31f. --
<u>Layard</u> ICC 79? -- <u>Leeper</u> CT 35 41 83-1-18,714 (?) und 43 81-2-4,403 (?).
-- <u>vLuschan</u> Ausgrabungen in Sendschirli V p136f. und t73. -- <u>Macalister</u>
Gezer I 23ff. und 27ff. -- <u>Meek</u> RA 17 194 1904-10-9,30. -- <u>Messerschmidt</u> +
<u>Ungnad</u> VS 1 n102. -- <u>Millard</u> Iraq 27 12ff. -- <u>Millard</u> Iraq 32 172f. BM
122635 + 122642 (?) und 173 BM 123367. -- <u>Millard</u> Iraq 34 131ff. n3, 4
und 7. -- <u>Moortgat</u> ZA 47 55 f6 und 65 f26; ZA 48 39 f40b, 42 f44a und 43
f45a. -- <u>Nassouhi</u> MAOG 3/I-II nXVII. -- <u>B.Parker</u> passim. -- <u>Pinches</u> BOR
1 119f.? -- <u>Pinches</u> Hebr. 2 221f. -- <u>Postgate</u> passim. -- <u>Reisner</u> Samaria
I 247. -- <u>Saggs</u> Iraq 30 154ff. -- <u>Scheil</u> RA 18 32 n32. -- <u>Scheil</u> RA 22
145ff. -- <u>Scheil</u> RA 24 111ff. -- <u>Scheil</u> RT 20 203ff. -- <u>Scheil</u> RT 24 25
3 (Datierung). -- <u>Schroeder</u> KAH II n92 (?) und 140 (?). -- <u>Schroeder</u> KAV
n19, 27, 31-38, 40, 41 (?), 45, 75, 76, 79, 111, 116 (?), 118, 119, 121-
129, 131, 132, 135, 136 (?), 139 (+) 141 (+) Weidner AfO 21 45f. (?),
140 (?), 156, 157, 159, 160, 161 (?), 162 (?), 163 (?), 164, 166, 167,
174, 175, 181 (?), 186 (?), 189, 208, 209, 211, 212 und 217. -- <u>Schroeder</u>
StOr 1 262ff. -- <u>Speleers</u> RIAA n311 und 314. -- <u>Strassmaier</u> AV KLc 1
(N 8297). -- <u>Thompson</u> Carchemish II p135ff.? -- <u>Thompson</u> Iraq 7 n42? --
<u>Unger</u> Babylonisches Schrifttum p12 f10? -- <u>Ungnad</u> ARU. -- <u>Weidner</u> AfO 5
184f. -- <u>Weidner</u> AfO 10 29-44. -- <u>Weidner</u> AfO 13 115ff. VAT 16380 und
122f. VAT 8722. -- <u>Weidner</u> AfO 13 213f. Assur 13956 bq. -- <u>Weidner</u> AfO
17 145ff. -- <u>Weidner</u> AfO 19 33ff. -- <u>Weidner</u> AfO 20 121ff. und 123f. --
<u>Weidner</u> AfO 21 69. -- <u>Weidner</u> AfO 24 141 VAT 8873. -- <u>Weidner</u> ITN n49. --
<u>Weidner</u> Tell Halaf passim. -- <u>Wiseman</u> Iraq 14 61ff. passim. -- <u>Wiseman</u>
Iraq 15 135ff. passim. -- <u>Wiseman</u> Iraq 30 175ff.

§ 39. Neu/Spätbabylonische Urkunden.

[<u>Dandamaev</u> Rabstvo v Vavilonii VII-IV vv. do n.è. (626-331 gg.), Moskau
1974, p7-12] zählt die neu/spätbabylonischen Urkunden (ab Nabopolassar)
und die achämenidischen Urkunden nach Herrschern geordnet auf.
Für die Chronologie cf <u>Dubberstein + Parker</u> 626 B.C. - A.D. 75 (hier
werden auch unpublizierte Texte verwertet).
Für Nabopolassar cf Borger JCS 19 63ff. und <u>Weidner</u> AfO 16 42 Anm. 14.
Für Evil-Merodach cf <u>Sack</u> Amēl-Marduk (und Brinkman JNES 25 203).
Für Neriglissar cf <u>Brinkman</u> JNES 25 202f.
Für Smerdis cf <u>Poebel</u> AJSL 56 123; <u>Weissbach</u> ZDMG 51 511f. und 62 631f.
Für Nebukadnezar III. und Nebukadnezar IV. cf die in HKL I p517 oben
angegebene Literatur, sowie Brinkman JNES 25 204.
Für Xerxes cf <u>Cameron</u> AJSL 58 320f., <u>Weissbach</u> ZDMG 62 624ff.
Für Bēl-šimanni und Šamaš-erība cf <u>Böhl</u> BiOr 19 110ff., <u>Cameron</u> AJSL
58 325, <u>Ungnad</u> AfO 19 75ff., <u>Weissbach</u> ZDMG 62 644.
Ak-ši-ma-ak-šú (Ungnad AfO 19 76, Weissbach ZDMG 62 644) ist nach
<u>Cameron</u> AJSL 58 320f. mit Xerxes identisch.

Für Ši-x-x-ti cf <u>Ungnad</u> AfO 19 75ff. und 80, sowie Cameron AJSL 58 321f.

Für die Murašû-Urkunden cf <u>Cardascia</u> AM 208ff.

Für die "états mensuels d'animaux répartis pour sacrifices" cf <u>Fossey</u> RÉS 1936 pIIff. (und Brinkman JNES 25 207f.).

Zahlreiche in diesem Paragraphen gebuchte undatierte Texte können etwas früher oder später sein.

[<u>Arnaud</u> RA 67 147ff.] -- <u>Aro</u> BSAW 115/II n11. -- <u>Augapfel</u> BRAD. -- <u>Ball</u> PSBA 14 166ff. -- <u>Barton</u> AJSL 16 65ff. -- <u>Beek</u> Bildatlas f34 und 35. -- <u>Bezold</u> ZA 1 444f. 1. -- <u>Böhl</u> BiOr 19 110ff. -- <u>Böhl</u> Festschrift vOven 62ff. -- <u>Böhl</u> MLVS III 47ff. und 64f. -- <u>Boissier</u> RA 23 13ff. -- <u>Borger</u> JCS 19 63ff. (Datierungen). -- <u>Buccellati + Biggs</u> AS 17 n18, 34 und 35. -- <u>Cameron</u> Persepolis Treasury tablets 200ff. n85. -- <u>Clay</u> BE 8/I. -- <u>Clay</u> BE 10. -- <u>Clay</u> BRM 1. -- <u>Clay</u> PBS 2/I. -- <u>Clay</u> YOS 1 n46-51. -- <u>de Clercq</u> CdC II p154ff., 160ff., 166f., 167f. und 168f. -- <u>Contenau</u> TCL 12-13. -- <u>Deimel</u> Or 5 45ff. -- <u>Dhorme</u> RA 25 53ff. (Neirab, cf [Fales OrAnt 12 131ff.]). -- <u>Dougherty</u> passim. -- <u>Driver</u> Iraq 4 16ff. -- <u>Eilers</u> Beamtennamen 56ff. und 107ff. -- <u>Evetts</u> Inscriptions. -- <u>Figulla</u> Iraq 13 95ff. -- <u>Figulla</u> UET 4. -- <u>Freydank</u> ArOr 33 19ff. -- <u>Freydank</u> SWU. -- <u>de Genouillac</u> PRAK I t15 B 139 und 143, auch t16 B 171? -- <u>Goetze</u> JCS 1 350 n3 und 351 n4. -- <u>C.Gordon</u> SCT n79-108. -- <u>Grotefend</u> ZKM 1-4. -- <u>Hecker</u> KUG n47. -- <u>Hilprecht</u> BE 9. -- <u>Holt</u> AJSL 27 193ff. -- <u>Hunger</u> BagM 5 193ff. -- <u>Hussey</u> Mount Holyoke alumnae quarterly 1/IV 215 (nur Datierung vorhanden). -- <u>Jacobsen</u> CTNMC n69-73. -- <u>Jakob-Rost</u> FB 14 7ff. -- <u>Keiser</u> BIN 1. -- <u>Keiser</u> BIN 2 n108-131, 133 und 134. -- <u>Kennedy</u> CT 49. -- <u>Kennedy</u> RA 63 79ff. -- <u>Knopf</u> Bulletin of the Southern California Academy of Sciences 32/II 41ff. -- <u>Knopf</u> Festschrift Hewett 231f. und tXIX-XXVI. -- <u>Koldewey</u> Tempel p11 f10-11. -- <u>Krecher</u> ZA 61 255ff. -- <u>Krückmann</u> TMH 2/3. -- [<u>R. Kutscher</u> BiOr 30 363ff.] -- <u>Labat</u> RA 54 85ff. -- <u>Langdon</u> Kish III tXIII-XVI. -- <u>Langdon</u> RA 30 189ff. -- <u>Le Gac</u> Babyl. 3 33ff. -- <u>Legrain</u> PBS 13 n79 und 85. -- <u>Legrain</u> PBS 14 n1082? -- <u>Legrain</u> RA 10 41ff. n28 und 30-41. -- <u>Lutz</u> UCP 9/I Part I und Part II. -- <u>Lutz</u> UCP 9/III. -- <u>Lutz</u> UCP 9/XII. -- <u>Lutz</u> UCP 10/VIII. -- <u>Lutz</u> UCP 10/IX. -- <u>Lutz</u> UCP 10/X. -- <u>Moldenke</u> CTMMA I und II. -- <u>Moore</u> NBDM. -- <u>Neugebauer</u> Exact sciences[2] t14 Sp 497. -- <u>Oberhuber</u> IKT p9ff. -- <u>Oberhuber</u> SAKF n133-138, 140-145, 147-151, 153, 155-158 und 160-165. -- <u>Oberhuber</u> WZKM 56 138ff. -- <u>Oppert + Ménant</u> Documents juridiques 260-269 und 276-280. -- <u>Oppert</u> RA 2 150ff. -- <u>Oppert</u> Mélanges d'archéologie ... 1 23ff. -- <u>Ouseley</u> Travels I tXXI 3-5? -- <u>Peiser</u> BV nXCI-CXXIV. -- <u>Peiser</u> KB 4 312f. "K" 8506. -- <u>Peiser</u> Rechtsl. I-IV. -- <u>Petschow</u> Pfandrecht p111f. -- <u>Pinches</u> AJA 8 190f. -- <u>Pinches</u> Berens n104-109. -- <u>Pinches</u> BOR 1 76ff. und 83ff.; 2 1ff. und 142ff. -- <u>Pinches</u> CT 2 2 88-5-12,26; 10 88-5-12,201. -- <u>Pinches</u> CT 4 14 88-5-12,554 und 88-5-12, 556; 21 88-5-12,287; 24 88-5-12,311; 27 88-5-12,336; 30 88-5-12,560; 32 88-5-12,557; 34 88-5-12,593; 38 88-5-12,608; 41 88-5-12,637 und 88-5-12, 641; 43 88-5-12,639; 44 88-5-12,643. -- <u>Pinches</u> CT 44 n71-82 und 85-90. -- <u>Pinches</u> ET 25 420ff. -- <u>Pinches</u> Hebr. 3 13ff. -- <u>Pinches</u> Hebr. 8 134f. -- <u>Pinches</u> JRAS 1914 209. -- <u>Pinches</u> JRAS 1926 105ff. -- <u>Pinches</u> JTVI 49 126ff. und 128ff. -- <u>Pinches</u> JTVI 57 27ff.? -- <u>Pinches</u> JTVI 60 132ff. -- <u>Pinches</u> Old Testament[3] 470 oben. -- <u>Pinches</u> Outline p62f. -- <u>Pinches</u> Peek passim. -- <u>Pinches</u> PEFQS 1900 258ff. -- <u>Pinches</u> PSBA 5 103ff. -- <u>Pinches</u> PSBA 6 102ff. -- <u>Pinches</u> PSBA 6 102ff. -- <u>Pinches</u> PSBA 7 148ff. -- <u>Pinches</u> PSBA 10 526ff. -- <u>Pinches</u> PSBA 15 13ff. -- <u>Pinches</u> PSBA 15 417ff. -- <u>Pinches</u> PSBA 17 278f. -- <u>Pinches</u> PSBA 19 137ff. n3-5. -- <u>Pinches</u> PSBA 38 27ff. -- <u>Pinches</u> V R 67 n1-4. -- <u>Pinches</u> RP NS IV 104ff. -- <u>Pinches</u> RT 17 104f., 108f., 109f. und 110ff. -- <u>Pinches</u> ZK 2 324ff. -- <u>Pohl</u> AnOr 8-9. -- E. und V.<u>Revillout</u> passim. -- <u>Rutten</u> MDP 34 p83ff. -- <u>Rutten</u> RA 41 99ff. -- <u>Sack</u> Amēl-Marduk. -- <u>Sack</u> JCS 24 105f. -- <u>Safar</u> Sumer 5 tVII (nach p164) n1 und 2. -- <u>San Nicolò</u> passim. -- <u>Sayce</u> BOR 4 1ff. -- <u>Sayce</u>

ZA 5 276ff. -- <u>Scheil</u> RA 12 1ff. -- <u>Scheil</u> RA 14 154ff. und 156ff. --
<u>Scheil</u> RA 16 111f. -- <u>Scheil</u> RA 18 32 n34. -- <u>Scheil</u> RA 23 45ff. --
<u>Scheil</u> RA 24 38ff. -- <u>Scheil</u> RA 26 17ff. -- <u>Scheil</u> RT 36 191f. -- <u>Scheil</u>
ZA 4 281f. -- <u>Schroeder</u> ZA 32 7ff. -- <u>Snyder</u> JCS 9 25ff. -- <u>Speleers</u> RIAA
n276, 277, 279, 281, 282 (?) und 283-292. -- <u>Stevenson</u> ABC n30-35, 37 und
39-46. -- <u>Strassmaier</u> passim, auch ZA 3 129ff. n14 (?), 16 und 17 und ZA
3 211ff. n2; mit "Inschriften von X" meint Strassmaier "unter der Regie-
rung von X geschriebene Urkunden". -- <u>Sukthankar</u> JAOS 40 142ff. -- <u>Thomp-</u>
<u>son</u> CLTB passim. -- <u>Thompson</u> CT 22 n238 und 239. -- <u>Tite</u> TSBA 4 256. --
<u>Tremayne</u> YOS 7. -- <u>Ungnad</u> AfO 19 74ff. -- <u>Ungnad</u> HAU (HAR). -- <u>Ungnad</u>
<u>NRVU</u>. -- <u>Ungnad</u> VS 3-6. -- <u>de Vogüé</u> CIS 2/I p74f. n69. -- <u>Walker</u> AfO 24
125ff. n11-17. -- <u>Walker</u> CT 51 n43, 47, 52-57, 60-69, auch 87? -- <u>Weidner</u>
AfO 16 43 n9. -- <u>Weidner</u> AfO 17 1ff. -- <u>Weidner</u> Festschrift Dussaud 923ff.
-- <u>Weisberg</u> Guild structure. -- <u>Weissbach</u> BMisc nXV und XVI. -- <u>Weissbach</u>
ZDMG 62 632 Anm. 2. -- <u>Winckler</u> ZA 2 168 83-1-18,259. -- <u>Wiseman</u> CCK p93f.
BM 49656. -- <u>Wiseman</u> Iraq 28 154ff.

§ 40. Urkunden aus der babylonischen Spätzeit (nach dem Fall Persiens).

Cf <u>Krückmann</u> BRVU p9ff., <u>Oelsner</u> ZA 61 160f., <u>Unger</u> Babylon p318ff.

<u>Clay</u> BE 8/I n129. -- <u>Clay</u> BRM 1 n88, 98 und 99. -- <u>Clay</u> BRM 2. -- <u>Con-</u>
<u>tenau</u> TCL 13 n228, 229 und 234-249. -- <u>Falkenstein</u> Topographie p14 und 38.
-- <u>Figulla</u> UET 4 n43, 116 (?), 124 (?), 128 (?), 136 (?) und 145 (?). --
<u>Holt</u> AJSL 27 193ff. n2? -- <u>Jordan</u> Uruk-Warka t103. -- <u>Keiser</u> BIN 2 n135
und 136. -- <u>Kennedy</u> CT 49. -- <u>Langdon</u> Kish III tXI W. 1929,159. -- <u>Leh-</u>
<u>mann</u> ZA 7 330ff. Anm. 2. -- <u>Moore</u> NBDM n91. -- <u>Oelsner</u> WZJ 19 905ff. --
<u>Oppert</u> CRAIB 1898 418 oben. -- <u>Oppert + Ménant</u> Documents juridiques 296-
306 und 313-334. -- <u>Peiser</u> KB 4 312ff. NCB 112. -- <u>Pinches</u> BOR 4 131ff.
-- <u>Pinches</u> CT 4 29 88-5-12,514 und 39 88-5-12,619. -- <u>Pinches</u> CT 44 n83
und 84. -- <u>Pinches</u> ET 25 422. -- <u>Pinches</u> PSBA 18 tIII (+?) tIV nach p256
Kol. VI-VII. -- <u>Porter</u> Travels II t77 g. -- <u>Rost</u> MVAG 2/II 108f. Anm. 2.
-- <u>Rutten</u> Babyl. 15 187ff. -- <u>Sarkisjan</u> VDI 1955/IV 136ff. -- <u>Schroeder</u>
VS 15. -- <u>Speleers</u> RIAA 282 (?), 293, 294 und 296-299. -- <u>Strassmaier</u> AV
Ant. 65. -- <u>Strassmaier</u> ZA 3 129ff. (z.T. älter als Arsaciden). -- <u>Strass-</u>
<u>maier</u> ZA 6 230 Rm 844? -- <u>Thompson</u> CLBT p28f. AB 244-248. -- <u>Ungnad</u> HAU
(HAR). -- <u>Ungnad</u> VS 6 n227.

§ 41. Nuzi-Urkunden.

Cf <u>Dietrich + Loretz + Mayer</u> NuBi, <u>Gelb</u> NPN p1.

<u>Böhl</u> MLVS II 44f. -- <u>Cassin</u> RA 56 57ff. -- <u>Chiera</u> HSS 5. -- <u>Chiera +</u>
<u>Lacheman</u> JEN I-VI. -- <u>Contenau</u> RA 28 27ff. -- <u>Contenau</u> TCL 9 n1-46. --
<u>Ebeling</u> OrNS 22 357f. -- <u>Eichler</u> Indenture. -- <u>Gadd</u> RA 23 49ff. -- <u>Goetze</u>
Hethiter, Churriter und Assyrer t51. -- <u>Jankovskaja</u> LDA. -- <u>Koschaker</u> ZA
48 161ff. -- <u>Lacheman</u> passim. -- <u>Lutz</u> UCP 9/XI. -- <u>Messerschmidt + Ungnad</u>
VS 1 n106-111. -- <u>Nougayrol</u> RA 47 34. -- <u>Oberhuber</u> SAKF n159?? -- <u>Pfeiffer</u>
AASOR 16. -- <u>Pfeiffer</u> HSS 9. -- <u>Pfeiffer</u> HSS 13. -- <u>Pinches</u> CT 2 21
91-5-9,296. -- <u>Purves</u> JNES 4 71f. und 81; JNES 6 181f. -- <u>Shaffer</u> Festschrift Oppenheim 181ff. -- <u>Speleers</u> RIAA n309 und 310. -- <u>Walker</u> CT 51
n1-14. -- <u>Young</u> Festschrift Gordon 223ff. und 226ff.

§ 42. Urkunden aus Alalaḫ usw.

<u>Dietrich + Loretz</u> UF 1 37ff. -- <u>Dietrich + Loretz</u> WO 5 58ff. -- <u>Diet-</u>
<u>rich + Loretz</u> ZA 60 89ff. -- <u>Oberhuber</u> SAKF n159?? -- <u>Wiseman</u> AT usw. --
<u>Wiseman</u> JCS 7 108f. (aus Nord-Syrien?). -- <u>Wiseman</u> JCS 8 1ff.; 12 124ff.;

13 19ff. und 50ff.

§ 43. Ugarit-Urkunden.

Cf [Dietrich + Loretz + Berger + Sanmartín Ugarit-Bibliographie 1928–
1966. Teil 1 (1928–1950), Teil 2 (1950–1959), Teil 3 (1959–1966) und Teil
4 (Indizes). AOAT 20/1, 20/2, 20/3 und 20/4. Kevelaer + Neukirchen-Vluyn
1973].

Dhorme Syria 16 194f. -- Fisher Claremont p11ff., 26f. und 27. -- Nougayrol PRU III p22ff. und 177ff. -- Nougayrol PRU IV passim (siehe p271
sub 5); auch p293 19.55. -- Nougayrol PRU VI n21-175. -- Nougayrol Ugaritica V n1-14, 81-108 und 159-161. -- Thureau-Dangin RA 37 97ff. -- Thureau-Dangin Syria 15 137ff. -- Thureau-Dangin Syria 18 245ff. -- Virolleaud Gedächtnisschrift Lagrange 39ff. -- Virolleaud PRU II n116 und 181.
-- Virolleaud PRU V n34, 58, 96 und 119. -- Virolleaud RA 37 11ff. nII
und VII; 129ff. nXXIII. -- Virolleaud RA 38 4ff. nII und 12 nV. -- Virolleaud Syria 21 123ff. nVI, VIII und XI. -- Virolleaud Syria 21 247ff. nV.
-- Virolleaud Syria 28 173ff. nVI.

§ 44. Urkunden aus Palästina.

Cf Galling TGI^2 p13f. und p61.

Böhl ZDPV 49 322ff. (Sichem). -- Glock BASOR 204 17ff. (Thaanach). --
Hrozný Ta'annek n3, 4 und 4a, 7, 11 (?) und 12. -- Macalister Gezer I
23ff. und 27ff. -- Reisner Samaria I 247. -- Shaffer Gezer I (Dever u.a.)
p111ff.?

§ 45. Urkunden aus Kleinasien.

Goetze JAOS 59 1ff. (Tarsus). -- Güterbock KBo 18 n177 (+) 177a?

§ 46. Sumerische Briefe.

Siehe auch §59 (literarische Briefe).

Bottéro JESHO 13 227f. -- Çığ + Kızılyay NRVN I n226. -- Crawford BIN
9 n302, 475 und 486. -- Delaporte ITT IV t1 7001. -- Donald MCS 9/I n252.
-- Figulla UET 5 n862. -- Fish ArOr 28 172f. -- Forde Nebraska n55. -- de
Genouillac ITT II/1 t52 3704 und t72 4523; ITT II/2 t83 5758. -- de Ge-
nouillac ITT V t4 6694, t11 6742, t12 6752 und 6753, t32 6874, t40 6933,
t60 9299. -- de Genouillac TCL 2 5557? -- Grégoire Archives n177. --
Hackman BIN 8 n153 und 155-157. -- Hallo BiOr 26 171ff. -- Krückmann UVB
7 t23 c. -- Langdon PBS 12/I n32. -- Limet RA 62 8 n12. -- Nakahara
Sumerian tablets Kyoto n42. -- Owen Festschrift Gordon 131ff. -- Owen
JCS 24 133f. -- Owen OrNS 40 386ff. -- Parr JCS 24 135f. -- Pettinato
OrAnt 7 169f. n1-2. -- Sollberger BAC. -- Sollberger Corpus Enz. 1 und
N. 12-14. -- Sollberger CT 50 n68-71. -- Sollberger JCS 10 17f. -- Soll-
berger RA 60 71. -- Speleers RIAA n103. -- Szlechter TJAMC p205 IOS 40.
-- Thureau-Dangin ITT I t2 1058, t7 1100, t10 1119, t11 1170 und t15 1261.
-- Thureau-Dangin RTC n83 und 84.

§ 47. Altakkadische Briefe.

Für die Anredeformeln cf E.Salonen StOr 38 p12f.

Donald MCS 9/I n251. -- vDijk TIM 2 n91. -- Fish MCS 4 13 n3. -- Gelb

MAD 1 n126 (?), 185, 191, 282, 290, 298 und 315. -- <u>Gelb</u> MAD 5 n1, 2, 20,
22, 54, 75, 81 und 83. -- <u>Gelb</u> OAIC n52 und 53. -- <u>Goetze</u> JCS 1 345f. --
<u>Hackman</u> BIN 8 n151. -- <u>Legrain</u> MDP 14 p68f. n7 (?), p88f. n33 (?) und p114
n78. -- <u>Limet</u> Étude n48 und 49. -- <u>Meek</u> HSS 10 n4-12 (Nuzi). -- <u>Owen</u> OrNS
40 398ff. n12 und 13. -- <u>S.Smith</u> JRAS 1932 295ff. -- <u>Sollberger</u> BAC n369-
373. -- <u>Thureau-Dangin</u> ITT I t4 1080 und t8 1103. -- <u>Thureau-Dangin</u> RA 23
23ff. -- <u>Thureau-Dangin</u> RTC n77 und 78. -- <u>Whiting</u> JNES 31 334 Copenhagen
und p334f. A 708.

§ 48. Altbabylonische Briefe.

Auch Mari usw., Shemshara, Susa und Tell al-Rimah. [Siehe auch §59 (li-
Cf <u>Sweet</u> MCS 7 29ff.   _terarische Briefe.]
Für die Gruss- und Höflichkeitsformeln cf <u>E.Salonen</u> StOr 38 14-54.

<u>Al-A'dami</u> Sumer 23 151ff. -- <u>Alexander</u> BIN 7 n1-58 und 220-233. --
<u>Al-Zeebari</u> ABIM = TIM [1]. -- <u>Birot</u> ARMT 13 n25-57 (Mari). -- <u>Birot</u> RA 62
17ff. n1-3. -- [<u>Birot</u> Syria 50 1ff.] (Mari). -- <u>Bottéro</u> ARMT 13 n2-24
(Mari). -- <u>Bottéro</u> Ḫabiru p18ff. (Mari). -- <u>Bottéro</u> RA 52 163ff. (Mari).
-- <u>Boyer</u> CHJ HE 102, 103, 106-108, 119, 122, 123, 125 und 208. -- <u>Burke</u>
ARMT 13 n58-101 (Mari). -- <u>Crawford</u> BIN 9 n475. -- <u>Dalley</u> CRRA 17 181ff.
(Tell al-Rimah). -- <u>Dalley</u> Iraq 30 87ff. (Tell al-Rimah). -- <u>Dalley</u> JCS
25 83ff. (Tell al-Rimah). -- <u>Dossin</u> passim Mari-Briefe. -- <u>Dossin</u> MDP 18
n237ff. (Susa). -- <u>Dossin</u> RA 30 98ff. -- [<u>Dossin</u> Syria 50 277ff.] (Mari).
-- <u>Dossin</u> TCL 17-18. -- <u>Driver</u> OECT 3. -- <u>vDijk</u> TIM 2. -- <u>vDijk</u> UVB 18
61f. -- <u>Edzard</u> Tell ed-Dēr n54? -- <u>Falkenstein</u> BagM 2 p54f. (?) und 56ff.
-- <u>Feigin</u> JAOS 59 106ff. -- <u>Figulla</u> CT 43. -- <u>Figulla</u> UET 5 n1-84. -- <u>Fi-
net</u> AIPHOS 14 123ff. (Mari). -- <u>Finet</u> ARMT 13 n139-150 (Mari). -- <u>Finkel-
stein</u> AS 16 233ff. -- <u>Finkelstein</u> JCS 9 2 Anm. 15. -- <u>Finkelstein</u> YOS 13
passim. -- <u>Fish</u> LFBD. -- <u>Fish</u> MCS 2 62. -- <u>Fish</u> RA 45 1f. -- <u>Frank</u> StrKT
n12-17. -- <u>Frankena</u> AbB 2, 3 und [6]. -- <u>Gadd</u> RA 23 141 unten und 161. --
<u>de Genouillac</u> ITT V t10 6733. -- <u>de Genouillac</u> PRAK I-II passim. --
<u>Goetze</u> JCS 2 35f. -- <u>Goetze</u> JCS 11 39 n32. -- <u>Goetze</u> JCS 11 106ff. --
<u>Goetze</u> JCS 17 77ff. -- <u>Goetze</u> Sumer 14 3ff. -- <u>C.Gordon</u> SCT n71-76, auch
77? -- <u>Haldar</u> BiOr 10 13f. n2090. -- <u>Harris</u> JCS 9 105 n111. -- <u>Holma</u> ZATH
n6-9. -- <u>Jacobsen</u> AS 6 29ff. -- <u>Jacobsen</u> OIC 13 49f. TA 2, auch 50 TA 189?
-- <u>Jean</u> ARM(T) 2 (Mari). -- <u>Jean</u> ArOr 17/I 320ff. (Mari). -- <u>Jean</u> RA 35
122 (Mari). -- <u>Jean</u> RA 42 53ff. (Mari). -- <u>Jean</u> RÉS 1938 128ff. und 1939
62ff. (Mari). -- <u>Jean</u> Semitica 1 17ff. (Mari). -- <u>Jean</u> Šumer et Akkad
CLXXX:198, CXCVII:195, CXCIX:177, CXC:200, CCVIII:197 und CCXIII:199. --
<u>Keiser</u> BIN 2 n69-71. -- <u>Knopf</u> Bulletin of the Southern California Academy
of Sciences 34 155ff. -- <u>Kraus</u> AbB 1, 4 und 5. -- <u>Kraus</u> JEOL 16 16ff.
(Briefschreibübungen). -- <u>Kupper</u> ARM(T) 3 und 6 (Mari). -- <u>Kupper</u> ARMT 13
n102-138 (Mari). -- <u>Kupper</u> Studia Mariana 105f. (Mari). -- <u>Laessøe</u> AcOr
24 83ff. (Shemshara). -- <u>Laessøe</u> AS 16 189ff. (Shemshara). -- <u>Laessøe</u>
Babylon 42ff. (Shemshara). -- <u>Laessøe</u> Imperium p76-105 (Shemshara). --
<u>Laessøe</u> Shemshara. -- <u>Laessøe</u> ZA 55 131ff. (Shemshara). -- <u>Leemans</u> Trade
106f. -- <u>Legrain</u> PBS 13 n58 und 77. -- <u>Legrain</u> RA 10 41ff. n66. -- <u>Levy</u>
Sumer 4 132f. (Umgebung Kirkuk). -- <u>Lutz</u> PBS 1/II n1-14. -- <u>Lutz</u> UCP 9/IV.
-- <u>Lutz</u> YOS 2. -- <u>Nougayrol</u> JCS 21 226ff. (Mari). -- <u>Oberhuber</u> SAKF n132.
-- <u>Pinches</u> Berens n99. -- <u>Pinches</u> CT 44 n50-66. -- <u>Pinches</u> CT 45 n122? --
<u>Pinches</u> JRAS 1917 729ff. -- <u>Rowton</u> Iraq 31 71ff. -- <u>Rowton</u> JCS 21 269ff.
-- <u>Saggs</u> JCS 14 56ff. -- <u>Schaeffer</u> Ugaritica I 15ff. (Mari, Herkunft
Aleppo). -- <u>Scheil</u> MDP 28 p14f. n14 (Susa); auch p54f. n407 (Susa)?? --
<u>Scheil</u> RA 12 194f.? -- <u>Scheil</u> RA 25 46 und 47. -- <u>Schroeder</u> KAV n101. --
<u>Schroeder</u> VS 16. -- <u>Šilejko</u> OLZ 17 112. -- <u>Simmons</u> JCS 14 55 n91. -- <u>Spe-
leers</u> RIAA n211, 212, 219, 223, 231, 242, 243, 260, 262 und 265. -- <u>Sweet</u>
AfO 18 360. -- <u>Szlechter</u> TJAMC p136f. -- <u>Thureau-Dangin</u> RA 21 146ff. --
<u>Thureau-Dangin</u> RA 33 171ff. (Mari). -- <u>Thureau-Dangin</u> RA 34 135ff. (Mari).

-- Thureau-Dangin TCL 7. -- Ungnad ABPh. -- Ungnad BB; n134 Mari? -- Vallat RA 63 187 S 3773 (Susa). -- Walker AfO 24 121f. n2 und 3, 124f. n9. -- Walters JCS 23 27ff. -- Walters Water. -- Waterman BDHP n32. -- Whiting JNES 31 332 TA 1930 - T 399.

§ 49. Altassyrische Briefe.

Siehe §35 (Altassyrische Urkunden und Briefe).
Für die Anredeformeln cf E.Salonen StOr 38 54ff.

§ 50. Mittelbabylonische (kassitische) Briefe.

Cf Aro StOr 20 15ff. und StOr 22 3.
Für die Gruss- und Höflichkeitsformeln cf E.Salonen StOr 38 57-70.

Aro + Bernhardt WZL 8 565ff. -- Biggs JCS 19 95ff. -- vDijk TIM 2 n72? -- Figulla CT 42 n59, 60, 94 und 102. -- Goetze JCS 6 142ff. (Tilmun). -- C.Gordon SCT n77? -- Güterbock KBo 18 n177 (+) 177a? -- Gurney Iraq 11 131ff. n10-15 (n11 Brief eines ausländischen Königs). -- Gurney STT I n45. -- Harper ABL 924. -- Knudtzon El-Amarna n2-4 und 6-13. -- Langdon PBS 12/I n24. -- Legrain PBS 13 n68 und 76. -- Lutz PBS 1/II n15-86. -- Peiser UDBD p16f. P 114. -- Pinches CT 44 n67. -- Pinches JTVI 29 43ff. Sp III 2 und Sp II 987 ("Kedorla'omer-Texte"). -- Radau BE 17/I. -- Scheil RT 19 60 n356. -- Thompson CT 22 n247 (?) und 248 (?). -- Ungnad ABPh n29? -- Walker CT 51 n41. -- Waschow MAOG 10/I. -- Weidner KUB 3 n71.

§ 51. Mittel- und neuassyrische Briefe.

Für die mittelassyrischen Briefe cf Saporetti AION 30 141ff.
Für die Gruss- und Höflichkeitsformeln cf E.Salonen StOr 38 76-114.

Contenau TCL 9 n67 und 68. -- Deller Festschrift vSoden 45ff. -- Deller + Parpola RA 60 59ff. -- Dietrich Aramäer. -- Dietrich WO 4 61ff. und 183ff.; 5 176ff. -- Ebeling KAJ n5, 302 und 316. -- Figulla KBo 1 n20. -- Finkelstein JCS 7 135f. n60-67. -- Fish MCS 2 14 n1 und 2. -- Güterbock Siegel aus Boğazköy II p36f. -- Güterbock Tell Fakhariyah t81 n1-4. -- Gurney STT II n369. -- Harper ABL. -- Knudtzon El-Amarna n15 und 16. -- Laessøe Sumer 15 15ff. -- Landsberger BBEA 8ff. -- Lehmann Šsmk II tXLVIf. -- Messerschmidt + Ungnad VS 1 n105. -- Parpola Iraq 34 21ff. -- Parpola LASEA. -- Pfeiffer State letters. -- Postgate GPA passim. -- Postgate Taxation p403f. ND 7067. -- Radau BE 17/I n77 und 91. -- Saggs Iraq 17 21ff. und 126ff.; 18 40ff.; 20 182ff.; 21 158ff.; 25 70ff. und 150; 27 17ff.; 28 177ff.; 30 159-162; [36 199ff.]. -- Scheil RA 18 31f. n22? -- Schroeder KAV n96-100, 102-109, 112-115, 120, 133, 168-170, 174, 194-201, 202 (?), 203, 204 (?), 205, 206 und 213-215. -- vSoden AfO 18 370f. -- Thompson AAA 20 p103f. -- Thompson Iraq 4 186ff. -- Thompson Iraq 7 n15. -- Thureau-Dangin Syria 16 188ff. -- Ungnad PBS 7 n132. -- Virolleaud ACh SS nLXII. -- Waterman AJSL 29 16f. n14. -- Waterman JCS 5 74. -- Waterman RCAE I-IV. -- Weidner AfO 13 122 VAT 16375. -- Weidner AfO 17 5ff. -- Weidner AfO 19 35f. VAT 8851 und 36 VAT 8863. -- Weidner KUB 3 n73 und 77 (+) 78. -- Weidner Tell Halaf passim. -- Winckler AOF II 24ff. K 4740. -- Winckler SKT II 57 K 4670. -- Wiseman Iraq 14 61ff. passim. -- Wiseman Iraq 15 138 ND 3410, 140 ND 3419, 147 ND 3470, 147 ND 2657 und 147 ND 3471. -- Wiseman Iraq 30 185 TR 3026, 187 TR 124.

§ 52. Neu/Spätbabylonische Briefe.

Für die Korrespondenz in neubabyl. Schrift und Sprache mit den assyri-

schen Königen siehe §51.
Für die Gruss- und Höflichkeitsformeln cf E.Salonen StOr 38 78-114.

Aro BSAW 115/II n10. -- Böhl MLVS III 64. -- Clay YOS 3. -- de Clercq CdC II p169ff.; auch p171f.? -- Contenau TCL 9 n69-147. -- Contenau TCL 13 n215. -- Dougherty GCCI II n125-130, 217 und 395-405. -- Ebeling NB (+ G1NB). -- Ebeling NBU. -- Figulla UET 4 n162-192. -- de Genouillac PRAK II t6 C 17 und t50 D 57. -- C.Gordon SCT n109. -- Keiser BIN 1 n1-94 -- Knopf Festschrift Hewett tXX A und B. -- Krückmann TMH 2/3 n254-261. -- Langdon AJSL 34 125f. n31. -- Lutz PBS 1/II n87-90. -- Lutz UCP 9/I Part I n1, 2 und 95. -- vdMeer Iraq 6 144ff. n4 Rs. -- Meissner MVAG 12/III 157ff. -- Moore NBDM n67. -- Oberhuber SAKF n139 und 152. -- Peiser BV nCLIV. -- Pinches Berens n111. -- Pinches JRAS 1904 407ff. -- Pinches Old Testament[3] 453 Mitte. -- Pinches Peek n10 und 22. -- Pinches PSBA 33 157f. -- Pinches IV R[2] 34 n2. -- Pinches RT 19 101ff., 106f. und 107f. -- Radau Festschrift Hilprecht p424 CBM 3632. -- Revillout Revue égyptologique 8/I (1897) 1ff. -- Scheil RA 11 165ff. -- Scheil RA 18 31f. n22 (etwa assyrischer Staatsbrief?). -- S.Smith JRAS 1926 442ff. -- Strassmaier Cyrus n145 und 375. -- Strassmaier Dar. n101, 209, 230, 291, 344, 385, 528, 547 und 557. -- Strassmaier 8. Kongress n16, 18 und 32 (n32 seleukidisch). -- Strassmaier Nabon. n905 und 922. -- Thompson CLBT p26 und t3 AB 233; p36f. und t2 C 3; p38 und t2 C 4; p39 und t2 C 6. -- Thompson CT 22. -- Thompson PSBA 31 169ff. -- Tremayne YOS 7 n120. -- Ungnad AfO 19 80 n29; 82 n34; 82 n36. -- Ungnad VS 3 n27? -- Ungnad VS 6 n202 (?) und 289 (?). -- Vanderburgh JAOS 36 333ff. -- Weidner Tell Halaf n117-120. -- Weisberg JAOS 87 8ff. -- Winckler ZA 2 173 83-1-18, 692. -- Wiseman BSOAS 30 495ff.?

§ 53. Nuzi-Briefe.

Cf Dietrich + Loretz + Mayer NuBi.

Chiera HSS 5 n102-106. -- Chiera JEN V n494-499. -- [Deller + Fadhil Mesopotamia 7 ("1972") 202ff. Text 9] (aus Tell al-Faḫḫār). -- Ebeling OrNS 22 355ff. -- Lacheman HSS 14 n9-33, 525, 578 und 587. -- Lacheman HSS 15 n1, 43B, 122 (?), 187, 189, 289, 291 und 292. -- Lacheman HSS 16 n98 und 446. -- Pfeiffer HSS 9 n1-6. -- Pfeiffer HSS 13 n51, 108, 149 und 405. -- Scheil RT 31 56ff.

§ 54. Alalaḫ-Briefe.

Wiseman AT n106-123.

§ 55. Ugarit-Briefe.

Cf die in §43 zitierte Bibliographie.
Siehe auch §56.
Für die Gruss- und Höflichkeitsformeln cf E.Salonen StOr 38 71ff.

Fisher Claremont p23ff. -- Nougayrol PRU III p1ff. -- Nougayrol PRU IV passim (siehe p271 sub 6); auch p294. -- Nougayrol PRU VI n1-20. -- Nougayrol Ugaritica V n20-80 und 171. -- Thureau-Dangin Syria 16 188ff. -- Virolleaud Danel p21ff. -- Virolleaud Syria 10 tLXXVI n1 und 2.

§ 56. Amarna-Briefe usw.

Cf Lettinga bei Hospers Basic bibliography I 172ff.
Für die Gruss- und Höflichkeitsformeln cf E.Salonen StOr 38 61ff.

Böhl ZDPV 49 325ff. (Sichem). -- Dossin RA 31 125ff. — Edzard Kāmid el-Lōz p55ff. n1-4. -- C.Gordon OrNS 16 1ff. — Hrozný Taʻannek n1, 2, 5, 6, 8 und 8a, 9 und 10 (?). -- Knudtzon El-Amarna; n333 gefunden in Tell el-Ḥesi. -- Macalister Gezer I p29ff. (gefunden in Geser). -- Millard PEQ 97 140ff. -- Rainey El Amarna tablets. -- Schroeder OLZ 20 105f. — Schroeder VS 11 n179. -- Thureau-Dangin Festschrift Champollion 377ff. -- Thureau-Dangin RA 19 91ff. — Wilhelm ZA 63 69ff. (gefunden in Kāmid el-Lōz).

§ 57. Ḫattusas-Briefe usw.

Cf Laroche Catalogue² p21ff.

Balkan ABoT n59. -- Balkan Anum-hirbi p6ff. (aus Mama). -- Baqir Iraq 8 p89f. f13. -- Edel MDOG 92 15ff. -- Ehelolf KUB 34 n2. — Figulla KBo 1 n9, 10, 14, 15+19, 20-24, 26 (?) und 29. -- Figulla KBo 2 n10. -- Goetze JCS 1 241ff. -- Güterbock IBoT 1 n34. -- Güterbock KBo 14 n54. -- Güterbock KBo 18 n177 (+) 177a? -- Güterbock Siegel aus Boğazköy II p36f. und 37f. -- Gurney Iraq 11 141f. n11?? -- King HT n37? -- Köcher KUB 37 n39 (?) und 114. -- Otten KBo 7 n10 (?) und 11. -- Otten KBo 8 n11 (?), 12-14, 15 (?), 16 und 17. -- Otten KBo 9 n54? -- Weidner KUB 3 n22-84 und 123-126. -- Weidner KUB 4 n95. [Edel Studien zur altägyptischen Kultur 1 (Hamburg 1974) 105-146 und 295.]

§ 58. "Gottesbriefe".

Cf Borger RLA III 575f.

Ali Sum. letters 137ff. B:17 (sum.).
Bernhardt TMH NF 3 n56 (sum.)
Borger Asarh. §68 (akk.).
Chiera SEM n74 (sum.).
Dossin ARM(T) 1 n3 (akk.).
Dossin Syria 19 125f. (akk.).
vDijk JCS 19 1ff. (sum.).
Ebeling KAR n130 (+) 131 (? "zweisprachig") und 373 (akk.).
Falkenstein AnBi 12 69ff. (zweispr.).
Falkenstein ZA 44 1ff. (sum.).
Figulla UET 4 n171 (akk.).
Gadd UET 6/II n182 (sum.) und 402 (sum.).
de Genouillac TCL 16 n58 (sum.) und 60 (sum.).
Hallo JAOS 88 82ff. (sum.).
Keiser BIN 2 n53 (sum.)?
Kraus RA 65 27ff. (akk.).
Langdon BE 31 n7 (sum.)?
Langdon BL n169 (akk.).
Leeper CT 35 44-45 (akk.).
Lutz YOS 2 n141 (akk.).
Macmillan BA 5/V nXVIII (akk.).
Schroeder KAH II n142 (akk.).
Sollberger UET 8 n70 (sum.).
Thureau-Dangin TCL 3 (akk.).
Weippert WO 7 74ff. (akk.).

§ 59. Literarische Briefe.

Für die sumerischen literarischen Briefe (auch Königskorrespondenz) cf Edzard AfO 19 3 Anm. 27, Hallo JAOS 88 88f. und Wilcke ZA 60 54ff.

Ali Sum. letters (sum.).

Bernhardt TMH NF 3 n57 (sum.).
Dossin Syria 20 100f. (zweispr., Mari).
vDijk Sumer 13 t21-22 (altbabyl. Königskorrespondenz, wohl literarisch).
vDijk Sumer 15 10ff. n5 (sum.).
vDijk VS 17 n44 (sum.).
Falkenstein ZA 49 59ff. (sum.).
Forrer RLA I 231 A 7475 (sum.).
Gadd UET 6/II n173, 183 und 349 (alles sum.).
de Genouillac PRAK II t51 D 60 (sum.).
de Genouillac TCL 15 n35 (sum.)?
Gurney AnSt 7 127ff. (akk.).
Gurney STT II n176 (+) 185 (akk.).
Hallo TLB 3 n173 (sum.; cf Waetzoldt BiOr 30 432).
Jacobsen JCS 7 39ff. (sum.).
Kramer ISETP I 122 Ni 2191, 126 Ni 972, 179 Ni 9710, 180 Ni 4433 (?)
und 180 Ni 9780 (?; alles sum.).
Kramer OrNS 22 tXXXVIII-XXXIX Rs. und tXL (sum.).
Kramer SLTN n84 (sum.), auch n131 Kol. I (sum.)?
Kramer UMB 17/II 15 f5 (sum.).
Langdon BE 31 n7 (sum.)?
Langdon PBS 10/IV n8 (sum.).
Langdon PBS 12/I n8 (sum.)?
vdMeer Chronology² 45 (sum.).
Nougayrol Ugaritica V n15 (Edubba zweispr.)
Thompson AMT 52/1 (akk.).

§ 60. Assyrische "reports".

Cf Oppenheim Centaurus 14 (1969) 97ff.

Gadd CT 40 21 K 743. -- Handcock CT 27 28 83-1-18,234; 45 K 749. --
Handcock CT 28 6 K 766; 30 K 849; 32 80-7-19,60; 37 K 798. -- Johns ADD
n709? -- King Cat.Spl. 1904-10-9,32 und 1904-10-9,39. -- Lehmann-Haupt
Festschrift Hilprecht 256ff. -- Lenormant Choix n21. -- Thompson RMA. --
Wesson PSBA 34 53ff.
Klauber PRT sub §91 (Extispizin).

§ 61. Sumerische literarische Texte im allgemeinen.

Cf Römer bei Hospers Basic bibliography I 48-52; M.Lambert RA 55 177-
196, RA 56 81-90 und 214.
Die hier aufgezählten grösseren Textausgaben enthalten zahlreiche sumerische Texte, deren Einordnung mir nicht gelungen ist. In HKL I und II
sind diese Texte häufig nicht besonders (durch "sfs") angedeutet.

Barton MBI.
Bernhardt TMH NF 3 und 4.
Chiera SEM.
Chiera SRT.
Chiera STVC.
Deimel Inschr.Fara II.
vDijk VS 17.
Figulla CT 42.
Gadd CT 36 26-50.
Gadd UET 6/I und 6/II.
de Genouillac PRAK I-II passim.
de Genouillac TCL 15-16.
Haupt ASKT.
Jestin NTSŠ und TSŠ.

King CT 15 7-30.
Kramer FTS.
Kramer ISETP I.
Kramer OrNS 22 190ff.
Kramer PAPS 107 485ff.
Kramer SLTN.
Kramer TAD 8/II 37f. und tXXV-XXXVI.
Langdon BE 31.
Langdon BL.
Langdon OECT 1.
Langdon OECT 6.
Langdon PBS 10/I, 10/II und 10/IV.
Macmillan BA 5/V 531-712.
Meek BA 10/I.
Myhrman PBS 1/I.
Pinches IV R².
Radau BE 29/I.
Radau BE 30/I.
Radau Festschrift Hilprecht 374ff.
Reisner SBH.
Witzel passim (Textbearbeitungen).
Zimmern VS 2 und 10.
Zahlreiche Auszüge aus sumerischen literarischen Texten auf Schultafeln
(besonders vdMeer MDP 27), siehe §100.

§ 62. Nicht eingeordnete sumerische literarische Texte.

Siehe auch §61 Vorbemerkung.

Bezold ZA 1 444 und 446 m.
Cros NFT 198ff.
Dossin MDP 18 n254.
vDijk Sumer 11 110 n9 tXIII-XV.
vDijk UVB 16 58f.?
vDijk VS 17 n43, 46 und 49 zweispr.
Ebeling KAR n95 (zweispr.), 113 (zweispr.), 278 (sum.), 308 (zweispr.)
und 309 (zweispr.).
Figulla CT 42 n29 zweispr.
Frank StrKT n4.
de Genouillac FT II tLII TG 3920.
Goetze JCS 4 137.
Gray SRT tVII K 3928; tIX K 9380 (zweispr.).
Gurney STT II n165 und 167 (beide zweispr.).
Langdon OECT 6 tIV K 4948, tXVIII K 4652, tXX K 4958 und tXXX K 5159
zweispr.
Langdon PBS 12/I n33.
Langdon RA 28 136 Sm 397 (zweispr.).
Legrain PBS 13 n22 Vs., 23, 25 (?), 35 und 48 Kol. I.
Legrain RA 10 41ff. n73?
Luckenbill Adab n53.
Myhrman BE 3/I n154?
Myhrman PBS 1/I n11 zweispr.
Pinches CT 44 n19.
Sollberger Corpus Urn. 49.
Speleers RIAA n51.
Wiseman Iraq 15 147 ND 3474 (zweispr.).
Zimmern VS 10 n143 zweispr.?

§ 63. Sumerische Mythen und Epen usw.

Für die zweisprachig überlieferten Mythen und Epen siehe §64.

Al-Fouadi Enki's journey 69ff.
Alster Dumuzi's dream.
Barton MBI n1 ("Die kosmische Hochzeit").
Bernhardt TMH NF 3 n5 ("Einführung des Getreides in Sumer").
Bernhardt TMH NF 4 n4 (Mythos über Ningizzida und Ninazimua).
Bernhardt TMH NF 4 n79 (Ninurta-Mythus).
Biggs JCS 20 79 AbS T 44a-f (Enlil-Mythos).
Chiera SEM n58 (Mardu-Mythos).
Chiera SRT n43 (Klage über die Zerstörung von Sumer und Uruk).
Chiera STVC n121 ("Tale about Lisina").
Civil Iraq 23 154ff. ("The home of the fish"; Monolog der Nanše?).
vDijk SSA 65ff. ("Dumuzi und Enkimdu"; Streitgespräch oder Mythos?).
Falkenstein ZA 57 43ff. ("Fluch über Akkade").
Ferrara Nanna-Suen's journey.
Flügge Inanna und Enki.
Gadd UET 6/I n1 ("Enki und Ninḫursag", kürzere Fassung).
Gadd UET 6/I n2 ("Ninurta's Stolz und Strafe" bzw. "Ninurta und die
Schildkröte").
Gadd UET 6/I n27 (Mythus über Ningizzida und Ninazimua).
Gadd UET 6/II n144 ("Tale about Lisina").
de Genouillac TCL 16 n72 ("Lob der Hacke").
de Genouillac TCL 16 n80 ("Die drei Freunde aus Adab").
Hallo CRRA 17 123ff. ("The blessing of Nisaba by Enki"; zwei Exemplare
zweispr.).
Hallo Exaltation ("Erhöhung der Inanna").
Kramer ArOr 17/I 399ff. ("Inanna und Šukalletuda").
Kramer BASOR SS 1 ("Enki und Ninḫursag").
Kramer FTS 106 (Enlil-Mythos).
Kramer JCS 5 1ff. ("Höllenfahrt der Inanna").
Kramer JNES 12 160ff. ("Inanna und Bilulu").
Kramer WZJ 9 231ff. ("Enki und die Weltordnung").
Langdon OECT 1 t1-4 (Hymnus auf den Enki-Tempel in Eridu; "The blessing
of Eridu" oder "The journey of Enki to Nippur").
Langdon PBS 10/IV n9 ("Inanna und Ebiḫ").
Langdon PBS 12/I n31 ("Enlil und der Rabe").
Pinches CT 44 n1 (Dialog zwischen Inanna und ihrer Mutter Ningal).
Poebel PBS 5 n26 (GU₄-DAM-Epos).
Poebel PBS 5 n76?
Radau Festschrift Hilprecht n22 ("Nanše und die Vögel").
Sjöberg AfO 24 19ff. ("Nungal im Ekur").
Sollberger Corpus Ukg. 16 ("Die kosmische Hochzeit").
Sollberger JCS 16 40ff. (Tummal-Text).
Zimmern VS 10 n197 ("Die Felder Ninurta's").

"Enlil und Ninlil" I und II:
Barton MBI n4 (I; das Duplikat Pinches JRAS 1919 185ff. zweispr.). --
Gurney STT II n151-154 (II, zweispr.; Civil JNES 26 200ff.). -- Kramer
ISETP I 151 Ni 4412 und 154 Ni 4477 (II). -- Radau Festschrift Hilprecht
n16 (II). -- Zimmern VS 10 n177 (II).

Enmerkar-Epen:
Kramer Enmerkar ("Enmerkar und der Herr von Aratta"). -- Kramer OrNS
23 232ff. ("Enmerkar und Ensukušširanna/Enmuškešdanna/(En)suḫkešdanna").

Gilgameš sumerisch:
Falkenstein JNES 19 65ff. ("G. und Ḫuwawa"). -- Gadd RA 30 127ff. ("G.,
Enkidu und die Unterwelt"). -- Gadd UET 6/I n60. -- de Genouillac PRAK I

t16 B 174 ("G. und Ḫuwawa"?). -- <u>Kramer</u> AJA 53 1ff. ("G. und <u>Agga</u>"). --
<u>Kramer</u> AS 10 ("G. und der ḫuluppu-Baum", die erste Hälfte von "G., Enkidu
und die Unterwelt"). -- <u>Kramer</u> BASOR 94 2ff. ("Der Tod des G."). -- <u>Kramer</u>
JCS 1 3ff. ("G. und Ḫuwawa"). -- <u>Langdon</u> BE 31 n35 und 55 ("G., Enkidu und
die Unterwelt"). -- <u>Radau</u> Festschrift Hilprecht n11 ("G., Enkidu und die
Unterwelt"). -- <u>Shaffer</u> Sumerian sources ("G., Enkidu und die Unterwelt").
-- <u>Zimmern</u> VS 10 n196 ("G. und der Himmelsstier").

<u>Historische Epen u.ä.</u>:
<u>Falkenstein</u> ZA 57 43ff. ("Fluch über Akkade"). -- <u>de Genouillac</u> TCL 16
n73 (? über Sargon von Akkad und Lugalzaggesi). -- <u>Güterbock</u> ZA 42 40ff.
(Pseudepigraph Lugal-Anne-mundu von Adab). -- <u>Kramer</u> JCS 21 104ff. ("Der
Tod Ur-Nammu's"). -- <u>Thureau-Dangin</u> RA 9 111ff. ("La fin de la domination
gutienne").

<u>Inanna-Dumuzi-Texte</u>:
Cf <u>Kramer</u> Sacred marriage.
Siehe auch §69 sub Dumuzi.
<u>Alster</u> Dumuzi's dream. -- <u>Bernhardt</u> TMH NF 3 n24-26; TMH NF 4 n48 (?)
und 89. -- <u>Chiera</u> SEM n90 und 91. -- <u>Chiera</u> SRT n31. -- <u>vDijk</u> SSA 65ff.
("Dumuzi und Enkimdu"). -- <u>Figulla</u> CT 42 n4, 11 und 13. -- <u>Frank</u> Kultlieder. -- <u>de Genouillac</u> PRAK II t18 C 94. -- <u>de Genouillac</u> TCL 16 n70. --
<u>Haupt</u> ASKT n17 (zweispr.). -- <u>Köcher</u> KUB 37 n41 (zweispr.)? -- <u>Kramer</u> JCS
5 1ff. ("Höllenfahrt der Inanna"). -- <u>Kramer</u> JNES 12 160ff. ("Inanna und
Bilulu"). -- <u>Kramer</u> PAPS 107 485ff. -- <u>Kramer</u> Sacred marriage p101. --
<u>Kramer</u> SLTN n35 und 37. -- <u>Witzel</u> Tammuz. -- <u>Zimmern</u> Tamūzlieder. -- <u>Zim-
mern</u> VS 2 n2. -- <u>Zimmern</u> VS 2 n35 ("Damu in der Unterwelt").

<u>Lugalbanda-Epen</u>:
<u>Langdon</u> OECT 1 t19 ("Lugalbanda-Epos I", "L. und der Berg Ḫurrum",
"L. im Finstersten des Gebirges", "L., the wandering hero"). -- <u>Wilcke</u>
Lugalb. ("Lugalbanda-Epos II", z.T. zweisprachig überliefert).

<u>Sintflut</u>:
<u>Chiera</u> STVC n87B? -- <u>Poebel</u> PBS 5 n1.
Vgl. <u>Sollberger</u> JCS 21 279ff.

§ 64. Zweisprachige Mythen und Epen usw.

<u>Angim dimma</u>:
Bearbeitung durch Cooper vorgesehen (AnOr).
Hrozný MVAG 8/V 164ff.

<u>Mythos über Babel (?)</u>:
<u>Pinches</u> IV R² 18 n1.

<u>Enki und Ninmaḫ</u>:
<u>de Genouillac</u> TCL 16 n71 (von der zweispr. Fassung wenig erhalten).

Enlil und Ninlil I und II siehe §63.

<u>Fahrt der Nininsina/Ninkarrak von Isin nach Nippur</u>:
<u>Ebeling</u> KAR n15-16.

<u>Inanna's Erhöhung</u>:
<u>Ebeling</u> LKA n23? -- <u>Falkenstein</u> BiOr 9 88ff. -- <u>Hruška</u> ArOr 37 473ff.
-- <u>Langdon</u> RA 12 73ff. -- <u>Thureau-Dangin</u> RA 11 141ff.

<u>Lú-dingir-ra</u>:
<u>Civil</u> JNES 23 1ff. ("Message of Lú-dingir-ra to his mother", "Signale-
ment lyrique").

Lugalbanda-Epos I und II siehe §63.

<u>Lugale</u>:
Bearbeitung durch Zubizarreta vorgesehen (AnOr).
<u>Geller</u> Lugal-e.
Vgl. <u>Langdon</u> BE 31 n9.

Der Mondgott und die Dämonen:
<u>Thompson</u> CT 16 19-21.

Zweisprachige Schöpfungsmythen:
<u>Bezold</u> PSBA 10 418ff. K 4175+ + Thompson CT 18 47 80-7-19,184 (+) Meek
RA 17 189 82-3-23,146 ("zweispr."). -- <u>Borger</u> BiOr 30 176ff. (z.T. "zweispr." kosmogonisch). -- <u>Ebeling</u> KAR n4 ("zweispr."). -- <u>de Genouillac</u> TCL
16 n71 ("Enki und Ninmaḫ", von der zweispr. Fassung wenig erhalten). --
<u>King</u> CT 13 35-38 ("zweispr." Beschwörung bei Tempelbau, "The founding of
Eridu"). -- <u>King</u> STC II tXLIX-L (Anfang Enūma Anu Enlil, "zweispr.").

Die sieben Weisen:
<u>Reiner</u> OrNS 30 1ff. usw., siehe HKL II p195f.

Die Söhne von Nippur:
<u>Ebeling</u> LKA n76 Vs.

§ 65. Akkadische Mythen und Epen usw.

Cf <u>Jensen</u> KB 6/I, <u>Labat</u> Religions.

Adapa:
Bearbeitung durch Picchioni vorgesehen.
<u>Clay</u> BRM 4 n3. -- <u>Schroeder</u> VS 12 n194. -- <u>Strong</u> PSBA 16 274ff. --
<u>Thompson</u> EG t14 K 9220 (?) und t31 K 8743.
Unpubliziert K 9994 (W.Lambert)? K 10147 (cf Bezold ZA 9 405)? DT 227?
Vgl. <u>Gurney</u> STT II n176 (+) 185, <u>W.Lambert</u> AfO 17 321 K 5763, <u>Thompson</u>
AMT 52/1.
Cf Borger JNES 33 186 und 194.

(An)zû:
Cf <u>Civil</u> JAOS 92 271, <u>W.Lambert</u> OrNS 36 130, <u>Landsberger</u> WZKM 57 1ff.,
<u>Wilcke</u> Lugalb. p61ff.
<u>Ebeling</u> KAR n2?? -- <u>Ebeling</u> LKA n1. -- <u>Gurney</u> STT I n23 und 25. -- <u>King</u>
CT 15 39-40. -- <u>W.Lambert</u> CT 46 n26 (??) und 36-42. -- <u>Scheil</u> RA 35 14ff.

Atra-ḫasīs:
<u>W.Lambert</u> + <u>Millard</u> Atra-ḫasīs. -- <u>Nougayrol</u> Ugaritica V n167?

Dumuzi und Ištar:
<u>Ebeling</u> LKA n15.

Ea, Nabû und die sieben Weisen:
<u>Ebeling</u> LKA n146.

Enūma eliš:
Bearbeitung durch W.Lambert vorgesehen.
<u>King</u> CT 13 32 (Kommentar I). -- <u>King</u> STC I 176 Rm2 538 (Kommentar I)
und 189 K 10008 (ebenso); STC II tLI-LX (Kommentar II), tLXII Rm 395 und
tLXIII (beide Kommentar I). -- <u>Labat</u> Poème. -- <u>W.Lambert</u> + <u>S.B.Parker</u>
Enuma eliš. -- <u>Landsberger</u> + <u>Kinnier Wilson</u> JNES 20 154ff. (Tafel V). --
<u>Langdon</u> Epic of creation. -- <u>Meek</u> RA 17 169 K 11169 + Thompson CT 19 6 K
13614 (Kommentar II). -- <u>vSoden</u> ZA 47 1ff. (Tafel VI und VII).

Er(r)a:
<u>Cagni</u> Epopea + Erra-Epos. -- <u>Gössmann</u> Era.

Etana:
<u>Ebeling</u> AfO 14 298ff. -- <u>Ebeling</u> KAR n302?? -- <u>King</u> CT 13 31 K 8572. --
<u>King</u> CT 34 18 K 14788. -- <u>Kinnier Wilson</u> Iraq 31 8ff. -- <u>Kinnier Wilson</u>

JNES 33 237ff. 82-3-23,6? -- Langdon Babyl. 12 1ff.

"Flussbeschwörungen":
Caplice OrNS 34 130f. n11; OrNS 36 286ff. n31; OrNS 39 134ff. n40, 142
ff. n42, 148ff. n43; [OrNS 42 508ff.]. -- Ebeling KAR n64; n227 I 15ff.??
-- Ebeling LKA n114 und 125. -- Gray ŠRT tVII K 6034 Schluss?? -- Gurney
STT I n72 // II n251. -- King STC I 200f. -- Nougayrol RA 65 161ff. n3.

Gilgameš:
Th.Bauer JNES 16 254ff. -- Clay Old Babylonian version. -- vDijk Sumer
13 t12. -- vDijk Sumer 15 9f. n3. -- Ebeling KAR n115, 319 und 320. --
Falkenstein LKU n39 und 40. -- Gadd UET 6/II n394. -- Garelli Gilgameš
52ff. (W.Lambert) und 113ff. (Frankena). -- Goetze ʽAtiqot 2 121ff. (aus
Megiddo). -- Gurney STT I n14 und 15, auch II n112? und n363?? — Heidel
JNES 11 140ff. -- Köcher KUB 37 n128? -- W.Lambert CT 46 n16-35. --
Landsberger RA 62 128ff. K 9196. -- Langdon PBS 10/III. -- Meissner MVAG
7/I (+ W.Lambert CT 46 n16). -- Nougayrol Ugaritica V n167? -- Thompson
EG. -- Weidner AfO 10 363ff. -- Weidner KUB 4 n12. -- vWeiher ZA 62 222ff.
Vgl. Gurney AnSt 7 127ff.

"Die grosse Schlange":
Ebeling KAR n6.

Ištar's Höllenfahrt:
Ebeling KAR n1 (+) 288. -- Ebeling OrNS 18 30ff. -- King CT 15 45-48.

Ištar und Ṣaltu & Agušaja:
King CT 34 18 K 16686? -- Scheil RA 15 169ff. -- Zimmern VS 10 n214.

Labbu-Mythos:
King CT 13 33-34.

Der Mondgott und die Kuh Amat-Sîn:
vDijk OrNS 41 339ff. -- Ebeling KAR n196 = Köcher BAM III n248. -- W.
Lambert AS 16 283ff. -- W.Lambert Iraq 31 28ff. -- Thompson AMT 67/1. --
Weidner KUB 4 n13.

Die Mühsal Babylon's:
King STC II tLXXIII-LXXIV.

Nabû's Erhöhung:
Ebeling OrNS 17 t25-26.

Nergal und Ereškigal:
Gurney STT I n28, II n113-114. -- Knudtzon El-Amarna n357. -- vWeiher
Nergal 48ff. W 22246b.

Verschiedene Schöpfungsmythen:
Borger BiOr 30 176ff. (z.T. kosmogonisch). -- Craig ABRT I 18 DT 48
(II 2'ff. kosmogonische Beschwörung?). -- Gurney STT II n240 ("Rs." 5'ff.
kosmogonische Beschwörung). -- King CT 13 31 K 7067. -- King CT 13 34 DT
41. -- Köcher BAM IV n333 (kosmogonische Beschwörung). -- W.Lambert CT 46
n43 ("Theogonie von Dunnu"). -- Landsberger JNES 14 14ff. (kosmogonische
Beschwörung "The ergot"). -- Thompson AMT 8/1 usw. (IV 51ff. kosmogonische
Beschwörung "The ergot"). -- Thompson AMT 18/11 + 26/10 + 30/3, 23/6,
25/1 + 28/1 + 30/8 + 30/10 und 25/2 (enthalten kosmogonische Beschwörung
"Der Wurm"). -- Thompson AMT 28/1 (III Schluss zwei kosmogonische Be-
schwörungen). — Thompson AMT 38/2 + 42/4 (Kol. II kosmogonische Beschwö-
rung). -- Thompson CT 17 50 (kosmogonische Beschwörung "Der Wurm"). --
Thompson EG t17 K 10791? -- Weidner AfO 17 89 K 5981 usw. -- Weissbach
BMisc nXII (Z. 24ff. kosmogonische Beschwörung).
Siehe auch oben auf dieser Seite "Flussbeschwörungen".

Sintflut:
Siehe p62 Atra-ḫasīs und p63 Gilgameš. Es ist unsicher, zu welchem Epos

Nougayrol Ugaritica V n167 gehört.

    Unterweltsvision:
vSoden ZA 43 1ff.

    Uraš und Marduk:
Gadd UET 6/II n398.

    Das Urteil des Enmešarra:
Pinches PSBA 30 53ff. und 77ff.

    Verschiedenes:
Chiera SEM n117.
Ebeling KAR n2.
Figulla KBo 1 n13 (Katterḫe)?
Gadd UET 6/II n395 (Unterweltsmythos), 396, auch 397?
King CT 15 5-6 (Enlil)?
Köcher KUB 37 n139, mit 140-142?
Landsberger WZKM 57 10f. Anm. 46 Sm 1875?
Otten KBo 13 n39 (Katterḫe)?
Scheil RA 15 136f.?
Thompson AMT 27/6 + 44/1 + 84/4 (enthält z.T. mythologische Beschwörungen).
Thompson EG t59 p91f.?

    Historische Epen u.ä.:
Bauer IWA p72 K 5272 + K 8465, p73ff. K 2524, p78f. K 7673, p79 K 13731
sowie K 9482 und K 10054 (unpub.) enthalten nach Millard ein Assurbanipal-
Epos.
vDijk Sumer 13 t16-19 (Sargon von Akkad).
Ebeling KAR n299?
Ebeling MAOG 12/II usw. (Tukulti-Ninurta I.).
Falkenstein LKU n43 (Ur).
Figulla KBo 1 n11 (Belagerung von Uršu).
Finkelstein JCS 11 83ff. (Narām-Sîn).
Gadd UET 6/II n397?
Güterbock AfO 13 46ff. (Narām-Sîn).
Gurney AnSt 5 93ff. (Narām-Sîn und Annubanini).
Gurney STT I n43 (Salmanassar III.).
King CCEBK II 87ff. (Sargon von Akkad).
King CT 13 48 (Nebukadnezar I.).
King CT 34 15-16?
Knudtzon El-Amarna n358?
W.Lambert AfO 18 38ff. (Tukulti-Ninurta I., zu Ebeling MAOG 12/II).
W.Lambert AfO 20 161f. (Sargon von Akkad, zu Schroeder VS 12 n193).
W.Lambert BWL p296f. K 9952?
W.Lambert CT 46 n49 (+?) 50?
Nougayrol RA 45 169ff. (Sargon von Akkad).
Otten KBo 19 n98 (Narām-Sîn).
Pinches JTVI 29 43ff. Sp 158+ ("Kedorla'omer-Text").
Schroeder KAH II n143 (Adad-narari I. und Nazimaruttaš).
Schroeder VS 12 n193 (Sargon von Akkad).
G.Smith III R 38 n2 (Nebukadnezar I.?)?
S.Smith BHT p27ff. (Spottlied auf Nabonid).
Walker CT 51 n73 (Nebukadnezar I.?)?; ib n74?; ib n77 (Adad-šuma-uṣur).
Weidner AfO 20 113ff. (Adad-narari I. und Nazimaruttaš).

§ 66. Götterlisten.

    Bearbeitung durch W.Lambert vorgesehen. King CT 25 7 K 13665 und 46 K
7658 + 47 K 8222 sowie King STC I 165 K 8519 und 166 K 13337 demnächst

bei W.Lambert Enūma eliš (triple-column god list).
Für die Serie An siehe auch §92.
Cf Deimel Pantheon[1] und Pantheon[2].
Chiera SLT n8 Vs., 116-118, 121-124 und 125 Rs.
Deimel Inschr.Fara II n1-9, 23 und 24.
Dossin MDP 18 n5, 8 und 257.
vDriel Cult p74ff.
Ebeling KAR n142 (Siebenergruppen) und 325.
Ebeling OrNS 17 t41-48 (Götteradressbuch).
Ebeling TuL n2.
Förtsch MVAG 21 33ff.
Frankena Tākultu p1ff. und 23ff.; p122ff. (Götteradressbuch).
Gadd UET 6/II n411 (?) und 412.
de Genouillac TCL 15 n10.
Gurney STT I n88 (Tākultu); STT II n374-385.
Jordan Uruk-Warka t102.
King CT 24, CT 25 und CT 29 44-47.
King STC I 165 K 8519 uns 166 K 13337.
Köcher KADP n21 Rs. I'?
Köcher MIO 1 57ff. (Göttertypen).
W.Lambert CT 46 n53 (Siebenergruppen).
Landsberger MSL 4 3ff.
Loretz TCBTB I n75.
Luckenbill Adab n196.
Maynard JSOR 3 65ff. Kol. IV oben.
Meek RA 17 151 K 7604 rechts?
vdMeer MDP 27 n131ff. passim, n193, 232 und 286.
de Meyer Tell ed-Dēr I p55 und 58 n6.
Neugebauer Exact sciences[2] t14 Sp II 500.
Nougayrol RA 41 30ff. und 32ff.
Nougayrol Ugaritica V n18 (Panthéon d'Ugarit); n141?; n142?; n170 (Götter von Ugarit).
Otten Vokabular tV 774/z.
Pinches Festschrift Haupt 212ff. und 218f.
Pinches PSBA 33 94f. (Siebenergruppen).
Reiner Šurpu Tafel VIII.
Reisner SBH nIX?
Scheil RA 14 171ff. (Götteradressbuch).
Scheil SFS 40.
Schroeder KAV n48, 49 (?), 50-59, 60 (?), 61 (?), 64, 66 (?), 67 (?), 68, 69 (?), 70 (?), 71-73, 83, 147 (?), 148-150, 152 (?), 153, 154, 165, 172, 173, 177 und 179.
Schroeder ZA 31 110.
G.Smith III R 69 n3 (Siebenergruppen).
Sollberger Genava 26 62f.
Thompson CT 14 7 K 4206+ Vs.(!) (mythologische Schlangen).
Thompson CT 19 38 K 11228.
Walker CT 51 n83 Z. 4-7; n91?; n102 (Göttertypen??).
Weidner AfK 2 1ff. und 71ff.
Weissbach Neue Beiträge p758.

§ 67. Theologie.

Für die Serie i-nam-giš-ḫur-an-ki-a cf Hunger ZA 62 99ff.

Craig AAT 90 K 2892 (+ K 8397, cf Nougayrol RA 60 72)?
Ebeling KAR n54 (Götter und Tiere, zweispr.), 102 (Ninurta), 109 (Ba-U?), 125 (Vögel und Götter), 142 (Siebenergruppen), 304 (+) 337 (Marduk), 307 und 339a (??).

Ebeling LKA n16 (Nabû) und 71-73.
Falkenstein LKU n31 (Götterembleme) und 45 (ikkibu's der Götter).
C.Gordon SCT n110.
Gurney STT II n341 (Vögel und Götter) und 400.
King CT 15 43-44 K 3476 (Neujahrsfest)?
King CT 24 50 47406 (Marduk).
King CT 25 7 K 13665 ([Marduk]), 46 K 7658 + 47 K 8222 ([Marduk]), 47
Rm 483 (Ea), 48 (Ea), 49 (Deutungen zu Götternamen) und 50 (i-nam-giš-ḫur-
-an-ki-a, Zahlen der Götter).
King CT 26 50 K 11966 (Nergal).
King STC I 165 K 8519 ([Marduk]-Theologie) und 166 K 13337 (ebenso);
ib 215 und 216f. (astralmythologische Kommentare); STC II tLXI-LXII (Mar-
duk-Theologie) und tLXVII-LXXII (astralmythologische Kommentare).
Köcher AfO 17 131ff. (Deutungen des Tempelnamens Esangila).
Köcher MIO 1 57ff. (Göttertypen).
Labat CBII p196f. §105 (Monate und Götter).
W.Lambert AfO 17 310ff. usw. (theologischer Kommentar).
W.Lambert AfO 17 321 K 5763 (theologischer Kommentar).
W.Lambert CT 46 n43; n51 (Götter und Heiligtümer); n52 (Gula); n53
(Siebenergruppen); n55 (Maße des Universums).
W.Lambert JCS 10 100 DT 184?
Langdon PBS 10/IV n12.
Leeper CT 35 39 91-5-9,152?
Legrain PBS 13 n60 (Götter mit ihren Emblemen?)?
Macmillan BA 5/V nXVII (Enlil).
Nougayrol RA 41 30ff. und 32ff.
Pinches PSBA 33 94f. (Siebenergruppen).
Pinches V R 43 (Nabû und Marduk); ib 46 n1.
Postgate ZA 60 124ff. (politisch-mythologischer Kommentar).
Reiner JNES 33 221ff. (Nanâ).
Reisner SBH nVIII?
Schroeder KAV n56 (?); 154; 177 (Gula).
G.Smith III R 2 nXXII (i-nam-giš-ḫur-an-ki-a); 53 n2; 55 n3; 69 n3
(Siebenergruppen).
vSoden ZA 51 130ff. und 52 224ff. (politisch-mythologische Kommentare).
Strassmaier ZA 6 241ff.
Thompson CLBT p29ff. und t1 AB 249?; p35 und t3-4 B 4 + D 4?
Thompson CT 14 7 K 4206+ Vs.(!) (mythologische Schlangen); 38 K 14081
(Pflanzen und Götter).
Thureau-Dangin RA 16 144ff. (Nabû).
Thureau-Dangin TCL 6 n12.
Walker CT 51 n102 (Göttertypen??); 109 (theologischer Kommentar?)?;
214 (Marduk, Enbilulu).
Weidner Babyl. 6 8ff. (i-nam-giš-ḫur-an-ki-a).
Weidner Gestirn-Darstellungen p39f., 41ff. und 45ff.
Zimmern BBR II n24 + 25 und 27.
Zimmern Neujahrsfest I 131 91-5-9,104 (Neujahrsfest)?

Für Kommentar I zu Enūma eliš siehe oben p62.

§ 68. Priesterlisten.

Schroeder KAV n26.
Schroeder VS 15 n1?

§ 69. Sumerische und zweisprachige Hymnen und Gebete.

Für diesen Paragraphen wurde Vollständigkeit nicht angestrebt.
Siehe auch §70.

Cf im allgemeinen <u>Falkenstein</u> SAHG und ZA 49 80ff.

Für die Gebete u.ä. auf kassitischen Siegeln siehe <u>Limet</u> Légendes p63-77, 80-93, 102-109 und 116-118 (im Folgenden nicht berücksichtigt).

Am-an-ki siehe Enki.

<u>An.</u>

> <u>Clay</u> BRM 4 n8 (zweispr.). — <u>Sjöberg</u> ZA 63 1ff. n7? — <u>Thureau-Dangin</u> RAcc p108ff. (zweispr.). — <u>Thureau-Dangin</u> TCL 6 n53 (zwei-spr.).

<u>Aruru.</u>

> <u>Langdon</u> PBS 10/II n2. — <u>Maynard</u> JSOR 3 14ff. — <u>Scheil</u> RA 17 45ff. — <u>Speleers</u> RIAA n189 (Dingir-maḫ = Aruru) und 203 (?). — <u>Zimmern</u> VS 10 n173?

<u>Aššur.</u>

> <u>Cooper</u> Iraq 32 53f. (zweispr.). — <u>Ebeling</u> KAR n130 (+) 131 ("zweispr.", Aššur-Enlil?)?; n359 (Aššur-Enlil). — <u>Ebeling</u> LKA n33 (Aššur-Enlil).

<u>Ba-Ú.</u>

> <u>Chiera</u> STVC n36. — <u>Gadd</u> CT 36 39-40. — <u>Gadd</u> UET 6/I n72. — <u>King</u> CT 15 22. — <u>Langdon</u> BL n8ter. — <u>Langdon</u> PBS 10/II n14. — <u>Zimmern</u> VS 2 n2.

<u>Damgalnunna.</u>
> <u>Kramer</u> SLTN n65.

<u>Damu.</u>

> Siehe auch Dumuzi.
> <u>Gadd</u> UET 6/I n95.

<u>Dingir-maḫ.</u>
> <u>Speleers</u> RIAA n189 (Dingir-maḫ = Aruru).

<u>Dumuzi.</u>
> Siehe auch §63 Inanna-Dumuzi-Texte.
> <u>Chiera</u> SEM n90 und 91. — <u>Frank</u> Kultlieder. — <u>de Genouillac</u> TCL 15 n8. — <u>King</u> CT 15 18-21 und 26-30. — <u>Kramer</u> SLTN n38. — <u>Langdon</u> BE 31 n13, 43 (?) und 46. — <u>Langdon</u> OECT 6 tXV (zweispr., Damu bzw. Dumuzi). — <u>Macmillan</u> BA 5/V nXXX (zweispr., Damu bzw. Dumuzi). — <u>Pinches</u> CT 44 n13. — <u>Pinches</u> Manchester memoirs 48 n25. — <u>Pinches</u> IV R² 27 n1 (zweispr., Damu bzw. Dumuzi) und 30 n2 (ebenso). — <u>Radau</u> BE 30/I. — <u>Scheil</u> RA 8 169ff. — <u>Witzel</u> Tammuz (zahlreiche hier bearbeitete Texte schwerlich einschlägig). — <u>Zimmern</u> Tamūz-lieder. — <u>Zimmern</u> VS 2 n1, 26, 27, 32, 34 und 45.

<u>Enki.</u>

> <u>Ebeling</u> LKA n118 (sum. Abschnitt). — <u>Gadd</u> CT 36 31-32. — <u>Hallo</u> JAOS 88 82ff. (letter-prayer). — <u>Koldewey</u> Tempel p31 f43-44 (zwei-spr.). — <u>Kramer</u> ISETP I 95 Ni 4105. — <u>Langdon</u> BL n150 (zweispr.). — <u>Sjöberg</u> ZA 63 1ff. n2, auch n7? — <u>Zimmern</u> VS 2 n66 und 67.

<u>Enlil.</u>

> <u>Chiera</u> SRT n11. — <u>Civil</u> JAOS 88 3ff. — <u>Ebeling</u> KAR n9 (zwei-spr.); 99; 375 (zweispr.). — <u>Falkenstein</u> SGL I n1. — <u>Figulla</u> CT 42 n12, 21 und 26. — <u>Gadd</u> CT 36 26-27. — <u>Gadd</u> UET 6/I n96-97. — <u>de Genouillac</u> TCL 15 n18, 22 und 27 (Nunamnir). — <u>King</u> CT 15 10; 11-12 29644?; 12-13 29623. — <u>Kramer</u> ISETP I 61 Ni 4121 und 176 Ni

9642. -- <u>Langdon</u> BL n14 und 63. -- <u>Langdon</u> PBS 10/IV n5. -- <u>Langdon</u> RA 16 207f. Nies 1315 (Duplikate zweispr.). -- <u>Macmillan</u> BA 5/V nVI (? zweispr.) und nXXIII (zweispr.). -- <u>Myhrman</u> PBS 1/I n8. -- <u>Nöt-scher</u> Ellil 96ff. (zweispr.). -- <u>Pinches</u> IV R² 21* n2 (zweispr.) und 23 n1 (zweispr.). -- <u>Reisner</u> SBH n29 (zweispr.) und nI (zweispr.). -- <u>Thureau-Dangin</u> TCL 6 n55 und 56. -- <u>Zimmern</u> VS 2 n5-25, 33 und 61; VS 10 n101-115.

<u>Er(r)a.</u>
    <u>Macmillan</u> BA 5/V nX (zweispr., Era/Nergal).

<u>Gilgameš.</u>
    <u>Kramer</u> SLTN n79 Z. 49-62.

<u>Gir(r)a.</u>
    <u>Pinches</u> IV R² 14 n2 (zweispr.). -- <u>Tallqvist</u> Maqlû II 95 K 3896 (zweispr.)?

<u>Gula.</u>
    <u>Ebeling</u> KAR n100 (zweispr.). -- <u>Ebeling</u> LKA n22 (zweispr.). -- <u>Figulla</u> CT 42 n7. -- <u>Gadd</u> CT 36 41-42. -- <u>Macmillan</u> BA 5/V nXI (zweispr.). -- <u>Thompson</u> AMT 82/1 (zweispr.).

<u>Haia.</u>
    <u>Gadd</u> UET 6/I n101.

<u>Hendursagga.</u>
    <u>Bernhardt</u> TMH NF 3 n22-23. -- <u>Kramer</u> ISETP I 187 Ni 9538?

<u>Inanna/Innin.</u>
    Siehe auch §63 Inanna-Dumuzi-Texte.
    Für é-éš-dam siehe §72.
    <u>Bernhardt</u> TMH NF 4 n85? -- <u>Chiera</u> SRT n1, 5, 9 Z. 1-21, 31, 36 und 46. -- <u>Delitzsch</u> AL³ 134ff. (zweispr.). -- <u>vDijk</u> Sumer 13 t7. -- <u>Ebeling</u> KAR n100 (zweispr.). -- <u>Ebeling</u> LKA n23 (? zweispr.) und 37 (? zweispr.). -- <u>Falkenstein</u> ZA 52 58ff. -- <u>Figulla</u> CT 42 n12 und 16. -- <u>Frank</u> Kultlieder. -- <u>Gadd</u> CT 36 28-30, 33-34 und 35-38. -- <u>Gadd</u> UET 6/I n100. -- <u>de Genouillac</u> TCL 15 n16 (zweispr.); TCL 16 n97. -- <u>Hallo</u> Exaltation. -- <u>Haupt</u> ASKT n21 (zweispr.). -- <u>King</u> CT 15 24-25. -- <u>Kramer</u> ISETP I 82 Ni 4171, 90 Ni 2461, 221-222 L 1492, 227 L 1501 (?). -- <u>Kramer</u> SLTN n63? -- <u>Kramer</u> TAD 8/II tXXVIII und XXIX Ni 4563. -- <u>Langdon</u> BE 31 n12, 17, 30 = Kramer JAOS 60 257 (? zweispr.). -- <u>Langdon</u> PBS 12/I n39. -- <u>Macmillan</u> BA 5/V nXLV (zwei-spr.)? -- <u>Meek</u> BA 10/I n41 (zweispr.), 42 (zweispr.), 44 (? zwei-spr.). -- <u>Pinches</u> PSBA 17 64ff. (zweispr.). -- <u>Pinches</u> IV R² 19 n3 (zweispr.) und 29** n5 (zweispr.). -- <u>Radau</u> BE 30/I n12. -- <u>Radau</u> Festschrift Hilprecht n20-21 (Textvertreter z.T. zweispr.). -- <u>Reisner</u> SBH n31 (zweispr.), 53 (zweispr.), 55 (zweispr.) und 56 (zweispr.). -- <u>Witzel</u> Tammuz. -- <u>Zimmern</u> Tamûzlieder. -- <u>Zimmern</u> VS 2 und 10 passim.

<u>Iškur.</u>
    <u>vDijk</u> VS 17 n40. -- <u>Figulla</u> CT 42 n10. -- <u>King</u> CT 15 15-16 29631. -- <u>Langdon</u> BL n13 (zweispr.). -- <u>Laroche</u> RA 58 69ff. (drei-spr.). -- <u>Pinches</u> IV R² 28 n2 (zweispr.). -- <u>Zimmern</u> VS 2 n74; VS 10 n153?

<u>Lugal(g)irra und Meslamtaea.</u>
    <u>Sjöberg</u> Orientalia Suecana 19/20 140ff. n1 und 1a.

Lú-làl.
> Radau Festschrift Hilprecht n5.

Madānu (DI-KUD).
> Reisner SBH n30 (zweispr.).

Mard/tu.
> Chiera SRT n8. -- Zimmern VS 2 n75-77.

Marduk - Asalluhi.
> Caplice OrNS 36 286ff. n31 und 294ff. n32 (zweispr. bzw. sum.).
> -- Cooper Iraq 32 57ff. (zweispr.). -- vDijk MIO 12 57ff. -- Falken-
> stein LKU n10 // Reisner SBH n45 (zweispr.) und LKU n19 Vs. (zwei-
> spr.). -- Gadd UET 6/I n69. -- de Genouillac TCL 16 n81. -- Gurney
> STT II n155 (zweispr.). -- Hehn BA 5 279ff. nVIII (zweispr.) und
> nXXIII (zweispr.). -- King STC I 180 (zweispr.). -- W.Lambert Fest-
> schrift Böhl 275ff. (zweispr., Wagen Marduk's). -- Meek BA 10/I n43
> (zweispr.)? -- Pinches IV R² 18 n1 (? zweispr.), 20 n1 (zweispr.),
> 26 n4 Vs. (zweispr.) und 29 n1 (zweispr.). -- Reisner SBH n30 (zwei-
> spr.). -- Thureau-Dangin RAcc p129f. (z.T. zweispr.); p132 Z. 160ff.
> (z.T. zweispr.); p134 (z.T. zweispr.); p137f. (teils sum., teils
> akk.). -- Walker CT 51 n105 (zweispr.) und 189 (zweispr.).

Mullil siehe Enlil.

Nabû - Muzibbasâ.
> W.Lambert Festschrift Albright 1971 335ff. (zweispr.). -- Langdon
> Festschrift Gaster 335ff. (zweispr.). -- Langdon OECT 6 tXVII K 5226
> (zweispr.). -- Meek BA 10/I n18 (zweispr.) und 19 (zweispr.). --
> Peiser UDBD p4f. P 92 (zweispr.). -- Pinches IV R² 14 n3 (zweispr.)
> und 20 n3 (zweispr.). -- Reisner SBH n12 (zweispr.).

Na-na-a.
> Hallo BiOr 23 242ff. -- Reiner JNES 33 221ff. ("zweispr.").

Nanna - Sîn/Suen.
> Cf Sjöberg Mondgott I.
> Barton MBI n12. -- Bernhardt TMH NF 4 n7 (z.T. zweispr.). --
> Chiera SRT n9 Z. 22-82. -- Falkenstein LKU n22 (zweispr.). -- Fi-
> gulla CT 42 n9. -- Gadd UET 6/I n67, 68 und 98. -- de Genouillac
> FT II tLIII TG 2777. -- de Genouillac TCL 15-16 n17 und TCL 15 n30.
> -- King BMS n26 Z. 1-3 (10) (sum.? vom Gebet nur ein Zeichen erhal-
> ten). -- Kramer ISETP I 96-97 Ni 2781 und 167 Ni 4600. -- Kramer
> SLTN n58. -- Langdon PBS 10/IV n7. -- Meek BA 10/I n3 (? zweispr.),
> 33 (zweispr.) und 36 (zweispr.). -- Pinches IV R² 9 (zweispr.). --
> Reisner SBH n24 (zweispr.). -- Sjöberg Mondgott I n3 (zweispr.). --
> Sjöberg Orientalia Suecana 19/20 140ff. n2-5. -- Sjöberg ZA 63 1ff.
> n4-6. -- S.A.Smith MAT t11-12. -- Zimmern VS 2 n1, 4, 68 und 75.

Nanše.
> Civil Iraq 23 154ff. (The home of the fish)? -- Kramer SLTN n67-
> 68. -- Radau Festschrift Hilprecht n22 (Nanše and the birds). --
> Scheil RA 15 127ff. -- Zimmern VS 10 n199 III 42 - IV 23.

Nergal.
> Chiera SRT n12. -- Chiera STVC n73. -- de Genouillac TCL 15 n23
> und 26. -- Haupt ASKT n20 (zweispr.). -- King CT 15 14. -- Kramer
> ISETP I 71 Ni 9501. -- Langdon BL n195 Z. "10-39". -- Macmillan BA
> 5/V nX (zweispr., Era/Nergal). -- Pinches IV R² 24 n1 (zweispr.),

26 n1 (zweispr.) und 30 n1 (? zweispr.). -- <u>Weidner</u> KUB 4 n41
(rechts zweispr. Hymnus auf Nergal?)? -- <u>Zimmern</u> ZA 31 111ff. (ein
Exemplar zweispr.).

<u>Ninazu</u>.
>   <u>Legrain</u> PBS 13 n41.

<u>Nin-BÅD(?) bzw. Nin-EZEN(?)</u>.
>   <u>Gadd</u> UET 6/I n73. -- <u>Kramer</u> SLTN n85?

<u>Nin-Girgilum</u>.
>   <u>King</u> CT 15 23.

<u>Ningirsu</u>.
>   <u>Ebeling</u> KAR n97 (zweispr.). -- <u>Frank</u> StrKT n3 (mit akk. Glossen).

<u>Ningizzida</u>.
>   <u>Gadd</u> UET 6/I n70. -- <u>de Genouillac</u> TCL 15 n25.

<u>Nin-imma$_x$(SIG$_7$)</u>.
>   <u>Kramer</u> ISETP I 74 Ni 4233.

<u>Nini(n)sina</u>.
>   <u>Chiera</u> SEM n74 (Gottesbrief) und 100. -- <u>Chiera</u> SRT n6-7. --
>   <u>Chiera</u> STVC n61. -- <u>Edzard</u> JCS 16 78f. n44. -- <u>Gadd</u> UET 6/I n96-97;
>   UET 6/II n188. -- <u>Kramer</u> ISETP I 113 Ni 9495.

<u>Ninkasi</u>.
>   <u>Civil</u> Festschrift Oppenheim 67ff.

<u>Ninlil</u>.
>   <u>Langdon</u> BE 31 n4. -- <u>Wilcke</u> AfO 24 6ff. n2.

<u>Ninšubur</u>.
>   <u>Gadd</u> UET 6/I n74. -- <u>Langdon</u> BL n195 Z. 1-9 und "40-47".

<u>Nintinugga</u>.
>   <u>Ali</u> Sum. letters 144ff. B:18. -- <u>Kramer</u> SLTN n131 Rs. II?

<u>Nintu</u>.
>   <u>Bernhardt</u> TMH NF 4 n86.

<u>Ninurta</u>.
>   <u>Chiera</u> STVC n34 und 35. -- <u>Ebeling</u> KAR n305. -- <u>Figulla</u> CT 42
>   n12 und 24. -- <u>de Genouillac</u> TCL 15 n7 und 19. -- <u>Kramer</u> ISETP I
>   100-101 Ni 9695. -- <u>Kramer</u> SLTN n61 und 62. -- <u>W.Lambert</u> BWL p118ff.
>   (zweispr.). -- <u>Radau</u> BE 29/I n1, 4, 5, 11, 12 (?). -- <u>Reisner</u> SBH
>   n18 (zweispr.) und 19 (zweispr.). -- <u>Weidner</u> KUB 4 n26B? -- <u>Zimmern</u>
>   VS 10 n197 ("Die Felder Ninurta's").

<u>Nis/daba</u>.
>   <u>Hallo</u> CRRA 17 123ff. ("The blessing of Nisaba by Enki"; zwei
>   Exemplare zweispr.). -- <u>Kramer</u> ISETP I 220 L 1489. -- <u>Langdon</u> OECT
>   1 p39ff. -- <u>Zimmern</u> VS 2 n65.

<u>Numušda</u>.
>   <u>vDijk</u> VS 17 n38.

<u>Nungal</u>.

Ebeling LKA n21 (zweispr.)? -- Gadd UET 6/I n75? -- Sjöberg AfO 24 19ff.

Nusku.

Chiera STVC n37. -- Goetze JCS 4 138f. -- Kramer ISETP I 111 Ni 4428, auch 201 Ni 9789? -- Sjöberg ZA 63 1ff. n3.

Pabilsag.

Bernhardt TMH NF 4 n52? -- Legrain PBS 13 n44.

Sadarnunna.

Sjöberg JAOS 93 352f.

Sumugan siehe Nungal.

Šulpae.

Falkenstein ZA 55 11ff.

Utu - Šamaš.

Siehe auch §87 bīt rimki.

Borger JCS 21 1ff. (und ZA 61 84ff.; zweispr.). -- Castellino OrAnt 8 1ff. -- Cooper ZA 62 65ff. (zweispr.). -- Ebeling KAR n252 (zweispr.). -- Falkenstein LKU n25 (? zweispr.) und 29 (? zweispr.). -- Falkenstein UVB 15 36ff. (zweispr.). -- Gadd UET 6/II n182 (Gottesbrief). -- Gray ŠRT tIX K 9380 (zweispr.)? -- Kramer ISETP I 114 Ni 4450. -- Kramer SLTN n149 Rs. 9-11. -- W.Lambert BWL t73 VAT 8573 Rs. 6f. (zweispr.). -- Langdon Babyl. 3 75ff. -- Langdon OECT 6 tXVIII K 4615 (zweispr.). -- Macmillan BA 5/V nXXXVII (zweispr.). -- Meek BA 10/I n1 (zweispr.). -- vdMeer MDP 27 n287? -- Pinches IV R² 18* n5 = add. p4a (enthält zweispr. Gebete) und 19 n2 (zweispr.). -- Reisner SBH n23 (zweispr.). -- Weidner KUB 4 n11 (zweispr.). -- Winckler KGV 59f. (zweispr.). -- Wiseman AT n453 (zweispr.), auch n453a?? -- Zimmern VS 2 n69-73; VS 10 n148-152 und 211.

Zarpanitu - Kúr-nun-an-ki.

Pinches IV R² 26 n4 Rs. -- Thureau-Dangin RAcc 138f. (teils sum., teils akk.).

Verschiedenes, nicht Einzuordnendes, Allgemeines.

Barton MBI n5.
Bernhardt TMH NF 4 n17, 49 + 88, 50 und 56.
Bielitz OrNS 39 152ff.
Chiera STVC n30, 32, 39, 40 und 41 (?).
Clay BRM 4 n9 (zweispr.).
Cooper Iraq 32 54f. und tXIV (zweispr.).
Craig ABRT I 19ff. + Langdon BL n72.
Craig ZA 10 276.
Cros NFT 198ff.
vDijk Sumer 11 110 n5 tVII.
vDijk Sumer 13 t8 und t14 B.
vDijk TLB 2 n1 und 6.
vDijk VS 17 n45 (?), 47 (?), 48, 51, 52, 53 (zweispr.), 54 (zweispr.), 55 (zweispr.), 56 (zweispr.) und 58 (zweispr.).
Ebeling KAR n296 (zweispr.)?
Ebeling LKA n34.
Falkenstein LKU n9 (zweispr.), 13 (+?) 14 (zweispr.), 16 (zweispr.) und 17 (zweispr.).
Figulla CT 42 passim; n17 zweispr.

Frank Kultlieder (Textbearbeitungen).
Frank StrKT n2.
Frank ZA 40 81ff. (zweispr.).
Gadd CT 36 43-44, 45-46 und 47-50.
Gadd UET 6/II n140, 189 (?), 191 und 200-207.
de Genouillac PRAK I-II passim.
de Genouillac TCL 15-16 passim.
Gurney STT II n186 (? zweispr.), 191 (zweispr.), 196 (? zwei-
spr.) und 224 (zweispr.).
  Jacobsen JCS 8 82ff. 10051, 10091 (?) und 10050.
  King CT 15 7-9.
  Kramer Expedition 1/III 2f.
  Kramer ISETP I 118-119 Ni 4569 Kol. II und Kol. III 1-23, 179 Ni
9726, 209 Ni 13237 und 226 L 1500.
  Kramer SLTN n131 Rs. II und n150 (?).
  Langdon BE 31 passim.
  Langdon BL passim; zweispr. n8, 9, 11, 13, 16, 84, 87, 134, 164,
166, 168, 176, 182, 185, 188, 192 + 193, 198, 204, 205 und 207.
  Langdon OECT 6 p67f. tXIV 81-7-27,66 (zweispr.), tIV K 4897
(zweispr.), tIV K 4884 (zweispr.), tIV K 4948 (? zweispr.), tXV K
5208 (zweispr.), tXVI K 3228 (zweispr.), tXVIII K 4652 (? zweispr.)
tXX K 5028 (zweispr.), tXXI K 5983 (zweispr.), tXXII K 3264, tXXV
Rm2 151 (zweispr.) und tXXVII K 3301 (zweispr.).
  Langdon PBS 10/II n12, 13 und 17.
  Langdon PBS 12/I n33?
  Langdon SBP (Textbearbeitungen).
  Legrain PBS 13 n51.
  Lutz PBS 1/II n125 (zweispr.) und 130 (?).
  Macmillan BA 5/V nXII (zweispr.), nXIX, nXXXII und nLX (zwei-
spr.).
  Meek BA 10/I passim (zweispr.).
  Myhrman PBS 1/I n3 (?).
  Pinches CT 44 n17 (zweispr.).
  Pinches IV R² 11 (zweispr.), 24 n2 (zweispr.), 26 n2 (zweispr.),
26 n3 (zweispr.), 27 n1 (zweispr.), 27 n4 (zweispr.), 28* n4 (zwei-
spr.), 30 n1 (zweispr.) und 30 n2 (zweispr.).
  Pinches V R 52 n1 (zweispr.).
  Radau Festschrift Hilprecht n3, 13 und 14.
  Reisner SBH passim (zweispr.).
  Schollmeyer OLZ 13 539 Sm 1325 (zweispr.).
  Tallqvist Maqlû II 95 K 3896 (zweispr.)?
  Thureau-Dangin RA 19 175ff. (La passion du dieu Lillu).
  Thureau-Dangin RA 33 103ff. (zweispr.).
  Thureau-Dangin RAcc p142 (teils sum., teils akk.).
  Walker CT 51 n109 (zweispr.)?
  Weidner KUB 4 n26 B usw.
  Winckler Untersuchungen 156 n6 Rs. (zweispr.)?
  Witzel Tammuz (Textbearbeitungen).
  Zimmern VS 2 und 10 passim; 2 n89 zweispr.

§ 70. Sumerische und zweisprachige Busspsalmen.

Cf Langdon RA 22 119ff.

Caplice OrNS 36 286ff. n31 und 294ff. n32 (zweispr. bzw. sum., Asalluḫi).
  vDijk VS 17 n35 (zweispr.)?
  Ebeling KAR n73 Rs. (zweispr., Gula?) und n161 (zweispr.).
  Ebeling LKA n21 (zweispr., Nungal?).

Gray ŠRT tXIII K 4795 (Utu).
Haupt ASKT n15 (zweispr.) und n18 (zweispr.).
W.Lambert JNES 33 288ff. (zweispr.) und 291ff.
Langdon BL n48, 58 (?), 64, 74 (Iškur), 149 (zweispr.), 152, 183 und 208 (zweispr., Enlil?).
Langdon OECT 6 passim zweisprachige Busspsalmen, mehrere Texte von Langdon nur in Kopie publiziert; p13f. [Enlil], p15ff. Rs. Enlil, p29ff. A-a, tXXV K 3131 Gašan-an-na / Ištar.
Langdon PBS 10/II n3 (Mard/tu),
Macmillan BA 5/V nXIII (? zweispr.) und nXXV (zweispr.).
Meek BA 10/I n15 (? zweispr.), 16 (zweispr.), 31 (? zweispr.), 33 (? zweispr., Sîn), 34 (zweispr.), 39 (zweispr.), 40 (zweispr.) und 43 (? zweispr., Asalluḫi / Enbilulu erwähnt).
Pinches CT 44 n14; n24 (zweispr.).
Pinches IV R² 10 (zweispr.), 19 n3 (zweispr., Inanna), 21* n2 (zweispr., Enlil), 22 n2 (zweispr.), 24 n3 (zweispr.), 26 n1 (zweispr., Nergal) und 29** n5 (zweispr., Inanna / Ištar).
Reisner SBH n30 (zweispr.; Madānu, Marduk).
Tallqvist Maqlû II 95 K 3896 (zweispr.; Gira?)?
Zimmern VS 10 n179 (zweispr.).

§ 71. Sumerische Königshymnen und -gebete.

Cf Falkenstein ZA 50 61ff., Hallo JCS 17 112ff., Klein Šulgi D p23ff., Reisman Two Neo-Sumerian royal hymns p12ff. und Römer SKI.

Abi-ešuḫ.
     vDijk MIO 12 57ff. -- de Genouillac TCL 16 n81.

AN-àm.
     Falkenstein BagM 2 80ff.

Būr-Sîn.
     Hallo BiOr 23 246f. -- Radau BE 29/I n1 III 37 - IV 38.

Damiq-ilišu.
     Kramer ISETP I 111 Ni 4428.

Enlil-bāni.
     Kramer SLTN n87. -- Langdon OECT 1 p11ff.

Gudea.
     Chiera STVC n36.

Gungunum.
     Sjöberg ZA 63 1ff. n4.

Hammurapi.
     vDijk TLB 2 n3. -- de Genouillac TCL 16 n61. -- King LIH n60 (zweispr.). -- Kramer ISETP I 111 Ni 4225 und 112 Ni 4577. -- Sjöberg Festschrift Widengren I 58ff. -- Zimmern VS 10 n209, auch 210?

Ibbi-Sîn/Suen.
     Sjöberg Orientalia Suecana 19/20 140ff. n1-5.

Iddin-Dagan.
     Chiera SRT n1. -- de Genouillac TCL 16 n88 (ein Duplikat zweispr.). -- Kramer SLTN n85.

Isbi-Erra.
>   Chiera STVC n61-63. -- Hallo BiOr 23 242ff. -- Kramer ISETP I 187
>   Ni 9784, 202 Ni 9981 (?), 202 Ni 9977 (?) und 210 Ni 9901. -- Lang-
>   don OECT 1 t36-39. -- Pinches IV R² 35 n7.

Isme-Dagan.
>   Chiera SRT n13 Rs. und 36. -- Chiera STVC n73. -- Civil JAOS 88
>   3ff. -- Gadd UET 6/I n95? -- de Genouillac TCL 15 n9, 18 und 22;
>   TCL 16 n97. -- Kramer ISETP I 95 Ni 4105, 95 Ni 4391, 96-97 Ni 2781
>   und 136 Ni 4157 (?). -- Langdon BL n196 (ganz oder nur die Rs.?). --
>   Langdon PBS 10/II n14. -- Sjöberg ZA 63 1ff. n2 und 3. -- Zimmern
>   VS 10 n200.

Lipit-Istar.
>   Chiera STVC n75 ("Lipit-Istar und der Pflug"). -- Gadd UET 6/I
>   n88 und 96-97. -- de Genouillac TCL 16 n48 und 87. -- Kramer ISETP
>   I 100-101 Ni 9695, 105 Ni 4051, 194 Ni 9893 (?). -- Zimmern VS 10
>   n199 I 1-II 8.

Nebukadnezar I.
>   Pinches IV R² 20 n1 (zweispr.)?

Rīm-Sîn.
>   Gadd UET 6/I n90 (+?) Sollberger UET 8 n88; UET 6/I n91, 92 (?)
>   und 100-106. -- de Genouillac TCL 15 n35?

Samsu-iluna.
>   de Genouillac TCL 16 n43. -- Langdon PBS 10/II n11. -- Sjöberg
>   JAOS 93 544ff.

Sargon II.
>   Wiseman Iraq 15 147 ND 3474 (zweispr.)?

Sîn-idinnam.
>   Gadd UET 6/I n98 und 99.

Sîn-iqīsam.
>   vDijk VS 17 n38.

Sîn-sarru-iskun.
>   Cooper Iraq 32 57ff. (zweispr.).

Šu-ilīšu.
>   Chiera SRT n12. -- Chiera STVC n65 IV 12-V.

Šulgi.
>   Barton MBI n3. -- Bernhardt TMH NF 4 n11. -- Castellino Two
>   Šulgi hymns. -- Chiera SRT n13 Vs., 15, 55, 57 und 60. -- vDijk
>   TLB 2 n2. -- Falkenstein ZA 50 61ff. -- Figulla CT 42 n40. -- Gadd
>   CT 36 26-27. -- Gadd UET 6/I n83 und 93-94. -- de Genouillac TCL 15
>   n32. -- Kramer ISETP I 82 Ni 4171, 83 Ni 4420, 84 Ni 9692, 85 Ni
>   4134, 86 Ni 4511, 88 Ni 9625, 149 Ni 4385, 184 Ni 9783, 192 Ni 9880
>   und 208 Ni 13227 (zweispr.). -- Kramer SLTN n76, 79 und 80. --
>   Langdon BE 31 n4 und 24. -- Langdon BL n195 Z. "10-39". -- Langdon
>   PBS 10/II n7. -- Legrain PBS 13 n29? -- Myhrman PBS 1/I n11? --
>   Radau BE 29/I n1 III 1-36? -- Radau Festschrift Hilprecht, n1.

Šu-Sîn/Suen.
>   Bernhardt TMH NF 4 n12. -- Chiera SRT n23. -- Chiera STVC n65

III - IV 11. — <u>Kramer</u> ISETP I 90 Ni 2461. — <u>Radau</u> BE 29/I n1 I - II.

<u>Tukulti-Ninurta I.</u>
<u>Ebeling</u> KAR n128-129 ("zweispr.").

<u>Ur-Nammu.</u>
<u>Chiera</u> SRT n11. — <u>de Genouillac</u> TCL 15 n12. — <u>Hallo</u> JCS 20 139ff. — <u>Kramer</u> ISETP I 177 Ni 4375 (?) und 224-225 L 1499. — <u>Pinches</u> CT 44 n16. — <u>Poebel</u> PBS 5 n40?

<u>Ur-Ninurta.</u>
<u>vDijk</u> Sumer 11 110 n9 tXIII-XV? — <u>vDijk</u> VS 17 n40. — <u>Falkenstein</u> ZA 52 58ff. — <u>Gadd</u> CT 36 28-30 und 31-32. — <u>de Genouillac</u> TCL 15 n19. — <u>Zimmern</u> VS 10 n199 II 9 - III 7.

<u>Zuweisung unsicher.</u>
<u>Bernhardt</u> TMH NF 4 n47, auch n57?
<u>Gurney</u> STT II n186 (? zweispr.) und 196 (? zweispr.).
<u>Kramer</u> ISETP I 113 Ni 9496, 115 Ni 4408, 116 Ni 4417 (?) und 174 Ni 9606 (?).
<u>Langdon</u> BL n196 Z. 1-11?
<u>Poebel</u> PBS 5 n76?

§ 72. Sumerische Lieder auf Tempel und Städte.

<u>Biggs</u> ZA 61 193ff. (Keš).
<u>Ebeling</u> KAR n8 (zweispr., Babel).
<u>Gadd</u> UET 6/I n117 (zweispr., Tempel des Ninšubur) und 118 (Nippur).
<u>Kramer</u> RSO 32 95ff. (Ekur).
<u>Kramer</u> SLTN n79 Z. 1-28 (Heiligtum in Ur).
<u>Langdon</u> OECT 1 t1-4 (Enki-Tempel in Eridu).
<u>Langdon</u> OECT 1 p16ff. t13-16 III 5 - IV 18 (é-éš-dam).
<u>Poebel</u> PBS 5 n157 und 158 (é-éš-dam).
<u>Sjöberg u.a.</u> CSTH p1ff.; ib p155ff. (Keš).
<u>Thureau-Dangin</u> TCL 8 usw. (Tempel Lagaš).
<u>Zimmern</u> VS 2 n48 (é-éš-dam) und VS 10 n199 III 29-39 (é-éš-dam). [HKL I p647 zu VS 2 n48 lies: Cf vDijk AcOr 28 4.]

§ 73. Sumerische historische Klagen.

<u>Bernhardt</u> TMH NF 4 n27 (Eridu).
<u>Falkenstein</u> ZA 57 43ff. (Akkade).
<u>Gadd</u> UET 6/II n142 (Eridu) und 143 (Nippur?).
<u>Kramer</u> AS 12 (Ur).
<u>Kramer</u> ISETP I 137 Ni 4205?
<u>Kramer</u> SLTN n103 (Ekimar).
<u>Kramer</u> TAD 8/II tXXVII (Eridu?).
<u>Langdon</u> BE 31 n25 (Uruk).
<u>Langdon</u> PBS 10/II n4 (Ur und Sumer).
<u>Langdon</u> PBS 10/IV n1 (Nippur).

§ 74. Sumerische Elegien.

<u>Kramer</u> JCS 21 104ff.
<u>Kramer</u> Two elegies.

§ 75. Sumerische Liebeslieder.

<u>Chiera</u> SRT n23.
<u>Kramer</u> ISETP I 90 Ni 2461.
<u>Kramer</u> PAPS 107 508ff. n8-11.
<u>Langdon</u> PBS 12/I n52.

§ 76. Sumerisches Wiegenlied.

<u>Kramer</u> Festschrift Volterra VI 191ff.

§ 77. Akkadische Hymnen und Gebete.

Siehe auch §78.

Cf im allgemeinen <u>Castellino</u> Lamentazioni, <u>Kunstmann</u> LSS NF 2 (besonders die Zusammenstellung der Texte p83-114), <u>vSoden</u> SAHG.

Zahlreiche hymnische Abschnitte finden sich in Königsinschriften, Ritualen, Beschwörungen und medizinisch-magischen Texten.

Für die Gebete u.ä. auf kassitischen Siegeln siehe <u>Limet</u> Légendes p77-80, 93-102, 109-112, 113f. und 116-118 (im Folgenden nicht berücksichtigt).

<u>Adad</u>.

    <u>Ebeling</u> LKA n102 usw. (<u>Biggs</u> šà.zi.ga p42). -- <u>Jacobsen</u> Khorsabad I 130f. n4. -- <u>King</u> BMS n20 Z. 8-21; n21 Z. 1-33; n21 Z. 34-50; n21 Z. 51-75; n21 Z. 76-92. -- <u>King</u> CT 15 3-4. -- <u>Perry</u> LSS 2/IV n5. -- <u>Strong</u> JRAS 1892 342ff. -- <u>Virolleaud</u> Babyl. 3 294ff. Z. 6-13? -- <u>Walker</u> CT 51 n196?

<u>Anu</u>.

    <u>King</u> BMS n6 Z. 1-17.

<u>Anunnakū</u>.

    <u>Ebeling</u> KAR n57 + LKA n70. -- <u>Ebeling</u> KAR n227. -- <u>Ebeling</u> MVAG 23/II p3ff. -- <u>Haupt</u> NE n53 mit der Fortsetzung Sm 38 (unpub.).

<u>Aššur</u>.

    <u>Macmillan</u> BA 5/V nXVI.

<u>Ba-Ú</u>.

    <u>Ebeling</u> KAR n109? -- <u>Gurney</u> STT II n123 (+?) 125.

<u>Bēlet-Arbail</u>.

    <u>Langdon</u> OECT 6 p68ff.

<u>Bēlet-ilī</u>.

    <u>King</u> BMS n7 Z. 9-33, vgl. n6 Z. 71-96 usw. -- <u>King</u> CT 15 1-2.

<u>Bēlet-Ninâ</u>.

    <u>Langdon</u> OECT 6 p68ff.

<u>Bēlet-šamê</u>.

    <u>King</u> BMS n31.

<u>Damkina</u>.

    <u>King</u> BMS n4 Z. 9-22.

<u>Dumuzi</u>.

    <u>Ebeling</u> LKA n144. -- <u>Ebeling</u> MVAG 23/II p3ff. -- <u>Köcher</u> BAM IV n339. -- <u>Langdon</u> BL n203?

Ea, Ninšiku ("Ninigiku").
    Siehe auch unter Enlilbanda.
    Borger HKL II p20 Si 841? -- Ebeling KAR n252. -- Ebeling LKA
n110. -- Ebeling RA 50 22ff. -- Gurney STT I n56 Z. 1-18? -- Jacobsen Khorsabad I 132f. n6. -- Langdon OECT 6 tV K 2727. -- Legrain
PBS 14 n1089.

Ea und Marduk.
    Ebeling LKA n112. -- Langdon OECT 6 p24ff. -- Zimmern ZA 23
369ff.

Ea, Šamaš und Asalluḫi/Marduk.
    Borger Festschrift Böhl 51f. und 54 (zweimal; cf HKL II p20). --
Caplice OrNS 36 18ff. n17 (?); OrNS 36 31f. n22; OrNS 40 153f. n50
(?). -- Ebeling KAR n35, 36 + 261, 37, 267 und 355 (?). -- Ebeling
LKA n109 usw. (Caplice OrNS 40 156ff. n54) und n129. -- Falkenstein
LKU n34? -- Frank RA 7 22ff. -- Gurney STT I n72 // II n251; STT II
n269? -- King BMS n53. -- Laesspe Iraq 18 60ff. -- W.Lambert JNES
33 272ff. -- Lutz PBS 1/II n106. -- Myhrman PBS 1/I n14. -- Nougay-
rol RA 65 158ff. n2. -- Zimmern BBR II n49.

Enlil (Ellil).
    Ebeling KAR n68. -- Ebeling LKA n64. -- King BMS n19. -- Macmil-
lan BA 5/V nXVII? -- Myhrman PBS 1/I n17.

Enlilbanda (Ea).
    Ebeling KAR n59 Z. 29ff. -- King BMS n4 Z. 1-8.

Enmešarra.
    Borger ZA 61 72ff.
[Gibil siehe Gir(r)a.]
Gilgameš.
    Ebeling KAR n227 // Ebeling LKA n89 (+) 90 // Haupt NE n53.

Gir(r)a, Gibil.
    Ebeling KAR n267. -- Ebeling LKA n139 und 140. -- W.Lambert FB
12 45 K 8460. -- Meier Maqlû Tafel II Z. 19ff., 76ff., 104ff.,
126ff. und 135ff. -- Oppenheim Dreams 339 Fragment I.

Gula.
    Ebeling KAR n73 Z. 15ff. -- Ebeling LKA n17-20. -- King BMS n4
Z. 24-50; n6 Z. 71-96; n34. -- W.Lambert OrNS 36 105ff. (Selbstlob).
-- Thompson CT 14 48 Rm 328+ (auf K 4176, K 9684 und K 11742).

Imin-bi, Sebettu.
    Ebeling KAR n258 Rs.?

Ištar.
    Brünnow ZA 5 79f. -- Ebeling KAR n92, n236 usw. (Biggs Šà.zi.ga
p27ff.), n306 (Selbstprädikation), n334 und n343. -- Ebeling LKA
n58 Vs.? -- Ebeling MVAG 23/II p3ff. und 21ff. -- Geers ZA 42 220ff.
-- Gurney AfO 11 368f. und tVI. -- Gurney STT II n249 und 257. --
Haupt NE n72?? -- King BMS n30; n31; n32 Z. 1-5; n32 Z. 6-15; n39
Z. 1-5 (?); n39 Z. 6-17 (?). -- King STC II tLXXV-LXXXIV. -- Köcher
BAM IV n339. -- Köcher KUB 37 n36 (+) 37; auch n40? -- W.Lambert
AfO 19 50ff. -- Langdon AfK 1 20ff. -- Langdon AJSL 28 243 K 13868.
-- Macmillan BA 5/V nXV. -- Meek AJSL 26 156ff. -- Myhrman PBS 1/I
n2. -- Perry LSS 2/IV pVI und tIV. -- Pinches IV R^2 55 n2. --
Scheil RA 18 21ff. n17. -- Scheil ZA 8 206f. Anfang? -- Thureau-

Dangin RA 22 169ff. -- Weir JRAS 1929 281ff.? -- Zimmern VS 10 n213.
-- Zimmern ZA 32 164ff.

Kilīlu.
Ebeling MVAG 23/II p21ff.

Kulla.
Borger Festschrift Böhl 52ff. (zweimal; cf HKL II p20).

Lugal(g)irra.
Meier AfO 14 139ff. Z. 25ff. (z.T. zweispr.) und Z. 61ff.

Lugal(g)irra und Meslamtaea.
Gurney AAA 22 42ff. (62f.).

Madānu.
King BMS n48 Vs. (+) K 2830 (+) BMS n5 Z. 1-10.

Marduk, Asalluḫi, Asarre, Bēl.
Craig ABRT I 29ff. und 59. -- Dossin IrAnt 2 158 n14. -- Ebeling
ArOr 17/I 183f. n1b. -- Ebeling KAR n23 I 19-31 + n25 II 1-2 und
n25 II 3-26; n26; n304 (+) 337; n350. -- Ebeling LKA n12, 29h und
133. -- Ebeling RA 49 142ff. -- Falkenstein LKU n35? -- Gurney STT
I n54 (?); STT II n134 (?) und 231. -- Hehn BA 5 279ff. nIII (//
Scheil SFS p97f. Si 7), nIV und nXX. -- King BMS n9 Z. 1-27; n10
Z. 1-6; n11; n12; n13 Z. 1-14; n13 Z. 15-33; n14 Z. 1-13; n14 Z. 14-
18 (?); n15; n16 (+) 42; n17 (?). -- King STC I 205. -- W.Lambert
AfO 19 55ff. und 61ff. -- W.Lambert JAOS 88 130ff. -- Langdon OECT
6 tV K 12582. -- Lutz PBS 1/II n108. -- Martin RT 24 103ff. --
[Scheil SFS p97f. Si 7 // ⌀Hehn BA 5 325f. und 385 nIII.] -- Thomp-
son AMT 21/2 (ergänzt, vgl. 22/2); 88/1 + // 93/3. -- Thureau-Dangin
RAcc p129f. (z.T. zweispr.), p131, p132 Z. 160ff. (z.T. zweispr.),
p134 (z.T. zweispr.), p137f. (teils sum., teils akk.) und 143. --
Walker CT 51 n207. -- Weidner KUB 4 n53 Vs.? -- Zimmern Neujahrsfest
I p136ff.

Nabû.
Brünnow ZA 4 252ff. -- vDijk Sumer 13 t26-27 (Nabû und Tašmētu).
-- Ebeling KAR n25 (+ 23) I 1-28; n104; n122 (Nabû und Tašmētu).
Ebeling LKA n16, 42 und 56. -- Gurney STT I n65 und 71. -- Haupt NE
n50? -- Jacobsen Khorsabad II 103f. n1. -- King BMS n22 Z. 1-34;
n22 Z. 35-69; n58. -- W.Lambert JAOS 88 130ff. -- W.Lambert MIO 12
41ff. (Nabû und Na-na-a). -- Scheil RA 18 30f. n21. -- Scheil RT 19
61 n2? -- vSoden ZA 61 44ff. -- Streck Assurb. p342ff. (Zwiegespräch
mit Assurbanipal); p364ff. o und p. -- Strong PSBA 17 137ff. --
Strong PSBA 20 154ff.

Na-na-a(-a).
Gadd UET 6/II n404. -- W.Lambert MIO 12 41ff. (Nabû und Na-na-a).
-- Macmillan BA 5/V nIV und nXXII. -- Zimmern VS 10 n215.

Nāru, Îd siehe HKL III p63 oben "Flussbeschwörungen".

Nergal.
Böhl BiOr 6 165ff. -- Böllenrücher LSS 1/VI n3; auch n8? -- Ebeling KAR n83. -- Gray ŠRT tXIX K 2296 Rs. 5ff. (+ K 2776; Mitteilung
von Werner Mayer, der diesen Join erkannt hat). -- King BMS n27; n46
Z. 11-23. -- Langdon OECT 6 p74ff. Z. 1ff. -- Nougayrol RA 41 38ff.

Ningal.
>   Jacobsen Khorsabad I 133 n7.

Nin-I-si-in-na.
>   Cf Römer Festschrift vSoden 279ff.
>   Weir JRAS 1929 9ff.

"Ninigiku" siehe Ea.

Ninlil.
>   Ebeling LKA n138. -- Gurney STT I n73. -- King BMS n35. -- Langdon OECT 6 p72ff.

Nintinugga.
>   Nougayrol RA 41 31 und 41f. AO 17656.

Ninurta.
>   Burrows JRAS 1924 Centenary supplement 33ff. -- Ebeling KAR 83
>   (und 127) und 102. -- Falkenstein LKU n30? -- Jacobsen Khorsabad I
>   131f. n5. -- King BMS n2 Z. 11-42. -- Legrain PBS 14 n1088.

Nis/daba siehe unter Kultmittel (p81).

Nūru (^dZÁLAG, ^dIZI-GAR, = Nusku).
>   Cf Donner AfO 18 390ff., Oppenheim Dreams 298 und 305.
>   Ebeling KAR n58 Z. 1-25 (cf Borger JNES 33 191 unten Stück V).

Nusku.
>   Siehe auch unter Nūru.
>   Ebeling KAR n58 (cf Borger JNES 33 191 unten Stück V). -- King
>   BMS n6 Z. 18-35. -- Meier Maqlû Tafel I 73ff. und 122ff., Tafel II
>   1ff. -- Oppenheim Dreams 340 Fragment III und 342f. Rs. x+3ff.

Pa₄-ni𝗑(NÍGIN)-gar-ra.
>   Pinches JRAS 1924 Centenary supplement 63ff.

Papsukkal.
>   Scheil RA 24 31f.

parşū.
>   Ebeling KAR n38 Z. 32ff. (nach Mitteilung Werner Mayer ± // K
>   13229).

Sebettu siehe Imin-bi.

Sîn.
>   Ebeling KAR n25 (+ 23) III 1-20 und n74. -- Ebeling LKA n55. --
>   Gurney STT I n56 Z. 19-37 und n57 Z. 36ff. -- Jacobsen Khorsabad I
>   130 n3. -- King BMS n1 Z. 1-28; n6 Z. 36-70; n23; n24+25; n26 Z.1-
>   3 (10) (sum.? vom Gebet nur ein Zeichen erhalten). -- Köcher BAM III
>   n316 VI 14'ff. -- Langdon PSBA 40 104ff. -- Langdon RA 12 189ff. --
>   Perry LSS 2/IV n5 und 7.

Sîn und Šamaš.
>   Ebeling KAR n19. -- Figulla KBo 1 n12. -- Lutz PBS 1/II n106.

Šala.
>   King BMS n29.

Šamaš.
>   Siehe auch §87 bīt rimki.

Borger JCS 21 9f. (und ZA 61 85f.). -- Caplice JNES 33 345ff. --
Caplice OrNS 34 116ff. n6; 36 27ff. n21, 278f. n26, 279ff. n27; 39
134ff. n40, 142ff. n42 & 148ff. n43 [& OrNS 42 508ff.]; 40 159f.
n56, 170ff. n67, 176f. n70; OrNS 40 179ff. zu n25. -- Craig ABRT II
18 K 11243. -- Ebeling KAR n7; n21 (z.T. Castellino OrNS 24 246ff.);
n32; n55; n64; n66; n80; n92; n105; n184 = Köcher BAM IV n323; KAR
n224; n227 (// Ebeling LKA n89 (+) 90); n228; n234; n252; n259;
n265; n267. -- Ebeling LKA n38 (?), 49, 84, 111, 114, 119, 127,
127a, 133, 137, 139-140 (nach Mitteilung Werner Mayer // K 2583),
141, 142 (?), 154 und 161 (?). -- Ebeling RA 48 180ff. -- Ehelolf
KUB 29 n58-60. -- Gray ŠRT. -- Gurney AAA 22 42ff. (44f.). -- Gurney
STT I n63; II n127, 231 und 254. -- King BMS n6 Z. 97-131. --
27-34 (nach dem Duplikat aus Venedig); n53; n59. -- Köcher BAM III
n214, 231 und 234. -- Köcher KUB 37 n55, 85, 97 (?). -- W.Lambert
AfO 18 288ff. und 298f. -- W.Lambert BWL p121ff.; p341 83-1-18,237.
-- Langdon OECT 6 p24ff. -- Macmillan BA 5/V nL; nLVII Z. 40ff. (auf
den Zusatzstücken K 8186 und K 13371). -- Meier Maqlû Tafel VIII
1ff., auch 16ff.? -- Myhrman PBS 1/I n13 und 16. -- Nougayrol RA 41
31 und 41f. AO 17656. -- Nougayrol RA 65 158ff. n2 und 161ff. n3.
-- Oppenheim Dreams p337f. Rs. 18ff., p338 Tablet I, p340f. Fragment
IV und p344. -- Otten KBo 9 n44, auch n45? -- Pinches IV R² 59 n1;
60. -- Schollmeyer HGŠ n9. -- Schroeder KAV n77? -- Sweet Essays on
the Ancient Semitic World 6ff. -- Thompson AMT 71/1 und 91/2. --
Thompson CT 23 16f. (Castellino OrNS 24 246ff.), 19 (OrNS 24 266f.)
und 20 (OrNS 24 268f.). -- Thureau-Dangin RA 21 127ff. (135f.). --
Weidner KUB 4 n15 (?), n47 Z. 44 - Rs. 17. -- Zimmern BBR II n58. --
Zimmern ZA 23 369ff.

Šamaš und Adad.

Siehe auch §91 Orakel ....
Craig ABRT I 60-62. -- Goetze JCS 22 25ff. -- Gray ŠRT tVIII K
5900 und tXI Rm 601. -- Gurney STT II n249. -- Nougayrol RA 38 87.
-- Postgate GPA n214? -- Zimmern BBR II n75-101.

Šamaš und Marduk.

Caplice OrNS 34 116ff. n6? -- Ebeling RA 49 142ff. (Werner Mayer:
vgl. K 6362).

Šerua.

Ebeling LKA n36 und 60.

Šulpae.

Langdon RA 12 189ff.

Tašmētu.

vDijk Sumer 13 t26-27 (Nabû und Tašmētu). -- Ebeling KAR n122
(Nabû und Tašmētu). -- Ebeling LKA n54. -- Gurney STT I n66. --
King BMS n2 Z. 1-10; n33.

Tutu.

King BMS n18.

UD-uₓ(GIŠGAL)-lu.

Caplice OrNS 40 160f. n57.

Zarpanitu.

Ebeling LKA n29g und 29h. -- King BMS n9 Z. 28-56. -- Langdon
OECT 6 tXXIV K 3031. -- Thureau-Dangin RAcc p135f.; p138f. (teils
sum., teils akk.). -- Weidner KUB 4 n47 Rs. 20b-27.

Sterne, Götter der Nacht.
    Caplice OrNS 36 282ff. n28 (Sterne) und 284f. n29 (Sterne).
    Dossin RA 32 179ff. (Götter der Nacht).
    Ebeling KAR n38 (Götter der Nacht) und 374 (Stern).
    Ebeling LKA n58 Rs. (Sterne) und 138 (Ereqqu).
    Falkenstein LKU n30 (Planet)?
    Gurney STT I n73 (Sterne der Nacht, Ereqqu, alle Sterne); STT II
n231 (Götter der Nacht).
    King BMS n7 Z. 34-63 (Zuqaqīpu); n8 Z. 22-28 (+) n48 Rs. (Zappu);
n28 Z. 7-13 (Ṣalbatānu); n47 (Zappu); n49 Vs. (Gag-si-sá); n50
(Sipa-zi-an-na); n51 (Sipa-zi-an-na); n52 (Sipa-zi-an-na); n56
(Gag-si-sá; nach Mitteilung Werner Mayer // Ebeling KAR n256 + 297).
    Langdon OECT 6 p74ff. (Götter der Nacht).
    Meier Maqlû Tafel I 1ff. (Götter der Nacht).
    Oppenheim AnBi 12 282ff. (mit 293 Anm. 2 K 7270[!]; alle Sterne).
    Scheil RA 18 27ff. n18 (Götter der Nacht).
    Šilejko IRAIM 3 144ff. (Götter der Nacht).
    Thompson AMT 41/4 usw. (Gag-si-sá).
    Thompson CT 23 36 (Stern).
    Thompson Iraq 7 n38 (Gag-si-sá).
    Walker CT 51 n103 (Ereqqu) und 200 (Gag-si-sá).
    Weidner KUB 4 n47 (Götter der Nacht).

Kultmittel.
    Cf Kunstmann LSS NF 2 114.
    Ebeling KAR n26 Rs. 28-34 (uridimmu); n43 Z. 21-29 (uḫultu);
n134 Rs. 15-20 (Tongrube); n227 I 15-22 (// Ebeling LKA tVIII nach
p132; Tongrube!?).
    Ehelolf KUB 29 n58-60 (Nis/daba).
    Gray ŠRT tVII K 6034 Schluss (Tongrube?)?
    Gurney AAA 22 42ff. III 14-20 (Tongrube).
    King BMS n12 Z. 105-114 (anḫullu).
    Langdon RA 16 67f. (Nis/daba).
    Meier Maqlû Tafel VI 73ff. (Schwefel) und 111ff. (Salz), Tafel
VII 31ff.(Öl).
    Pinches IV R² add. p5a K 6028 (Nis/daba).
    Weir JRAS 1929 281ff. Rs. 20ff. (Hämatit).

Verschiedenes, nicht Einzuordnendes, Allgemeines.
    Caplice OrNS 36 285f. n30.
    Craig ABRT I 53 K 14022; II 21.
    vDijk Sumer 13 t20 A?
    Ebeling AGH (Textbearbeitungen).
    Ebeling ArOr 17/I 183ff. n1a. [Siehe jetzt unten §100.]
    Ebeling KAR n98, 107, 247, 250 Rs., 258 Vs. (?), 281, 290 (?),
292, [297 (+ 256) nach Mitteilung Werner Mayer // King BMS n56,
also Gag-si-sá], 312 und 339.
    Ebeling LKA n19 Rs., 59 und 139-140.
    Ebeling OrNS 17 416ff. ("verfinsterter Gott").
    Falkenstein LKU n26?
    Gadd UET 6/II n403?
    Gurney STT I n62, 68, 70 (?), 73 und 86; STT II n118, 119, 126,
129, 131, 132, 133 (?), 135, 226 (?), 227 und 244.
    Hussey JCS 2 21ff.
    Jensen KB 6/II (Textbearbeitungen).
    King BMS n2 Z. 43-50; n7 Z. 1-8; n20 Z. 1-7; n24; n26 Z. 11-12;
n36; n37 Z. 1-6; n38; n40; n41; n44; n45; n55.
    Köcher KUB 37 n38 (?) und 90 (?).
    W.Lambert BWL p288 K 2765 (?) und p341 83-1-18,237.

Langdon OECT 6 tXVIII K 3262 und tXXVII K 3260.
Leeper CT 35 17-18 Rs.
Lutz PBS 1/II n121.
Nougayrol RA 38 85-87.
Otten KBo 9 n45 (?) und 52 (?).
Otten KUB 39 n71 II 20-28?
Pinches CT 44 n49?
Postgate GPA n270.
Reiner JCS 21 263 K 6800.
Strong BA 2 634 K 890?
Thompson AMT 27/4 (?), 57/2 (?), 81/5 Rs. 1-3 (?). [AMT 27/4 und
81/5 ergeben offensichtlich einen Join!]
Thompson EG t10 K 9759.
Thureau-Dangin RAcc p142 (teils sum., teils akk.).
Walker CT 51 n206, 210, 219 (?).
Weir JRAS 1929 281ff.

§ 78. Akkadische Busspsalmen.

Ebeling KAR n138?
Ebeling LKA n25 (u.a. Sin [W.Lambert JNES 33 294f.] und Sipa-zi-an-na),
28 (?), 29b = 29a + 29e + 29f // 29d (? Ištar), 29c (?), 29g (Zarpanitu),
29h (Zarpanitu, Marduk), 29k und 291 (?).
Gurney STT I n50-51 (Marduk), 52 (? Ištar).
W.Lambert JNES 33 272ff. (Anfang Ea, Šamaš und Marduk). Für Section I
Z. 23 und Section III Z. 6 vgl. Thompson AMT 81/5 (+ 27/4) Rs. 10.
Pinches IV R² 55 n2 (Ištar) und 59 n2.
Weidner KUB 4 n47 Z. 44 - Rs. 17 (Šamaš usw.) und Rs. 20b-27 (Zarpani-
tu).

§ 79. Akkadische Königshymnen und -gebete.

Für Erwähnungen von Aššurbanipal und Šamaššumukin siehe Weir LAP 391.

Boissier RA 29 93ff. (Kurigalzu).
Borger AfO 18 113 §10a (Asarhaddon)??
Brünnow ZA 5 79f. (Aššurnasirpal I.).
Craig ABRT I 9-10 (Aššurbanipal)?; ABRT II 21.
Dossin IrAnt 2 158 n14 (Nebukadnezar I.).
Ebeling KAR n3; n98 (Salmanassar III.); n105 (Aššurbanipal); n107 (Aš-
šurnasirpal I.); n122 (Aššurbanipal); n334 (Aššurnasirpal I.); n342 (??
Aššurnasirpal erwähnt?); n345.
Ebeling LKA n35 (??); n63 (Tiglatpileser I.); n64 (Aššurnasirpal II.).
Ebeling OrNS 18 30ff.
Gurney STT II n340 und 371.
W.Lambert AfO 18 382ff. (Aššurbanipal).
W.Lambert MIO 12 41ff. (Abi-ešuḫ).
Langdon OECT 6 p68ff. (Aššurbanipal) und p72ff. (Aššurbanipal).
Macmillan BA 5/V nIV (Sargon); nXV (Aššurbanipal); nXVI (Aššurbanipal);
nXXII.
Scheil RA 18 30f. n21.
Sidersky JRAS 1920 565ff.?
S.Smith BHT p27ff. (Spottlied auf Nabonid).
Streck Assurb. p342ff. (Zwiegespräch Aššurbanipal - Nabû).
Strong JRAS 1892 342ff. (Aššur-bēl-kala).
Strong PSBA 20 154ff. (Nebukadnezar II.).
Thureau-Dangin RA 22 169ff. (Ammiditana).
Thureau-Dangin RAcc p144f.
Walker CT 51 n212?

Weidner AfO 13 210ff. (Aššurbanipal).
Winckler SKT II 76 K 6007 (Tukulti-Ninurta I.?).
Zimmern VS 10 n215 (Samsu-iluna).

§ 80. Akkadische Lieder auf Tempel und Städte.

Ebeling KAR n321 Z. 1-11 (Babel).
Ebeling LKA n32 (Arbela).
Gurney STT I n87 (Aššur).
Köcher ZA 53 236ff. (Ezida).
Pinches TBWW p15f. (Babel).

§ 81. Akkadische historische Klagen.

Pinches PSBA 23 197ff.
Scheil RT 19 59 n341?
Thompson EG t59 p91f.?

§ 82. Akkadische Elegien.

Gurney STT II n360?
Strong BA 2 634 K 890?

§ 83. Akkadische Liebeslieder und kultische Liebeslyrik.

vDijk Sumer 13 t26-27.
Held JCS 15 1ff.
W.Lambert JSS 4 1ff.
W.Lambert MIO 12 41ff. und 52ff.
Macmillan BA 5/V nXLVII.

§ 84. Sumerische Rituale.

Barton PBS 9/I n40?
vDijk Festschrift Böhl 107ff.?
vDijk Gedächtnisschrift Falkenstein 233ff. (zweispr.).
Legrain PBS 13 n35?
Legrain UET 3 n57.

§ 85. Akkadische Rituale.

Siehe auch §77 (zahlreiche Hymnen und Gebete sind mit Ritualanweisungen versehen), §87 (Beschwörungen und Beschwörungsrituale) und §91 (Kalendertexte).

Böhl MLVS II 7f.?
Borger BiOr 30 176ff. (Bauritual, Statuetten).
Borger Festschrift Böhl 50ff. (und HKL II p20; Baurituale).
Borger ZA 61 72ff. (Bauritual).
Clay BRM 4 n6 (Mondfinsternis); n7 (Neujahrsfest); n25 (kultischer Kalender).
Craig ABRT I 60-62 (Zimmern BBR II n100).
Dossin RA 35 1ff. (Mari).
vDriel Cult passim.
Ebeling ArOr 17/I 185f. n1b.
Ebeling KAR n50, 60, 132 (Neujahrsfest), 139, 141, 146, 154, 215, 217,

253a (Bauritual), 298 (Haus, Statuetten) und 325 (Tākultu).

Ebeling LKA n68 (?), 137, 138 und 150.

Ebeling OrNS 17 t9 VAT 10568, t10-11, t12-13, t14-15, t16, t17, t18, t19, t19a-20, t21, t22, t22b, t24, t36-38 und t39-40 (t36-40 Vorschriften für den Tempeldienst).

Ebeling OrNS 21 135ff.; 22 36ff. und 39f.; 23 115f.

Ebeling TuL n27.

Falkenstein LKU n48 und 51.

Falkenstein UVB 15 36ff. und 40ff.

Figulla UET 5 n507.

Finkelstein JCS 20 95ff.

Frankena Tākultu p1ff. und 23ff.

Gadd UET 6/II n193 Z. 1-17?

Gurney AAA 22 42ff. (Haus, Statuetten).

Gurney STT I n88 usw. (Tākultu); STT II n226, 227, 229 (?), 232 (Bauritual), 233 (?), 250 (?), 261 (?), 265 (?), 270, 366 (Beschreibung einer Prozession).

Harper ABL n461; n1413 (Tākultu).

Köcher ZA 50 192ff. (Neujahrsfest).

Labat MIO 5 333 VAT 11162.

W.Lambert AfO 18 109ff. und 19 119 (Ersatzkönig).

Landsberger WZKM 56 120 Anm. 31 und WZKM 57 22, K 3438A+ // K 9923.

Langdon AJSL 42 110ff. (kultischer Kalender).

Langdon BL n155 (Kriegsritual).

Langdon OECT 6 tV K 2727 (Kanalarbeiten).

Leeper CT 35 39 91-5-9,152?

Legrain MDP 14 123f. n90.

Legrain UET 3 n270.

Macmillan BA 5/V nXL (?), nXLIX, nLV (+ Zimmern BBR II n11), nLVI ((+) Zimmern BBR II n29).

Meek BA 10/I n25?

K.F.Müller MVAG 41/III Text I und Text II.

Nougayrol RA 65 158ff. n2 (Bauritual).

Otten KBo 9 n46?

Perry LSS 2/IV n5 (ikribu).

Pinches Berens n110.

Pinches IV R² 23 n1 (z.T. zweispr.) und 54 n2.

Reisner SBH nVIII (kultischer Kalender).

Schroeder KAV n49 (?), 57 (Tākultu), 83 (Tākultu), 144, 155 (kultischer Kalender?) und 193 (?).

vSoden ZA 45 42ff.

Speleers RIAA n308 und 315.

Thompson AMT 29/6 (?) und 39/7 (?).

Thompson CLBT p29ff. und t1 AB 249 (?); p35 und t3-4 B 4 + D 4 (?).

Thureau-Dangin RA 21 127ff.

Thureau-Dangin RAcc (p34ff. und 40ff. Baurituale; p86-111 und 127ff. Neujahrsfest).

Thureau-Dangin TCL 6 n48 (kultischer Kalender).

Virolleaud Babyl. 1 201ff. K 2302 (kultischer Kalender).

Virolleaud Babyl. 1 206f. K 13325.

Walker CT 51 n94-97, 99, 100, 101 (?), 104 (??), 138 (?), 196 (?) und 207 (ikribu).

Weissbach BMisc nXII (Bauritual).

Wiseman Iraq 14 65f. ND 1120?

Zimmern BBR II (n75-101 ikribu; n51 und 57 Kriegsrituale).

Zimmern Neujahrsfest I p131 91-5-9,104 (?) und p136ff.

Zimmern ZA 23 367ff. (Bauritual).

§ 86. Vorschriften zum Priestertum.

Borger BiOr 30 163ff.
Zimmern BBR II n24 + 25.

§ 87. Beschwörungen und Beschwörungsrituale.

Siehe auch §85 (Rituale) und §103 (Medizin).
Für subaräische Beschwörungen siehe vDijk VS 17 p8f. Abrakadabra-
Beschwörungen sind im Folgenden nicht berücksichtigt.

alam-níg-sag-íl-la:
Bearbeitung durch W.Schramm vorgesehen.
Cf Falkenstein LSS NF 1 14 Anm. 5.
Thompson CT 17 29-32 und 36 Tablet "W".

Amulette:
Cf Frank MAOG 14/II 4ff.; Reiner JNES 19 148ff. (dazu jetzt Gurney STT
II n300 nachzutragen); Thureau-Dangin RA 18 171ff.
[Abadah Sumer 28 ("1972") 78 IM 74648; Z. 1-8 Duplikat zu Pinches IV R²
56 I 1-8, Z. 9-32 Duplikat zu Gurney STT II n214-217 V 38-45, V 70 - VI 5,
IV 20f. und VI 15-17.] -- Böhl JEOL 5 462 und tXXXVIII b (sum.). -- Bos-
cawen BOR 9 67f.? -- de Clercq CdC II p94ff. (sum.). -- Delaporte CCL II
A 602 (akk.). -- Dossin MUSJ 45 250ff. (akk.). -- Dougherty AASOR 8 43f.
(50 f1; sum.?). -- Ebeling ArOr 21 404f. (akk.). -- Ebeling KAR n35
(akk.), 36 + 261 (akk.), 37 (akk.), 85 (sum.), 86 (sum.), 87 (sum.) und
282 (akk.). -- Ebeling LKA n128 (akk.) und 129 (akk.). -- Frank StrKT n18?
-- Goetze JAOS 59 11ff. (akk.). -- Gurney STT II n300 (akk.). -- Hilprecht
BE 1/II n143 (sum.?). -- Jacobsen CTNMC n78 (akk.). -- Keiser BIN 2 n14
(sum.) und 16. -- King ZA 11 50ff. (akk.). -- Klengel MIO 7 334ff. und
8 24ff. (die Inschriften nicht behandelt). -- Knudtzon El-Amarna n355? --
Koldewey Tempel Blatt 8 f76 links oben? -- Koldewey WEB⁴ 263 f192 (sum.?).
-- Krušina-Černý ArOr 18/III 297ff. nXXIV (sum.) und nXXVI (sum.). --
Langdon JRAS 1921 574 (sum.?) -- Legrain PBS 14 n1088 (akk.), 1089 (akk.),
1090, 1091 (akk.), 1092 (akk.) und 1093 (akk.). -- Lenormant Choix n25
(sum.), 26 (sum.) und 27 (teils akk., teils sum.). -- Lenzen UVB 16 p41
t21 c-d (akk.). -- Loftus Travels 236 links unten (sum.). -- Meissner TMH
4 9 n7. -- Nougayrol RA 64 67f. (sum.). -- Nougayrol Ugaritica VI p404
(sum.). -- vdOsten AfO 4 89f. (akk.). -- Reiner JNES 19 148ff. (akk.).
-- Sayce BOR 3 17f. (akk.). -- Scheil MDP 6 p49ff. -- Scheil RA 26 10
(sum.?). -- Scheil RT 20 200ff. (akk.). -- Scheil SFS p137 Si 585? --
Schlobies AfO 3 55ff. (akk.). -- Sollberger MGBM 8/II 2 f2 (akk.). --
Thompson Iraq 7 n38 (akk.) und n41 (akk.). -- Thureau-Dangin RA 18 195f.
AO 8184 (sum.) und 197f. f1-2 (akk.). -- Weissbach BMisc nXIV (akk.). --
Wiseman Iraq 14 63 ND 1103 (akk.).

Apotropäische Figuren:
Siehe auch unten Pazuzu-Beschwörungen und -Beschwörungsrituale.
Borger AfO 17 358f. (Pazuzu, akk.). -- Budge Guide³ p221 (Hunde). --
Ebeling AfO 5 218f. (Terrakotta-Relief, akk.). -- Frank RA 7 22ff., 28f.
und 30f. (Pazuzu, akk.). -- Gadd UET 1 n160 (Ninšubur-Statuette, akk.). --
Jordan UVB 2 p34 und t24 (Löwe, akk.). -- Klengel-Brandt FB 10 19ff. (Ton-
männchen, Schlangen). -- Klengel-Brandt OrNS 37 81ff. (Pazuzu, akk.). --
Koldewey Tempel p7 f4-5 und p19 f20-21 (Schutzvögel und Tonstückchen mit
magischer Inschrift, akk.); p29 f36 und Blatt 4 f32-33 (Ninšubur-Statuet-
ten, akk.). -- W.Lambert FB 12 41-47 (Pazuzu, akk.). -- Langdon Kish I p91
und tXXVIII 1 (Hunde, akk.). -- Lehmann-Haupt Materialien n43 (Dämonen-
kopf? akk.). -- Lutz UCP 9/VII UCBC 1201 (Ziegenfisch, akk.). -- Mustafa
Sumer 3 19ff. (Statuetten, akk.). -- Reuther Merkes p126 und t141 (Ninšubur-Statuette). -- Scheil RT 16 33ff. (Pazuzu, akk.). -- Scheil SFS p91f.
(Hund, akk.). -- Šilejko RA 11 57ff. (Pazuzu, akk.). -- Thompson Archaeo-

logia 79 n3 (akk.). -- Thompson Devils II Titelbild (Dämon, akk.).

ázag-gig-ga-meš.
Bearbeitung durch W.Schramm vorgesehen.
Cf Falkenstein LSS NF 1 14.
Pinches IV R² 29 n2. -- Thompson CT 17 1, 2 und 9-11.

Baby:
Siehe auch unten Lamaštu.
Bezold ZA 3 249 K 3628+. -- Craig ABRT II 8 (z.T. zweispr. und sum.).
-- Ebeling KAR n114. -- Ebeling LKA n142 (z.T. sum.). -- Falkenstein LKU
n32.
Für Ebeling LKA n114 und Gurney STT I n72 // II n251 siehe unten Nam-
burbi.

bīt mēseri:
Siehe HKL II p195f.
Borger JNES 33 183ff. -- Ebeling KAR n58? -- Ebeling LKA n76 Rs.? --
Frank ZA 36 215ff. -- Macmillan BA 5/V nLIV. -- Meier AfO 14 139ff. --
Pinches IV R² 21-21* n1 A-C und add. p4f. -- Reiner OrNS 30 1ff. -- Reis-
ner SBH n81? -- Thompson AMT 6/2 und 96/5. -- Walker CT 51 n149 (?) und
191. -- Zimmern BBR II n48 usw. (+) n53 usw.

bīt rimki:
Borger JCS 21 1ff. (und ZA 61 84ff.). -- Clay BRM 4 n17? -- Cooper ZA
62 65ff. -- Gray ŠRT tIII K 2380, tIV // tXX K 8457+. -- Haupt ASKT n12?
-- King BMS n1, 3, 4, 9 (?), 54 (?), 58 (?). -- Laessøe bīt rimki. --
W.Lambert JCS 16 63 K 9719 (+) Langdon BL n209 usw. -- W.Lambert JNES 33
272ff. Ex. A, G und m (cf p268f.)? -- Langdon BL n159? -- Langdon OECT
6 p51ff. -- Myhrman PBS 1/I n15. -- Nougayrol RA 65 155ff. n1? -- Pinches
IV R² 17; add. p5a K 6028. -- Walker CT 51 n195. -- Zimmern BBR II n26
(+) 30 und n28.

bīt salā' mê:
Gray ŠRT tXII K 2132? -- King BMS n5 (+) 8 (+) 48.

é-gal-ku₄-ra:
Cf Kinnier Wilson AS 16 289f.
Ebeling KAR n71, 237 (?) und 238 (?). -- Ebeling LKA n104, 105 (?),
106, 107 und 107a. -- Gurney STT II n237.

ilī ul īde:
Ebeling KAR n90 (Ritualtafel, cf W.Lambert JNES 33 268ff.). -- W.Lam-
bert JNES 33 272ff. (enthält drei in KAR 90 zitierte "Beschwörungen").
Auch zitiert bei Thompson AMT 27/4 +!? 81/5 Rs. 10 (und 33/5 Z. 6?).

Lamaštu:
Siehe auch oben Amulette.
Borger Festschrift vSoden 1ff. §XXII. -- Clay BIN 4 n126. -- Ebeling
KAR n239, auch 285? -- Falkenstein LKU n33. -- Gurney STT II n144, 145,
202 + 273 und 281. -- Keiser BIN 2 n72. -- Lutz PBS 1/II n113. -- Myhrman
ZA 16 141-200. -- Nougayrol Ugaritica VI 393ff. -- Pinches IV R² 55 n1,
56 und 58. -- Thureau-Dangin RA 18 161ff. AO 6473.

Lipšur-Litaneien:
Zu nam-érim-búr-ru-da gehörig.
Craig ABRT I 56ff. -- Nougayrol JCS 1 329ff. -- Reiner JNES 15 129ff.
-- Wiseman Iraq 31 175ff.

Maqlû:
Ebeling KAR n94. -- Meier Maqlû (und AfO 21 70ff.). -- Myhrman PBS 1/I
n13 Z. 45-51.

Marduk's address:
W.Lambert AfO 17 310ff. und 19 114ff.

"Mundöffnung" und "Mundwaschung":
Für "Mundwaschung" ist Bearbeitung durch C.B.F.Walker vorgesehen. Cf
Civil JNES 26 211.
   Ebeling LKA n150 (Mundwaschung Rs. 5 erwähnt)? -- Ebeling TuL n27 Mund-
waschung? -- Falkenstein LKU n19 (Mundwaschung). -- Gray ŠRT tIX K 2605
Mundöffnung? -- Gurney STT II n198-201 (Mundwaschung). -- King BMS n6
(Mundwaschung). -- Laesspe bît rimki 26 Anm. 54 Sm 290 (Mundwaschung). --
Langdon PBS 12/I n6 Anfang und n7 Z. 1 - Rs. 10 (Mundwaschung). -- Meier
AfO 11 365ff. (Mundwaschung). -- Meier AfO 12 40ff. (Mundwaschung). --
Norris II R 58 n6 (Mundwaschung). -- Pinches IV R² 18-18* n3 (Mundwa-
schung), 18* n5 = add. p4a (Mundwaschung) und 25 (Mundöffnung). -- Scheil
RA 24 31f. bzw. das Duplikat K 3416+ Mundwaschung? -- S.Smith JRAS 1925
37ff. (Mundwaschung). -- Thompson CT 17 38-41 (Mundwaschung). -- Zimmern
BBR II n31-39 (Mundwaschung); II tLXXII Rm 542 (Mundwaschung). -- Zimmern
Festschrift Nöldeke II 960f. K 3511+ (Mundwaschung).
   Für "Mundwaschung" vgl. Ebeling KAR n229; Zimmern BBR II n1-20 und 40.

   mušsu'u.
   Craig ABRT I 18 DT 48? -- Gurney STT II n136. -- Köcher AfO 21 13ff. --
Thompson CT 16 37 K 5100 (+) Rm 314 und CT 17 12-13.

   nam-búr-bi:
   Cf Caplice CBQ 29 (1967) 40ff. (Participants in the namburbi rituals),
Ebeling RA 48 1ff.
   Caplice JNES 33 345ff. -- Caplice OrNS 34 105ff.; 36 1ff. und 273ff.;
39 111ff.; 40 133ff.; [42 508ff.]. -- Ebeling KAR n7 (?), 28, 35, 36 +
261, 37, 38, 64, 65, 72, 228, 241, 249, 257, 282, 293 (? z.T. zweispr.),
355, 377 Rs. 37-40, 387 und 388. -- Ebeling LKA n108-129. -- Ebeling RA
48 82ff. n3; 48 180ff. n12; 49 142ff. n24; 50 22ff. n30. -- Falkenstein
LKU n34. -- Frankena BiOr 17 174 A 185. -- Gadd CT 38 22-24 (zum Teil),
27-29 (zum Teil) und 37-38 (zum Teil); CT 40 12-14 (zum Teil); CT 41 24
79-7-8,53. -- Gadd UET 6/II n405. -- Goetze JAOS 59 11ff. -- Gray ŠRT
tXIX K 2296. -- Gurney STT I n63, 64, 72; II 242, 259 (?). -- King BMS
n59. -- King STC I 200f. -- Labat CBII tXII Z. 22-30 und tXXXII Z. 1-8.
-- Laesspe Iraq 18 60ff. -- Langdon OECT 6 p24ff. -- Macmillan BA 5/V nL
und nLI. -- Nougayrol RA 65 161ff. n3. -- Oppenheim AnBi 12 282ff. (mit
293 Anm. 2 K 7270!). -- Pinches IV R² 60. -- Scheil RA 18 17ff. n14, 20
n15 (?), 27ff. n18, 29 n19 (nur Kolophon mitgeteilt). -- Schollmeyer HGŠ
n9. -- Thompson AMT 7/8 und 23/9. -- Thureau-Dangin RA 21 127ff. -- Walker CT 51 n192. -- Zimmern BBR II n43, auch 44?

   nam-érim-búr-ru-da:
   Siehe auch oben lipšur-Litaneien.
   Cf Kinnier Wilson AS 16 296.
   Craig ABRT II 9-10. -- Ebeling KAR n246. -- Ebeling LKA n151 und 152.
-- Gurney AfO 11 367f. -- Knudsen Iraq 21 54ff. // 27 160ff. (zweispr.).
-- Pinches CT 4 3. -- Pinches IV R² 14 n2 (zum Teil zweispr.)

   Pazuzu-Beschwörungen und -Beschwörungsrituale:
   Siehe auch oben Apotropäische Figuren.
   Borger AfO 17 358f. -- Gurney STT II n147-149 (z.T. zweispr.). -- W.
Lambert FB 12 44ff. (z.T. zweispr.). -- Pinches IV R² 23 n4 (z.T. zwei-
spr.). -- Walker CT 51 n213 (z.T. zweispr.).

   sag-gig-ga-meš:
   Bearbeitung durch Deirdre Linton vorgesehen.
   Cf Falkenstein LSS NF 1 13f.
   Frankena BiOr 17 174 LB 1822. -- de Genouillac TCL 16 n63 (vgl. Pinches
CT 4 4 usw.; z.T. Schramm). -- Gurney STT II n172-175, 177, 179, 192, 195
und 213. -- Pinches CT 4 4. -- Pinches CT 44 n26. -- Thompson CT 17 3 (?),
4-8, 12-26, 33, 37 Tablet "Z". -- Walker CT 51 n107 und 141. -- Zimmern VS
2 n97 (+?) 100 (+?) VS 10 n185 und VS 10 n186 (vgl. de Genouillac TCL 16
n63 usw.; z.T. Schramm).

Steine (Listen magischer Steine, Beschwörungsrituale mit Steinen):
Siehe auch §99 (Steinlisten) und §103 (Medizin).
Cf Köcher AfO 20 156ff. und BAM IV pVII.
Ebeling KAR n213 = Köcher BAM IV n376. -- Ebeling LKA n9 und 130. --
Gurney STT II n241 und 271-278. -- Köcher BAM IV passim. -- Legrain RA 10
41ff. n70? -- Meek RA 17 203 1905-4-9,36? -- Thompson AMT 7/1, 71/2 (?)
und 77/3 (?). -- Thompson CT 14 16 93084. -- Walker CT 51 n88 (+?) 89 und
n167. -- Yalvaç AS 16 329ff.

šà-zi-ga, Liebeszauber:
Biggs Šà.zi.ga. -- vDijk VS 17 n23? -- Ebeling KAR n61, 69, 70, 236
und 243. -- Ebeling LKA n94-98, 99b-d und 100-103. -- Ebeling MAOG 1/I.
-- Gelb MAD 5 n8. -- Gurney STT II n280. -- Köcher KUB 37 n80-82, auch
89? -- Langdon BL n4 (sum.). -- Pinches AAA 3 104f. nV. -- Scheil RA 18
21ff. n17. -- Thompson AMT 62/3, 65/7, 66/1, 73/2 und 88/3. -- Weidner
KUB 4 n48. -- Zimmern ZA 32 164ff.

Šurpu:
Ebeling KAR n94. -- Langdon RA 28 134 I 1-21. -- Myhrman PBS 1/I n13
Z. 52-55. -- Reiner Šurpu.
Vgl. Pinches Festschrift Haupt 216f.

Totengeist:
Cf Thompson JRAS 1929 801ff.; die von Thompson behandelten Texte sind
im Folgenden in der Regel nicht mehr aufgeführt.
Castellino OrNS 24 240ff. (z.T. sum.). -- Ebeling KAR n21 (z.T. sum.;
bei Castellino OrNS 24 246ff. ohne den Schluss); n22; n56; n184 = Köcher
BAM IV n323; KAR n227; n234. -- Ebeling LKA n81 und 83-88. -- Ebeling
MVAG 23/II p3ff.; p21ff. (z.T. zweispr. bzw. sum.). -- Ehelolf KUB 29
n58-60. -- Köcher BAM I-IV mehrere Texte (namentlich BAM III), u.a. I n9;
III n209, 230, 231; IV n332, 339, 385. -- W.Lambert FB 12 44f. (zu Borger
AfO 17 358f. usw.; siehe FB 12 45 Z. 14 (+ K 10590)). -- Langdon BL n203?
-- Thompson AMT 1/4 + 99/2, 85/2 (?), 97/5, 102/1 (mit 13/5 und 19/3)
usw. (Thompson JRAS 1929 801-823). -- Thompson CT 23 15-22 (z.T. sum.).
-- Zimmern BBR II n52.

Träume:
Ebeling KAR n53 (z.T. sum.) und 252 (z.T. zweispr. bzw. sum.). -- Ebeling LKA n132 (z.T. sum.). -- Gray ŠRT tIII K 3286. -- Gurney STT I n107
und II n245-247. -- Oppenheim Dreams p338-344 (p341f. z.T. sum.).

uš₁₁-búr-ru-da:
Cf Kinnier Wilson AS 16 296.
Boissier RSém 2 135ff. usw. -- Clay BRM 4 n18? -- Craig ABRT II 18 K
11243. -- Ebeling KAR n80 und 259. -- Falkenstein LKU n27. -- Lutz PBS
1/II n120. -- Myhrman PBS 1/I n16. -- Pinches IV R² 59 n1. -- Scheil SFS
p103 Si 17 (z.T. sum.). -- Tallqvist Maqlû II 96 K 8162 und K 8112, 97 K
6840 (z.T. sum.) und K 8079. -- Thompson AMT 35/3 und 92/1. -- Virolleaud
Babyl. 1 200 K 6763?

utug/udug-ḫul-a-meš (utukkī lemnūti):
Bearbeitung durch W.Schramm vorgesehen.
Cf Falkenstein LSS NF 1 12f.
Ebeling AfO 16 298ff. -- Ebeling ArOr 21 379ff. (cf HKL II p54)? --
Ebeling KAR n24 und 34. -- Ebeling LKA n82. -- Falkenstein LKU n21 (?)
und 24. -- Falkenstein LSS NF 1 83ff. -- Figulla CT 42 n5 (siehe HKL II
p287f. zu CT 16 30-34, wo das Duplikat ND 4384 [Mitteilung D.Linton] erwähnt wird). -- de Genouillac TCL 16 n63 (cf HKL III p87 unten)? -- Gurney AAA 22 76ff. -- Gurney STT II n157-164, 166 und 193-194. -- King CT 34
17 K 16350. -- Knudsen Iraq 21 54ff. // 27 160ff.? -- Langdon JRAS 1932
557ff.? -- Langdon PBS 12/I n6 Z. 18 - Rs. 15. -- Lutz PBS 1/II n116, 127
und 128. -- Macmillan BA 5/V nLIX? -- Meek BA 10/I n6. -- Pinches CT 44

n28-29 und 31. -- Thompson CT 16 und 17 passim. -- Walker CT 51 n142. --
Weidner KUB 4 n16? -- Zimmern VS 10 n186? (für diesen Text und für VS 2
n97 (+?) 100 (+?) VS 10 n185 cf HKL III p87 unten).
Lutz PBS 1/II n112 (Ebeling ArOr 21 395ff. Gattung III) gehört nach der
Unterschrift zu utug-ḫul-a.

      zi und zi-pà:
Borger Festschrift vSoden 1ff. (zi-pà). -- Ebeling LKA n77 und 78 (zi,
Ebeling ArOr 21 361ff. Gattung I). -- Lutz PBS 1/II n112 (zi-Litanei,
Ebeling ArOr 21 395ff. Gattung III; siehe oben auf dieser Seite). -- Pin-
ches CT 44 n32 (+) 33 (zi-pà und zi).
Vgl. Ebeling ArOr 21 379ff. Gattung II (dazu HKL II p54, wo auch Lang-
don BL n114 und OECT 6 tXXVI K 9310 erwähnt werden).

      zikur(r)udû:
Boissier DA 42. -- Köcher BAM III n203. -- Thompson AMT 14/6 + 87/2 +
90/1, 41/4, auch 84/9?
Vgl. Pinches IV R² 59 n1, Thompson AMT 44/4 usw. (CAD Z 117).

      Verschiedenes:
Alster OrNS 41 349ff. (sum.).
Böhl BiOr 11 81ff. (akk.).
Böhl MLVS II 2ff. (akk.) und 9f. (sum.).
Borger BiOr 30 163ff. (zweispr., sum., akk.).
Borger JCS 21 6 K 5013.
Borger OrNS 26 3f. (akk.; kleine Tiere).
Brummer RT 28 214ff. (sum.).
Caplice JNES 33 345ff. (akk.).
Caplice OrNS 40 155f. n52 (akk.; kleine Tiere).
Castellino OrAnt 8 1ff. (sum.).
Chiera SLT n6 Vs. (sum., zweispr.).
Chiera STVC n10, 11, 12 und 16 (alles sum.).
Clay BRM 4 n17 (sum.), 18 (akk.) und 19 // 20 (akk.).
de Clercq CdC I n253 (sum.).
Cooper ZA 61 12ff. (zweispr.).
Cooper ZA 62 62ff. (zweispr.).
Craig ABRT I 18 (zweispr., akk.); ABRT II 11 (zweispr.), 19 (akk.)??
Deimel Inschr.Fara II n46, 54, 55 und 71 (alles sum.).
Dougherty GCCI II n386 (zweispr.).
vDijk Festschrift Böhl 107ff. (sum.)?
vDijk Gedächtnisschrift Falkenstein 233ff. (zweispr.)?
vDijk OrNS 38 541ff. (sum.).
vDijk OrNS 41 339f. YBC 4603, 342 MLC 1872 und 346 MLC 1207 (alles
sum.).
vDijk OrNS 42 502ff. (akk.).
vDijk Sumer 11 110 n3 tV (subaräisch, mit akk. Unterschrift).
vDijk Sumer 13 t13 // t14 A, t15 und t20 B (alles akk.).
vDijk VS 17 passim (sum.; akk. n4, 8, 9, 23 und 34).
Ebeling ArOr 17/I 172ff. (akk.).
Ebeling KAR n26 (akk., // Thompson AMT 96/7); n31 (zweispr.); n32
(akk.); n33 (akk.); n40 Z. 17f. (sum.); n41 (zweispr.); n43 (akk.); n44
(akk., Leitfaden für die Beschwörungskunst); n47 (akk.); n50 (// Zimmern
BBR II n56; enthält zweispr. Beschwörung); n53 (akk., sum.); n66 (akk.);
n69 (akk.); n73 Vs. (akk.); n74 (akk.); n78 (akk.); n79 (akk.); n82
(akk.); n83 (akk.); n91 (sum., akk.); n92 (akk.); n95 (? zweispr.); n127
(akk.); n134 (akk.); n136 (akk.); n165 (akk.); n178 VII 10-27 ± // n171 und
n178 VII 35-52 (akk.); n181 (akk.); n192 = Köcher BAM II n124 (enthält
akk. Beschw.); n196 = Köcher BAM III n248 (akk.); n223 (akk.); n224
(akk.); n226 (akk.); n229 (sum.); n230 (akk.); n233 = Köcher BAM IV n338
(akk.); n242 (akk., zweispr.); n247 (akk.); n248 (akk.); n252 (akk.,

zweispr., sum.); n253 (akk., sum.); n255 (akk., zweispr.); n262 (akk.);
n263 (? akk.); n265 (akk.); n265a (? akk.); n266 = Köcher BAM III n244
(enthält akk. Beschw.); n267 (akk.); n269 (akk.); n276 (akk.); n278 (?
sum.); n283 (akk.); n286 (akk.); n294a (? akk.); n297b (zweispr.); n298
(akk.); n333 (zweispr.); n373 (akk.); n374 (akk.). [Auch n330 (akk.)!?]

   Ebeling LKA n9 (akk.), 79 (akk., sum.), 80 (akk.), 93 (akk.), 131
(akk.), 132 (akk., sum.), 133 (akk.), 134 (sum., akk.), 135 (akk.), 139-
140 (akk.; nach Mitteilung Werner Mayer // K 2583), 141 (akk.), 144
(akk.), 145 (sum.), 146 (akk.), 148 Rs. (akk.), 150 (? akk.), 153 (akk.),
154 (akk.), 155 (akk.), 156 (akk.), 157 (akk.), 159 (akk.) und 161 (?
akk.).

   Ehelolf KUB 29 n58–60 (akk.).
   Ehelolf KUB 30 n1–4 usw. (sum.).
   Ehelolf KUB 34 n3 (zweispr.) und 4 (zweispr.).
   Falkenstein LKU n20 (? zweispr., akk.), 21 (zweispr.), 23 (zweispr.),
26 (? akk.), 29 (? akk., zweispr.), 35 (? akk.), 36 (akk.), 49 (akk.) und
50 (? akk.).
   Falkenstein LSS NF 1 passim (sum., zweispr.).
   Falkenstein ZA 45 25ff. (zweispr.).
   Figulla CT 42 n6 (sum., akk.) und 32 (akk.).
   Figulla KBo 1 n18 (akk.).
   Figulla UET 5 n85 (akk.).
   Fish Iraq 6 184 (akk.).
   Fish MCS 2 59f. (sum.).
   Gadd CT 41 43 54595 und 59596 (? Kommentare).
   Gadd UET 6/II n149 (sum.), 193 Z. 1-17 (? akk.), 393 (akk., sum.,
zweispr.), 399 (akk.), 409 Anfang (sum.) und 410 (akk.).
   de Genouillac PRAK II t3 C 1 (zweispr.).
   de Genouillac TCL 16 n63 (sum., cf HKL III p87 unten) und 89 (sum.).
   de Genouillac Trouvaille n1 (sum.).
   Goetze JCS 9 8ff. (akk.).
   Güterbock KBo 14 n51 (sum.).
   Gurney AAA 22 42ff. (akk.).
   Gurney STT I n72 (akk.), 95 (akk.); STT II n128 (akk.), 134 (akk.),
136 (akk.), 144 (akk., sum.), 168 usw. (zweispr.), 176 (+) 185 (zweispr.,
akk.), 178 (zweispr.), 181 (zweispr.), 184 (zweispr.), 187 usw. (zwei-
spr.), 203 (? sum. oder zweispr.?), 206 (zweispr.), 207 (zweispr.), 214-
217 (sum., zweispr., akk.; cf HKL III p85 Amulette Anfang), 218–219 (zwei-
spr., sum., akk.), 220 (sum.), 223, 225 (zweispr.), 228 (akk.), 230 (akk.,
zweispr.), 231 (akk.), 234 (akk.), 238 (akk.), 239 (akk.), 240 (akk.),
241 (akk.), 243 (akk., kleine Tiere), 247 (akk.), 248 (akk.), 249 (akk.),
252 (akk.), 253 (akk.), 254 (akk.), 256 (akk., sum., vgl. K 8107 (unpub.)),
257 (akk.), 258 (? akk.), 259 (akk.), 289 (? akk.), 300 (akk.), 328 (?
akk.), 350 (akk.).
   Gurney Sumer 9 21ff. n29 (zweispr.).
   Haupt ASKT n12 (sum.).
   Haupt NE n53 (akk.).
   Huber Festschrift Hilprecht 219ff. (sum.).
   Jacobsen JCS 8 84 10091 (? sum.).
   Jestin TSŠ tLXXVI n170 (sum.).
   King Cat.Spl. 1905-4-9,67 (akk.) und 1905-4-9,90+ (akk.).
   King CT 13 35-38 (zweispr., beim Tempelbau).
   King HT n75 (? akk.).
   Kinnier Wilson Iraq 31 15f. (? akk.).
   Köcher BAM I n28 (enthält sum. Beschwörungen), 29 (enthält akk. Be-
schw.), 30 (enthält sum. Beschw.), 102, 105 (akk.); BAM II n127 usw.
(sum., akk.), 128 (akk., zweispr.), 141 (enthält akk. Beschw.), 147 // 148
(enthält akk. Beschw.), 151 (enthält sum. Beschw. [cf Borger Festschrift
vSoden p15] und akk. Beschw.); BAM III n205 (akk.), 206 (? akk.), 210

(akk.), 212 // 213 (akk.), 214 (akk.), 234 (akk.), 237 (+) 238 (+?) 239
(akk., súm.), 311 (Ebeling KAR n186, akk.), 312 (akk.), 313 (akk.), 315
(akk.), 316 (akk.), 317 (akk.), 318 (akk.), 319 (akk.); BAM IV passim
(321 // 322 z.T. sum.).

Köcher KADP n26 (sum.).

Köcher KUB 37 n40 (? akk.), 43-51 (akk.), 52 (akk.), 53 (+?) 54 (?
akk.), 55 (akk.), 56 (akk.), 57 (+?) 58 (akk.), 60 (? akk.), 61 + 64 usw.
(akk.), 69 // 70 (akk.), 72 (akk.), 74 (? akk.), 85 (akk.), 89 (? akk.),
93 (akk.), 96 (akk.), 97 (? akk.), 98 (? akk.), 99 (akk.), 100 (a+b) +
144 (+) 62 (+) 101 (+) 102 (+) 103 (+) 106 (zweispr.), 104 (akk.), 105
(akk.), 111 (zweispr.), 127 (zweispr.) und 137 (? akk.).

Kramer ISETP I 156 Ni 4455 (sum.), 172 Ni 9852 (sum.), 173 Ni 9593
(sum.), 199 Ni 9844 (sum.), 217 Ni 4176 (sum.) und 218 Ni 13214 (sum.).

Kramer SLTN n49 (sum.), 53 (? sum.) und 161 (sum.).

Küchler Medizin (enthält passim akk. und sum. Beschwörungen).

Lackenbacher RA 65 119ff. (zweispr.).

W.Lambert AfO 18 288ff. (akk.).

W.Lambert AfO 23 39ff. (akk., zweispr.).

W.Lambert AfO 23 tX K 11513 (akk.).

W.Lambert AS 16 283ff. (akk., sum.).

W.Lambert BWL p258 K 16171 (? sum., ursprünglich zweispr.?); p288 K
9387 (? akk.); p341 83-1-18,237 (akk.).

W.Lambert Iraq 31 28ff. (akk.).

Landsberger JNES 14 14ff. (akk.) und JNES 14 17 Kültepe 1948,611 (akk.).

Landsberger MSL 9 104 C (akk.).

Langdon Babyl. 3 28f. (zweispr.) und 29f. (akk.).

Langdon BE 31 n60 (enthält sum. Beschwörungen).

Langdon BL n3 (sum.), 4 (sum.), 12 (? sum.), 23 (? sum.), 25 (? sum.),
45 (? sum., ursprünglich zweispr.?), 52 (? sum.), 76 (?? sum.), 113
(sum.), 114 (nur Sumerisches erhalten), 159 (sum.), 190 (? sum.).

Langdon JRAS 1932 557ff. (zweispr.).

Langdon OECT 6 p35f. + 14f. (zweispr.); p74ff. (akk.); tXXVI K 9310 (?
sum., akk.).

Langdon RA 28 138f. (zweispr.).

Legrain MDP 14 124ff. n91 (sum.).

Legrain PBS 13 n33 (sum.).

Legrain PBS 14 n1087 (? akk.).

Lutz PBS 1/II n106 (akk.), 107 (sum.), 109, 121 (akk.), 122 (zweispr.), 123 (sum.), 130 (? sum.), 131 (sum.) und 132 (sum.).

Macmillan BA 5/V nXXIX (akk., kleine Tiere) und nLVII (akk., z.T.
sum.?).

Meek AJSL 35 141f. 1905-4-9,93 (zweispr.) und 142 1905-4-9,245 (zweispr.).

Meek BA 10/I n1 (zweispr.), 7 (zweispr.), 24 (zweispr.) und 27 (? zweispr.).

Meek RA 17 132 K 4147 (zweispr.), 134f. K 4167 (zweispr.), 173 K 14836
(? zweispr.?).

vdMeer Iraq 6 144ff. n51 Rs. (? akk.).

Meier AfO 12 141ff. (akk.).

Nougayrol ArOr 17/II 213ff. (sum.).

Nougayrol PRU III p214 16.416 (sum.).

Nougayrol RA 41 31 und 41f. AO 17656 (akk.).

Nougayrol RA 65 155ff. n1 (sum.).

Nougayrol RA 66 141ff. n4 ("sum.", akk.).

Nougayrol Ugaritica V n17 (akk., sum.) und n19 (akk.).

Otten KBo 7 n3 (akk.), 9 (? akk.).

Otten KBo 9 n44 (akk.), 46 (? akk.), 47 (akk.), 50 (akk.).

Otten KUB 33 n52 III 10'-12' (akk.).

Pinches CT 4 3 88-5-12,6 (sum.), 4 88-5-12,7 (sum.) und 8 88-5-12,51 (zweispr.).

Pinches CT 44 n25-34 (sum.); n32 (+) 33 Kol. VIII-IX (akk.).

Pinches IV R² 14 n2 (zweispr.), 18* n6 (zweispr.), 26 n7 (zweispr.), 29 n1 (zweispr.) und 55 n2 (akk.).

Postgate GPA n270 (akk., sum.).

Sauren Genava N.S. 16 109ff. (sum.).

Sayce PSBA 37 195ff. K 2546 (akk., kleine Tiere).

Scheil RA 13 165ff. (akk.).

Scheil RA 18 20f. n16 (? akk.).

Scheil RA 22 154ff. (akk.).

Scheil RA 23 42ff. (sum.).

Scheil RA 24 42 (sum.).

Schramm OrNS 39 405ff. (zweispr.).

Sollberger Iraq 24 69ff. (zweispr.).

Speleers RIAA n51 (? sum.) und 312 (akk.).

Strassmaier ZA 6 241ff. (Kommentar).

Sweet Essays on the Ancient Semitic World 6ff. (akk.).

Tallqvist Maqlû II 95 K 3896 (? zweispr.) und K 5729 (? akk.).

Thompson AMT 1/4 + 99/2 (enthält sum. Beschw.); 8/1 usw. (enthält akk. und zweispr. Beschwörungen); 15/5 (? akk.); 17/2 (? akk.); 18/1 (? akk.); 18/9 + 83/2 (enthält sum. Beschw.); 21/2 (vgl. 22/2, akk.); 23/2 (enthält sum. Beschw.); 23/6 (enthält akk. Beschww.); 23/7 + 27/5 + 36/2 + 46/2 usw. (+) 26/6 usw. (enthält akk. Beschwörungen, eine davon auch in 28/2+ vorhanden); 24/2 (+?) 68/5 (enthält akk. Beschww.); 25/1 + 28/1 usw. (enthält akk. Beschww.); 26/1 (enthält akk. Beschw.); 27/4 siehe zu 81/5; 27/6 + 44/1 + 84/4 (enthält akk. Beschww.); 28/2+ (enthält akk. Beschw., auch in 23/7+ vorhanden); 30/6 (enthält sum. Beschw.); 30/7 (enthält akk. Beschw.); 30/11 (? akk.); 33/2 (? akk.); 33/4 (akk.); 34/4 + 37/2 usw. (enthält sum. Beschwörungen); 37/8 (+?) 38/2 + 42/4 und 45/5 (enthalten sum. und akk. Beschww.); 40/2 (akk.); 42/3+ (enthält zweispr. Beschw.); 42/6 (enthält sum. [und akk.] Beschwörung, auch bei Köcher BAM II n127 usw. vorhanden); 44/4 (? akk.); 45/5 (enthält akk. und sum. Beschww.); 46/1 (enthält sum. und akk. Beschww.); 47/5 (? akk., sum.?); 51/1 (enthält zweispr. Beschw.); 51/3+ (enthält sum. Beschw.); 51/11 (akk.); 52/1 (enthält akk. Beschww.); 52/7+ (enthält "sum." Beschw.); 53/7 (akk.); 54/2 (enthält zweispr. Beschw.??); 54/3 (enthält akk. Beschww.); 57/2 (? akk.); 57/9 (? akk.); 60/2 (? akk.); 61/7 (enthält zweispr. Beschw.); 63/2 + 94/2 (95/2) usw. (enthält sum. und akk. Beschww.); 65/2 (enthält sum. Beschw.); 67/3 (akk.); 71/1 (akk.); 76/5 + 77/1 (79/1) + 79/4 usw. (enthält sum. Beschww.); 76/6 (akk., sum.); 78/8 (akk.); 79/2 (enthält akk. und sum. Beschww.); 80/7 (81/3, enthält akk. Beschw.); 81/5 (offenbar + 27/4, vgl. 33/5; akk.); 85/1 (+) 86/1 und 85/3 (akk.); 85/2 (? akk.); 89/1 (Kol. I Schluss "sum." Beschw., auch in 52/7); 91/3 (enthält sum. Beschwörung(en?)); 92/1 (enthält akk. und zweispr. Beschww.); 94/1 (enthält akk. Beschw.); 102/1 (mit 13/5 und 19/3; enthält zweispr., akk. und sum. Beschww.). -- Siehe auch HKL III p63 Verschiedene Schöpfungsmythen.

Thompson Archaeologia 79 n3 (akk.).

Thompson CLBT p35 und t4 B 5 (akk.).

Thompson CT 14 47 35503 Anfang (zweispr.).

Thompson CT 16 und 17 passim (zweispr.). CT 17 50 siehe HKL III p63 Verschiedene Schöpfungsmythen ("Wurm").

Thompson CT 23 1-14 (enthält akk. Beschwörungen; für die sum. und akk. Beschwörung CT 23 2 15ff. vgl. auch Thompson AMT 42/6) und CT 23 23-38 (enthält akk. Beschwörungen).

Thureau-Dangin RA 36 10ff. n3 (akk.).

Virolleaud Babyl. 3 294ff. (akk., sum.).

Walker CT 51 n98 (? akk.), 102 (? akk.), 103 (? akk.), 110 (zweispr.), 112 (? zweispr.), 142 (akk., nach Unterschrift utug-ḫul-a-meš), 194 (akk.), 201 (akk., kleine Tiere).

Weidner KUB 4 n13 (akk.), 16 (akk., ursprünglich zweispr.?), 17 (+?) 18
(? akk.), 20 (+) 21 (? akk.), 23 (? zweispr.), 24 (akk., sum.?), 35 (?
akk.), 60 (akk.) und 99 (akk.).
Weir JRAS 1929 281ff. (akk.).
Wilcke AfO 24 13f. n4 (sum.) und 14f. n5 (sum.).
Wiseman AT n448 (? akk.?), 449 (akk.?) und 450 (? akk.?).
Zimmern BBR II n11 IV (enthält sum. Beschwörung), n42 (enthält akk. Be-
schwörungen), n51 (akk.), n57 (akk.) und tLXXV K 9422 (sum.).
Zimmern VS 2 n93 (? sum.), 97 (sum.), 98 (sum.) und 100 (sum.); VS 10
n184-190, 193, 194 (?), 202 und 203 (alles sum.). Für VS 2 n97 (+?) n100
(+?) VS 10 n185 und VS 10 n186 cf HKL III p87 unten.
Zimmern ZA 23 369ff. (akk.).

§ 88. Sumerische Weisheit.

Cf E.Gordon BiOr 17 122-152.

Bernhardt TMH NF 3 n42-43 (Enkita und Enki-hegal = Dialogue 2, Girine-
isa und Enki-mansum = Dialogue 3, in n42 auch Tani); n45, 47, 49 und 51
(Sprichwörter).
Bernhardt TMH NF 4 n40 (Sprichwörter), 41 (Fabeln?), 45 (Weihung einer
Axt an Nergal).
Biggs JNES 32 26ff. (Rätsel).
Chiera SEM n63 (Schimpfreden von zwei dumu-edubba's = Dialogue 1).
Chiera SLT n10 (Proverb collection twelve?) und 189 Vs. (Proverb col-
lection six).
Chiera STVC n3+4 (Proverb collection seven).
Civil + Biggs RA 60 1ff. (Lehre des Šuruppak).
Civil + Biggs RA 60 5ff. (zweispr. Weisheit).
Deimel Inschr.Fara II n26 // 27 und n65.
vDijk SSA 89ff. (Essay collection four [+ three] = Vituperative disput-
ation between two women = Dialogue 5).
Figulla CT 42 n23 (cf Alster RA 67 108 Anm. 1: the folktale "The Old
Man and the Young Girl", CT 42 n23 A 1 - B 6 usw.).
Gadd UET 6/II n165-168 (Edubba); 197; 209, 213, 215, 217-220, 226, 227,
235, 237, 238, 240-260, 264, 265, 267, 271, 272, 275-283, 284 (?), 285,
286, 289, 292, 294-300 (300 Proverb collection eight), 304, 307, 308,
310-312, 314-319, 321-323, 325-331, 333, 335-339 (alles Sprichwörter);
340-348 (Rätsel); 356, 365, 367 (?), 368 (?), 371, 380 // 381 (zweispr.),
382 (?), 386 (zweispr.) und 387 (alles Sprichwörter).
E.Gordon passim (besonders Sprichwörter (Proverbs)).
Gragg AfO 24 51ff. (Fabel(n) The heron and the turtle, Enki and the
turtle).
Jestin TSŠ tLXI-LXII n124 und tXCVIII-XCIX n327.
Kramer Archaeology 7 147 (Proverb collection thirteen).
Kramer Biblical parallels 25 (Proverb collection twenty).
Kramer ISETP I 125 Ni 4095 (?), 125 Ni 4556, 125 Ni 10159, 127 Ni 4058,
168 Ni 9493 (Proverb collection three), 168 Ni 9494, 171 Ni 9528, 171 Ni
9542, 172 Ni 4319, 202 Ni 9989, 205 Ni 9587 (Proverb collection three),
alles Sprichwörter.
Kramer OrNS 22 tXXXVI Ni 4241 (proverbs and sayings) und Ni 4300 (ebenso).
Kramer Schooldays (Edubba).
Kramer SLTN n121 (Edubba), 122 (Edubba?), 128 (Proverb collection ten,
cf Alster RA 67 108 Anm. 1), 130 (Essay collection five), 131 (Kol. III
essay, proverbs?), 133 (essays?), 134 (essays?), 135 (Essay collection
three + four = Dialogue 5), 145 (Proverb collection six), 147 (ebenso),
149 (Proverb collection nine) und 153 (Proverb collection three).
Kramer TAD 8/II tXXV-XXVI Ni 9630+9791 (Proverb collection twelve).

Kramer VT Suppl. 3 170ff. (Man and his god).
W.Lambert BWL p190f. (Fabel, z.T. zweispr.) und p222-274 (zweispr. Sprichwörter).
Langdon BE 31 n28 (Essay collection three [+ four] = Vituperative disputation between two women = Dialogue 5).
Langdon OECT 1 p16ff. t13-16 I 1 - III 4; t32-35 (Georgica).
Langdon PBS 10/I n4 = Poème tIX (Lehre des Šuruppak).
Langdon PBS 12/I n29 (Proverb collection eleven) und 36 (Edubba).
Legrain PBS 13 n38 (Proverb collection eighteen) und 50 (Proverb collection eleven).
Lutz PBS 1/II n98 (Edubba?), 117 (Proverb collection ten, vgl. Proverb collection nine), 135 (Righteous sufferer, zweispr.) und 136 (Proverb collection three).
Meek RA 17 121 K 2015+ (bilingual precept compilation) und 154 K 7645 (? zweispr.).
vdMeer MDP 27 n89 (Proverb collection three) und 206 (Proverb collection six).
Nougayrol Ugaritica V n164-166 (sagesse en dictons, zweispr.).
Pinches CT 44 n18.
Pinches IV R² 24 n1 (Borger Festschrift Böhl 47ff.; Nergal-Lehre, zweispr.).
Radau Festschrift Hilprecht n19 (Gespräch zwischen einem Schreiber und seinem ugula = Dialogue 4).
Sjöberg JCS 24 107ff. n1 ("He is a good seed of a dog") und n2 ("Engardu, the fool").
Sjöberg JCS 25 105ff. (Der Vater und sein missratener Sohn).
Walker CT 51 n180 (zweispr. Sprichwörter?)?
Weidner OLZ 17 306 P 376 (Proverb collection six).
Young JCS 24 132 (Sprichwort).
Zimmern VS 10 n204.

Streitgespräche:
Bearbeitung durch Civil vorgesehen.
Barton MBI n8 (Mutterschaf und Getreide, Laḫar - Ašnan). -- Chiera SRT n4 (Silber und Kupfer, Kù - Urudu). -- vDijk SSA 43ff. (Sommer und Winter, Emeš - Enten). -- vDijk SSA 65ff. (Dumuzi und Enkimdu; Streitgespräch oder Mythos?). -- de Genouillac TCL 16 n53 (Baum und Rohr, Giš - Gi). -- Kramer ISETP I 184 Ni 9680 (?), 198 Ni 9932 (?). -- Kramer SLTN n131 Kol. I-III (Mühlstein und gul-gul-Stein). -- Langdon BE 31 n50 (Hacke und Pflug, Al - Apin). -- Poebel PBS 5 n11 (kurgi-Vogel und Rabe).-- Zimmern VS 10 n204 Kol. I-II(III) (Vogel und Fish, Ku₆ - Mušen).
Für "The heron and the turtle" siehe oben p93 Gragg AfO 24 51ff.

Edubba zweisprachig, u.ä.:
Ebeling KAR n111 // 367 usw. (Examenstext A, Sjöberg ZA ...). -- Ebeling LKA n65. -- Gadd BSOAS 20 255ff. DT 290, 79-7-8,49, K 4815 und K 11856. -- Gadd UET 6/II n385? -- W.Lambert BWL p233f. usw. (é-gal-Text). -- Langdon RA 28 135 Sm 947 (Examenstext B). -- Nougayrol Ugaritica V n15. -- Sjöberg JCS 24 126ff. (Examenstext D). -- Weidner KUB 4 n39 (sum., ursprünglich zweispr.).

§ 89. Akkadische Weisheit.

vDijk UVB 18 44ff. (Namen Weiser und Gelehrter).
Gössmann Era 114 unten (Fabel).
Gurney STT II n120 (+) 121.
King CT 13 34 DT 41 (Fabel).
W.Lambert, BWL (Righteous sufferer, Theodicy, Precepts and admonitions, Preceptive hymns, Dialogue of pessimism, Fables or contest literature, Popular sayings, Proverbs).

W.Lambert CT 46 n44 (Dialog zwischen zwei Freunden)?
Meissner ZA 7 27ff. Rs. IV (Sprichwörter, W.Lambert BWL p280).
Nougayrol PRU III p309ff. (Sprüche o.ä.).
Nougayrol RB 59 239ff. (Juste souffrant bzw. Dialogue between a man and
his god).
Nougayrol Ugaritica V n162 (Juste souffrant) und n163.
Pinches V R 44 (Namen Gelehrter).
Walker CT 51 n93 (Fabel) und 219 (Kommentar zu Ludlul?).

§ 90. Erzählungen u.ä.

Siehe auch §63-65 (Mythen und Epen), §88-89 (Weisheit, Fabeln) usw.

Ebeling TuL n2 (aluzinnu-Text, akk.)?
Figulla CT 42 n23 (cf Alster RA 67 108 Anm. 1: the folktale "The Old
Man and the Young Girl", CT 42 n23 A 1 - B 6 usw.; sum.).
Figulla KBo 1 n11 (Belagerung der Stadt Uršu, akk.).
Gadd UET 6/II n414 (Szene in einer Wäscherei, akk.).
de Genouillac TCL 16 n80 (Die drei Freunde aus Adab, sum.).
Gurney AnSt 6 145ff. (The tale of the poor man of Nippur, akk.).
Knudtzon El-Amarna n341 (Keši-Geschichte, akk.).

§ 91. Mantik u.ä.

Astrologie:
Auch Wetteromina und Erdbebenomina.
Cf Parpola Iraq 34 26 (zum Titel Enūma Anu Enlil); Weidner AfO 14 172
ff. und 308ff., AfO 17 71ff., AfO 22 65ff.
Für die "Reports" siehe §60, für die Serie ^{mul}Apin siehe §102.
Bearbeitung der Serie Enūma Anu Enlil durch E.Reiner vorgesehen.
Bezold ZA 3 249 K 3094. -- Biggs RA 62 51ff. -- Borger Festschrift Böhl
38ff. -- Bottéro RA 44 105ff. (aus Qatna). -- Buccellati + Biggs AS 17
n33. -- Clay BRM 4 n19 // 20. -- Clay PBS 2/II n123 (meteorologischer Bericht). -- Clay YOS 1 n39 (astrologischer Bericht). -- Craig AAT. -- Ebeling KAR n366? -- Falkenstein LKU n30 (?), 44, 105-107, 109-112, 114-120,
130 (?). -- Gadd CT 41 20-21; 45 Rm 855. -- Gadd JCS 21 52ff. -- Gadd UET
6/II n413. -- Goetze JCS 1 350 n2. -- Güterbock KBo 14 n60. -- Gurney STT
II n329, 330, 335 und 339. -- King Cat.Spl. 1904-10-9,94. -- King CT 26
40-50; 49 Sm 1125 Astrolab. -- King CT 33 9. -- King CT 34 12-14; 18 K
14363. -- King STC I 215 und 216f.; STC II tXLIX-L und LXVII-LXXII. --
Köcher KUB 37 n150-164. -- Labat CBII p158 Anm. 1 VAT 9788. -- Labat MIO
5 343 VAT 11293+ (?) und 344 VAT 11253 (?). -- Lacheman RA 34 1ff. (Nuzi).
-- Langdon Babyl. 7 230ff. Vs. -- Langdon Venus tablets. -- Layard ICC
80 B? -- Legrain PBS 13 n84. -- Leibovici RA 50 11ff. -- Leibovici RA 51
21ff. -- Lutz UCP 9/IX. -- Macmillan BA 5/V nLVIII (Astrolab). -- Meek RA
17 127 K 2902; 128-130 K 2907; 144 K 4593; 153 K 7626+; 162 K 9133; 172
K 14536 (?); 175 Sm 9; 180 Sm 1038; 184f. Rm2 38; 190f. 82-5-22,572; 193
1902-5-10,9. -- Meissner SplAW t7 K 4166. -- Norris II R 44 n7; 47; 49 n4.
-- Oppenheim JNES 33 197ff. -- Oppert + Ménant Documents juridiques 334ff.
-- Otten KBo 8 n5 und 6. -- Otten KBo 9 n55. -- Pinches BOR 2 39. -- Pin-
ches LBAT passim; n1458-1476, vgl. 1588-1593, Horoskope. -- Pinches V R 12
n5; 46 n1. -- Pinches RT 19 101ff. (Bericht über astronomische Träume). --
Sachs JCS 6 49ff. (Horoskope). -- Scheil RA 14 139ff. -- Scheil RA 14 142
ff. -- Scheil RA 18 29f. n20. -- Schroeder KAV n218 (Astrolab). -- Šilejko
CRAS B 1927 125ff.; 196ff. -- G.Smith III R 55 n2 (?) und n3. -- Thureau-
Dangin RA 16 171 AO 2163A. -- Thureau-Dangin TCL 6 n11-14 und 16-20. --
Virolleaud ACh. -- Virolleaud Babyl. passim. -- Virolleaud JA 1917/I 338
und 340 K 2876. -- Virolleaud ZA 16 203 Anm. 1. -- Walker CT 51 n143, 144,

154, 173 und 174. -- Weidner AfO 13 232f. K 4458. -- Weidner AfO 14 172ff.
+ 14 308ff. + 17 71ff. + 22 65ff. -- Weidner AfO 14 340f. VAT 9434. --
Weidner AfO 19 105ff. -- Weidner AfO 20 118f. -- Weidner Babyl. 6 98ff. +
Virolleaud ACh SS nLXXX. -- Weidner Babyl. 6 140-144. -- Weidner BSGW
67/II 55ff. VAT 9417. -- Weidner Gestirn-Darstellungen p12ff. und 15ff.
-- Weidner HBA 62-76 (Astrolabe). -- Weidner KUB 4 n64. -- Weidner OLZ 16
204ff. P 206. -- Weidner RLA III 186 Assur 13956 bh (+) 13956 co. -- Wiseman AT n451 und 452. -- Wiseman Iraq 17 6f. ND 3579 und 7 ND 3557.

Extispizin:
Cf Boissier Mantique, Dillon Assyro-Babylonian liver-divination.
Für Modelle cf Borger JEOL 18 323ff., Landsberger + Tadmor IEJ 14 201
ff. (Ugaritische Modelle Dietrich + Loretz Ugaritica VI 165ff.)
Die altbabylonischen "reports on acts of extispicy" sind zusammengestellt von Goetze JCS 11 89ff. und Nougayrol JCS 21 219ff.
Biggs JNES 33 351ff. -- Boissier Choix I 39-169. -- Boissier DA 6ff.,
11ff., 45f., 95f., 97ff., 209ff., 217ff., 225ff. und 248ff. -- Borger BiOr
14 190ff. -- Clay BE 14 n4 (mittelbabyl. Bericht). -- Clay BRM 4 n12, 13
und 15 // 16. -- vDijk Sumer 13 t33 B. -- Ebeling KAR n148, 150-153, 422,
423, 426-429, 431, 432, 434, 435, 437, 439-442, 444, 446-452, 452[a], 453,
454, 456, 457, 460, 461, 464 und 465. -- Ebeling TuL n9. -- Falkenstein
LKU n132 und 133. -- Frank StrKT n5. -- Gadd CT 41 42. -- Goetze JCS 8
144 und 147f. -- Goetze JCS 11 89ff. (n18, 22 und 23 mittelbabyl. Berichte). -- Goetze YOS 10 (n2 mittelbabyl. Bericht). -- Gurney STT II
n231, 308-311 und 314-320. -- Handcock CT 28 14 79-7-8,127 (?); 19 82-5-
22,522 (?); 43-50. -- Handcock CT 30 und 31. -- Hussey JCS 2 21ff. --
King Cat.Spl. 1904-10-9,132. -- King CCEBK II 25ff. und 129ff. // 40ff.
und 139ff. -- Klauber PRT (Orakelanfragen und Leberschauberichte). --
Knudtzon AGS (Orakelanfragen). -- Köcher KUB 37 n165-182 und 216-230. --
Kraus TBP n26? -- Landsberger + Tadmor IEJ 14 201ff. (aus Hazor). --
Langdon NBK Nab(on). n7 und 8. -- Leeper CT 35 37-38 (Omina für Assurba-
nipal). -- Legrain PBS 14 n1060? -- Lenormant Choix n88, 91 und 94. --
Lutz JAOS 38 77ff. (mittelbabyl. Bericht). -- Macmillan BA 5/V nLII. --
Mallowan Nimrud I 274 f255. -- Meissner AfO 9 118ff. und 329f. -- Meissner
BA 3 521 K 11925. -- Meissner SplAW t20 Rm 131. -- Neugebauer Exact scien-
ces² t14 Sp II 494, auch Sp II 502? -- Neugebauer MCT 139f. Text V. --
Nougayrol Iraq 31 59ff. -- Nougayrol JCS 21 219ff. -- Nougayrol RA 38
67ff. + RA 40 56ff. + RA 44 1ff. -- Nougayrol RA 41 49ff. -- Nougayrol
RA 61 23-38. -- Nougayrol RA 62 31ff. (Modell). -- Nougayrol RA 63 153ff.
-- Nougayrol RA 64 67ff. -- Nougayrol RA 66 143ff. n5. -- Nougayrol RA 67
41ff. -- Otten KBo 7 n4-7 und 13. -- Otten KBo 8 n8-9. -- Otten KBo 9
n56-66. -- Pinches CT 4 34 88-5-12,591. -- Pinches CT 6 1-3 89-4-26,238.
-- Pinches CT 44 n37. -- Rutten RA 35 36ff. -- Scheil RA 14 146-150 (zwei
mittelbabyl. Berichte). -- Scheil RA 27 141ff. und 148ff. -- Šilejko AfO
5 214ff. -- S.Smith AAA 11 107ff. -- Strassmaier AV MNB a und N 3553. --
Szlechter TJAMC p155ff. -- Thompson AMT 71/3. -- Thompson CT 20. -- Thureau-Dangin TCL 6 n1-6. -- Tschinkowitz AfO 22 59ff. -- Ungnad Babyl. 2
257ff.; 3 141ff. -- Virolleaud Babyl. 1 195 K 12649. -- Virolleaud Fragments p5 und 6. -- Walker CT 51 n113-117, 151, 155, 156 und 158. -- Weidner AfO 16 210 n77 und n81. -- Weidner KUB 4 n1, 65, 66 und 71-75. --
Weidner KUB 8 n34. -- Weidner MVAG 21 192f. und 193ff. -- Woolley Alalakh
p250ff. -- Zimmern BBR II n1-25 usw.

Geburtsomina:
Falkenstein LKU n123-126. -- Gurney STT II n307. -- Handcock CT 27 und
28. -- Leichty Šumma izbu.

Kalendertexte:
Almanache, Hemerologien, iqqur īpuš usw.
Boissier DA 100ff. (iqqur īpuš). -- Clay BRM 4 n19 // 20 (Almanach

o.ä.), 24 (iqqur īpuš) und 25 (kultischer Kalender). -- Ebeling KAR n110
(Hemerologie); 147 (Hemerologie); 151; 176-179 (Hemerologien); 212 (iqqur
īpuš und Hemerologisches); 392 (Labat CBII p226ff.); 398 (iqqur īpuš);
402 (Labat CBII p214ff.); 411 (iqqur īpuš?); 471 (Labat CBII p226f.). --
Gadd CT 41 39 (iqqur īpuš). -- Gadd UET 6/II n184 (sum. Hemerologie). --
Gurney STT II n300 (Almanach o.ä.), 301 (Almanach), 304-306 (iqqur īpuš).
-- Gurney Sumer 9 21ff. n28 (Hemerologie). -- Harper ABL 1140 (Auszüge
aus Almanach). -- Hulin Iraq 21 42ff. (Hemerologie). -- Köcher KUB 37
n117? -- Labat CBII (iqqur īpuš; tXLIV-XLVI Hemerologien). -- Labat HMA
(Textbearbeitungen). -- Labat Iraq 23 88ff. (Hemerologie, verwandt mit
iqqur īpuš). -- Labat MIO 5 299ff. (Hemerologien, Almanache, iqqur īpuš
u.ä.). -- Labat RA 56 1ff. (Labat CBII p96ff.). -- Labat Sumer 8 17ff.
(Almanach). -- Langdon AJSL 42 110ff. (kultischer Kalender). -- Langdon
BMSC (verwertet Hemerologien). -- Macmillan BA 5/V nLVIII (Astrolab). --
Matouš Sumer 17 17ff. und 60ff. (Almanache). -- Oppenheim JNES 33 197ff.
-- Oppert + Ménant Documents juridiques 334ff.? -- Pinches CT 4 5-6
88-5-12,11 (Hemerologie). -- Pinches PSBA 33 159f. (Almanach). -- Pinches
IV R² 32-33* (Hemerologien). -- Pinches V R 48-49 (Almanach). -- Reisner
SBH nVIII (kultischer Kalender). -- Riemschneider KUB 43 n1? -- Sayce ZA
2 333ff. (iqqur īpuš). -- Scheil RA 22 157f. (iqqur īpuš). -- Schroeder
KAV n218 (Astrolab, z.T. Hemerologie). -- G.Smith III R 56 n6 (Hemerologie). -- Thompson AMT 6/6 (Hemerologie). -- Thureau-Dangin TCL 6 n12;
n48 (kultischer Kalender). -- Virolleaud Babyl. 1 191 K 12393 + id Fragments p15 (kalendarische Omina); 193 K 11179 (ebenso); 193f. K 11029 (e-
benso); 194 K 7938 (ebenso); 201ff. K 2302 (kalendarische Omina, kultischer Kalender); 204 K 6482 usw. (Hemerologie); 205 K 6695 (Hemerologie).
-- Virolleaud Babyl. 4 104ff. (Hemerologie). -- Virolleaud Babyl. 6 116
und 123 Rm2 280 Seite b (kalendarische Omina, iqqur īpuš?). -- Virolleaud
Fragments p10 (iqqur īpuš?); p13 (kalendarische Omina); p14 (ebenso); p17
(ebenso?). -- Virolleaud ZA 18 228ff. (Almanache). -- Virolleaud ZA 19
377ff. (Hemerologien). -- Walker n157 (kalendarische Omina o.ä.).
-- Weidner Gestirn-Darstellungen p39f., 41ff. und 45ff. -- Weidner KUB 4
n42-45 und 46 (Almanache oder Hemerologien). -- Zimmern BBR II n44?
    Es ist häufig schwer feststellbar, ob kalendarische Omina zu enūma Anu
Enlil (Virolleaud ACh) oder zu iqqur īpuš (Labat CBII) gehören.
    Medizinische Omina (Diagnostik und Prognostik):
Clay PBS 2/II n104? -- Ebeling KAR n211. -- Ehelolf KUB 34 n6. -- Fal-
kenstein LKU n72, 94 und 96. -- Güterbock KBo 14 n59. -- Gurney STT I n89
und 91; II n403. -- Handcock CT 28 16 K 9614 (?) und 21 Sm 1101 (?). --
Kinnier Wilson Iraq 18 130ff. + 24 52ff. -- Kinnier Wilson Iraq 19 40ff.
-- Köcher KUB 37 n31 (?) und 189-193. -- Labat Syria 33 119ff. -- Labat
TDP. -- Leichty AfO 24 82ff. -- Meloni Saggi 110 tVII K 6530? -- Otten
KBo 9 n49. -- Pinches LBAT n1597 (astrologie médicale). -- Thompson AMT
51/2 + 52/9 und 78/6. -- Walker CT 51 n136 und 139. -- Weidner KUB 4 n14,
auch n53 Rs.?

    Ölomina:
Cf Pettinato Ölwahrsagung.
Ebeling KAR n151. -- Ehelolf KUB 34 n5. -- Goetze YOS 10 n57, 58 und
62. -- King CT 3 2-4 und CT 5 4-6. -- Köcher KUB 37 n198. -- Pettinato
Ölwahrsagung II p5ff. Text I.

    Orakel, Orakelanfragen, Prophetien usw.:
Für die tamītu-Texte cf W.Lambert CRRA 14 119ff. und Nougayrol RA 38
74f. Bearbeitung durch Lambert in Vorbereitung.
Für die ikribu-Texte siehe §85.
Für die prophetischen Texte aus Mari siehe Ellermeyer Prophetie, Moran
Biblica 50 (1969) 15-56 usw.
Aro CRRA 14 109ff. (Orakelanfragen). -- Th.Bauer IWA p106 1904-10-9,99

(Orakelanfrage). -- <u>Biggs</u> Iraq 29 118ff. (Prophetie?). -- <u>Borger</u> BiOr 28
3ff. (Prophetien). -- <u>Craig</u> ABRT I 4 (tamītu); I 22ff. (Orakel Asarhaddon); I 26f. (Orakel Aššurbanipal); I 81f. (tamītu). -- <u>vDijk</u> UVB 18 61f.
(Orakel? Brief?)? -- <u>Ebeling</u> KAR n218 (tamītu). -- <u>Ebeling</u> LKA n36 (Traum-
orakel o.ä.), 137 (Ritual für Orakel mit Hilfe von Sternen), 138 (Ritual
für Orakel durch Sternschnuppen und Vögel). -- <u>Harper</u> ABL 1280 (Orakel),
1367 (Orakelanfrage) und 1368 (Orakelanfrage). -- <u>Hunger</u> UVB 26/27 p87
(Prophetie). -- <u>Klauber</u> PRT (Orakelanfragen). -- <u>Knudtzon</u> AGS (Orakelanfragen). -- <u>Laessøe</u> Babylon t4 und 5 (tamītu). -- <u>W.Lambert + Grayson</u> JCS
18 7ff. (Prophetien u.ä.). -- <u>Langdon</u> TI tII-III (Orakel Asarhaddon) und
tIV K 6259 (Orakel Asarhaddon). -- <u>Leeper</u> CT 35 13-15 (Orakel Aššurbanipal), 26-27 (ebenso) und 30 Rm2 236 (ebenso). -- <u>Nougayrol</u> RB 59 239ff.
(Dialogue between a man and his god?)? — <u>Pinches</u> LBAT n1543 (Prophetie?).
-- <u>Pinches</u> IV R² 61 (Orakel Asarhaddon).-- <u>Streck</u> Assurb. p342ff. (Zwiegespräch Aššurbanipal - Nabû). -- <u>Tadmor</u> Eretz Israel 5 150ff. ("Sin of
Sargon", Orakelanfrage?). -- <u>Thompson</u> CT 20 20 K 6938 (?) und 21 82-5-22,
117 (? beide zu Klauber PRT gehörig?). -- <u>Walker</u> CT 51 n122 (? Prophetie?)
und 217 (? Orakelanfrage?). -- <u>Weidner</u> AfO 11 360ff. (tamītu). -- <u>Winckler</u>
SKT II 76 K 5966 (tamītu). -- <u>Zimmern</u> ZA 24 168ff. (Orakel Aššurbanipal).

Physiognomie u.ä.:
Cf <u>Kraus</u> MVAG 40/II und TBP.
<u>Clay</u> BRM 4 n22 (zum Teil Moralomina) und 23. -- <u>Clay</u> PBS 2/II n104? --
<u>Ebeling</u> KAR n206 + 466 (+) 472, 391 (?), 395 und 401. -- <u>Gadd</u> CT 41 20-
21. -- <u>Goetze</u> YOS 10 n54 und 55. -- <u>Gurney</u> STT II n324. -- <u>Handcock</u> CT 28
12 K 7178, 25-27 K 3985+, 28-29 82-5-22,196A und 33 K 6288. -- <u>Holma</u> OrNS
13 104. -- <u>King</u> HT n41. -- <u>Kinnier Wilson</u> Iraq 18 130ff. + 24 52ff. --
<u>Köcher</u> KUB 37 n210. -- <u>Kraus</u> AfO 11 219ff. (Begleiterscheinungen des Spre-
chens). -- <u>Kraus</u> OrNS MVAG 40/II. -- <u>Kraus</u> OrNS 16 172ff. -- <u>Kraus</u> TBP; Moral-
omina n9a, 25, 53, 60 und Kraus ZA 43 84ff. n4 + 90ff. n6 (cf HKL I p253),
auch TBP n58 und 61? -- <u>Langdon</u> Babyl. 7 230ff. Rs. -- <u>Oppenheim</u> AfO 18
62ff. -- <u>Walker</u> CT 51 n124, 147, 148 (??) und 153 (?).

Schlafomina u.ä.:
<u>Ebeling</u> KAR n390. — <u>Handcock</u> CT 28 41 K 8821. -- <u>Meloni</u> Saggi 111 tVII
K 3756. -- <u>Oppenheim</u> AfO 18 62ff. I 39 - II 1 und p67ff. — <u>S.Smith</u> CT 37
49 K 8335? -- <u>Thompson</u> AMT 65/4 (+?) 66/2.

Šumma ālu u.ä.:
Auch Tieromina; siehe dafür weiter p96 Extispizin und Geburtsomina.
<u>Boissier</u> Choix I 1ff. (Tieromina). -- <u>Boissier</u> Choix II 46 K 4096
(Bergomina). -- <u>Boissier</u> DA 1ff.; 34f. (Vogelomina); 103ff. (zum Teil).
-- <u>Borger</u> BiOr 11 88f. -- <u>Caplice</u> OrNS 40 133f. n44; OrNS 40 134ff. n45;
[OrNS 42 511ff.]. -- <u>Clay</u> BRM 4 n21. -- <u>Craig</u> AAT 1 K 1400. -- <u>Ebeling</u>
KAR n377; 378 (Vogelomina); 379 (Tieromina); 381 (Tieromina, bes. Vögel);
382; 383; 384 + 385; 386; 389; 394 + Weidner AfO 14 184ff.; KAR n396; 398;
399; 400; 405; 425; 455 (Vogelomina). -- <u>Falkenstein</u> LKU n4-6, 128 (?),
129 (?) und 131. -- <u>Gadd</u> CT 38 - 41, auch CT 41 25-34. -- <u>Gurney</u> STT II
n321-323. -- <u>Handcock</u> CT 28 5 K 7200+; 12 K 6667; 16 K 12527; 17 K 7615;
22 K 8296; 35 K 12840; 37 K 798; 38 K 4079A. -- <u>Haupt</u> NE n40. -- <u>Holma</u>
OrNS 14 254ff. -- <u>Holma</u> OT passim. -- <u>Hunger</u> MVAG 14/III (Tieromina). --
<u>Jakob-Rost</u> FB 5 31ff. (Fischomen auf Fisch). -- <u>Köcher</u> KADP n22 Schluss.
-- <u>W.Lambert</u> BWL p110ff. (Advice to a prince?). -- <u>Langdon</u> RA 13 27ff. --
<u>Meek</u> RA 17 140f. nK 4229. -- <u>Nötscher</u> Šumma ālu I - III (Textbearbeitung).
-- <u>Scheil</u> RA 14 150f. -- <u>S.Smith</u> CT 37 46-48 (?); 49 K 8335 (?). --
<u>Thureau-Dangin</u> TCL 6 n9 und 10. -- <u>Virolleaud</u> JA 1917/I 336f. K 7064. --
<u>Walker</u> CT 51 n137; n140 (Vogelomina). -- <u>Weidner</u> AfO 11 358f. — <u>Weidner</u>
AfO 16 211 n94 (Vogelomina). -- <u>Weidner</u> AfO 21 46 und tIX-X. — <u>Weisberg</u>
HUCA 40-41 87ff.

Traumdeutung:

Cf Oppenheim Dreams.

Ebeling KAR n470. — Oppenheim Dreams. -- Oppenheim Iraq 31 153ff. --
Scheil MDP 14 n49ff.

Weihrauchomina:
Lutz PBS 1/II n99. -- Lutz UCP 9/V.

Verschiedenes, nicht Einzuordnendes, Allgemeines:
Boissier Choix I und II.
Boissier DA.
Borger Festschrift Böhl 44ff. (Marduk-Omina).
Ebeling KAR n52, 180, 287, 300, 366, 397 (?), 406, 410, 412, 413, 414,
417, 418 (?), 420, 424, 430, 438, 443, 459, 461, 462, 467, 468 und 469.
Falkenstein LKU n130.
Gadd CT 39 43 K 3134 (Omina mit Gegenmitteln).
Gadd CT 41 22.
Gurney STT I n73; STT II n326, 327, 346 (?), 353 (?), 355 (?).
Jordan Uruk-Warka t102?
King CT 29 48-49 (Prodigienbuch).
Köcher KUB 37 n117 (?), 118, 199-209, 211-215.
W.Lambert + Grayson JCS 18 25 K 14372 (?), 25 und 27 K 3253 (?), 27 Sm
1205 (?).
Layard ICC 80 B.
Nougayrol OrNS 32 381ff. (Divination mit Mehl).
Nougayrol RA 61 34ff.
Oppenheim JNES 33 197ff. (Omenkatalog, Omenlehre).
Otten KBo 7 n9?
Otten KBo 13 n38.
Riemschneider KUB 43 n1?
Sayce PSBA 29 91ff.?
S.Smith CT 37 46-48 (Omina mit Gegenmitteln).
Thompson AMT 65/3 (Omina mit Gegenmitteln).
Thompson EG t8 Rm 907 (Gilgameš-Omina).
Thureau-Dangin RAcc p34ff. (enthält Omina).
Virolleaud Babyl. 1 194f. K 12103; 196 DT 305; 196f. K 9561; 207 Rm
424.
Virolleaud Babyl. 3 134 und 139 K 3901+.
Virolleaud Babyl. 3 272f. und 276 Sm 1224.
Virolleaud Babyl. 3 306f. Rm 467?
Virolleaud Babyl. 6 116 und 123 Rm2 280 Kol. b; 118 und 127f. K 3520
(Omenlehre?).
Walker CT 51 n120, 121, 122 (?), 123, 138 (??), 145, 153 und 172.
Weidner KUB 4 n68, 69, 70, 87 (?) und 89 (?).
Weidner RLA III 186 Assur 13956 bh (+) 13956 co.

Für die historischen Omina cf Finkelstein PAPS 107 (1963) 461-472;
Goetze JCS 1 253-265 und 358; Nougayrol Présages historiques.
Für die Omendeutungen cf Oppenheim OrNS 5 199-228.

§ 92. Vokabulare.

Cf Christian MVAG 18/I (Namen der Keilschriftzeichen); Frank MAOG 4
36ff. (Fremdsprachliche Glossen in assyrischen Listen und Vokabularen);
Oppenheim Anc.Mes. 244ff. (Übersicht über die verschiedenen Serien);
Schuster ZA 44 217ff. (Nach Zeichen geordnete Vokabulare).

A:
A I/1) Meek RA 17 119 K 945 Z. 13. -- Thompson CT 11 36 K 4606 usw.;
37 DT 240; 37 79-7-8,300.
A I/2) Meek RA 17 156 K 7766. -- Pinches JRAS 1894 830f. -- Thompson

CT 12 20 38189; 25-26 38128.
A I/3) Thompson CT 12 20 38189.
A I/4) Thompson CT 11 33 K 10445; 37 K 8284.
A I/5) Thompson CT 11 38 K 4148.
A I/6) Thompson CT 11 40 K 4383; 40-41 K 4146; 41 K 4141; 42 K 4145K,
K 4145G und K 7753; 44 K 4145I und K 4145H. -- Thompson CT 12 16-17 93038
usw.; 16 93043. -- Thompson CT 18 11 Sm 1614.
A I/7) Thompson CT 12 22 38180.
A I/8) Thompson CT 11 39 K 4151 usw.
A II/1) Thompson CT 12 23 38372; Weidner RA 11 124ff. (Kommentar).
A II/2) Thompson CT 11 33 K 7747; 35 Rm2 555; 38 K 7609, Rm2 586 und K
7684; 44 K 4145A.
A II/3) Langdon RA 28 141. -- Thompson CT 11 34 Sm 702 und Rm2 28; 43
K 7751; 44 K 14422.
A II/4) Thompson CT 12 1-3.
A II/5) Thompson CT 11 6 K 13592?
A II/6) Thompson CT 12 4-5.
A II/8) Thureau-Dangin RA 6 132.
A III/3) Thompson CT 11 39 Rm 341. -- Thompson CT 12 6-7.
A III/4) Thompson CT 11 39 Rm 341. -- Thompson CT 12 8-9.
A III/5) Thompson CT 11 33 K 10072. -- Thompson CT 12 14-15.
A III/6) Thompson CT 11 33 Rm 910 und K 7761.
A IV/2) Thompson CT 11 33 K 4145E (+?) K 4145F (+?) K 7802; 38 K 7701
usw., K 7808 und K 7765; 44 K 7723.
A IV/3) Thompson CT 11 33 K 8298; 35 Rm2 30; 42 K 7703, auch K 11158??;
44 81-2-4,480.
A IV/4) Thompson CT 12 21 47779 und 37485; 22 36991.
A V/1) Thompson CT 12 21 93058-93062. -- Thureau-Dangin TCL 6 n37.
A V/2) Thompson CT 12 20 38173; 21 93040 (+?) 93057.
A V/3) Thompson CT 12 17 93039; 18 93041.
A VI/1) Thompson CT 12 20 38276.
A VI/3) Thompson CT 12 31 38177.
A VI/4) Thompson CT 12 23 93056 (+?) 93063 (+?) 93064.
A VII/1) Thompson CT 12 23 41499.
A VII/2) Poebel PBS 5 n105.
A VII/4) Goetze JCS 13 120ff. -- Thompson CT 11 44 K 14941. -- Thompson
CT 12 31 38885.
A VIII/1) Thompson CT 12 10-11. -- Scheil ZA 10 198ff. (Kommentar).
A VIII/2) Thompson CT 12 12-13 usw. -- Scheil ZA 10 198ff. (Kommentar).
A VIII/3) Goetze JCS 4 73f. (Kommentar).
A VIII/4) Thompson CT 12 18-19 38374.
A unassigned (A)) Thompson CT 12 17 93045.
A unassigned (B)) Thompson CT 11 33 K 5719.
A unassigned (C)) Thompson CT 11 34 K 7770
Proto â = A) Landsberger MSL 9 124ff. und 148f.

A-tablet:
Siehe Landsberger MSL 13 10ff.

An:
Siehe auch §66.
An VII) Gadd CT 41 50. -- Thompson CT 18 11-14 K 169; ib 19 K 4377
usw. und K 9983.
An VIII) Thompson CT 18 5 K 3906+ usw.; 11-14 K 169; 17 K 11205; 41 K
12022.
An IX) King CT 24 18 80-7-19,297. -- Thompson CT 18 6; 9 K 5420A.

ana ittišu:
Landsberger MSL 1.
Kraus Festschrift Koschaker 50f. Vorläufer?

<u>antagal</u>:
antagal III) <u>Thompson</u> CT 18 32 und 34-35; 33-34 K 4370 usw.
antagal V) <u>Thompson</u> CT 18 33 79-7-8,31.
antagal VII) <u>Thompson</u> CT 18 33 Sm 1490.
antagal VIII) <u>Norris</u> II R 36 n3. -- <u>Pinches</u> V R 30 n2. -- <u>Thompson</u> CT
18 36-37 usw. -- <u>Thompson</u> CT 19 15 K 5441A (?); 35 Sm 1808.
antagal X) <u>Thompson</u> CT 18 33 K 8833.
antagal A) <u>Langdon</u> RA 13 182ff. usw. -- <u>Meek</u> RA 17 142 K 4242; 159 K
8305.
antagal B) <u>Thompson</u> CT 19 32-33 Rm 604. -- <u>Thureau-Dangin</u> RT 32 42ff.
antagal C) <u>Langdon</u> Babyl. 7 tVII + RA 28 128. -- <u>Thompson</u> CT 19 14 K
13704; 35 Sm 896.
antagal D) <u>Thompson</u> CT 19 20 Rm 343 usw.; 47.
antagal E) <u>Thompson</u> CT 19 48-49 K 26.
antagal F) <u>Norris</u> II R 25 n6 usw. -- <u>Thompson</u> CT 19 30-32 K 5 usw.
antagal G) <u>Thompson</u> CT 19 17-19.
antagal H) <u>Thompson</u> CT 19 22 K 4361.
antagal I) <u>Thompson</u> CT 19 39 K 9888.
antagal J) <u>King</u> Cat.Spl. 1905-4-9,401. -- <u>Thompson</u> CT 19 25 K 14042.
antagal K) <u>Meek</u> RA 17 201 1905-4-9,7.
antagal L) <u>Thompson</u> CT 19 11 Sm 262.
antagal M) <u>Thompson</u> CT 19 21 K 4393.
antagal N) <u>Thompson</u> CT 19 25 K 4309 usw.
antagal P) <u>Meek</u> RA 17 203 1905-4-9,51.
antagal c_1) <u>Thompson</u> CT 19 40 K 14135.
antagal d) <u>Meek</u> RA 17 143 K 4264.
antagal e) <u>Thompson</u> CT 19 34 Sm 1086.
antagal g) <u>Meek</u> RA 17 182 Sm 1711.
antagal h) <u>Meissner</u> SplAW t18 Sm 18.
antagal n) <u>King</u> Cat.Spl. K 14333.
antagao o) <u>Meek</u> RA 17 172 K 13687.
antagal aa) <u>Thompson</u> CT 18 44 K 7707.
antagal dd) <u>Thompson</u> CT 19 28 Rm2 31.
antagal ff) <u>Meek</u> RA 17 171 K 13637.

<u>diri</u>:
diri I) <u>W.Lambert</u> BWL t73 VAT 10071 Z. 6-8 und VAT 10756 Z. 8-10. --
<u>Thompson</u> CT 11 33 K 7795; 35-36 Sm 1300; 35 K 12827 und 76-4-13,1. --
<u>Thompson</u> CT 12 29 38592.
diri II) <u>Meissner</u> MAOG 3/III 3ff. -- <u>Thompson</u> CT 11 43 K 8286.
diri III) <u>Meissner</u> BAW II 83ff. -- <u>Thompson</u> CT 11 28 K 9928.
diri IV) <u>King</u> ZA 25 298ff. -- <u>S.A.Smith</u> MAT t25-26. -- <u>Thompson</u> CT 11
39 K 8302; 43 K 13691; 44 K 14936 usw.; 45-48; 50 Rm 905 und Rm 340. --
<u>Thompson</u> CT 18 21 DT 105. -- <u>Walker</u> CT 51 n80.
diri V) <u>Pinches</u> JRAS 1905 825ff. und Kopie nach p830. -- <u>Poebel</u> PBS 5
n106.
diri VI) <u>Keiser</u> BIN 2 n37 (VI B). -- <u>Thompson</u> CT 19 9 K 11208 (VI D).
-- <u>Goetze</u> JAOS 65 223ff. (VI E). -- <u>Thompson</u> CT 11 44 K 13683 (VI e_1). --
<u>Meek</u> RA 17 173 K 14793 und K 14824 (beide VI e_2).
diri IX) <u>Thompson</u> CT 11 50 K 7790 (= idu I).
Proto diri) <u>Goetze</u> JCS 7 28f. -- <u>C.H.Gordon</u> OrNS 16 11f. n373 (proto
diri Amarna). -- <u>vdMeer</u> OECT 4 n152 und 153. -- <u>Poebel</u> PBS 5 n131. --
<u>Scheil</u> ZA 9 219f. Sch. 2?
diri Boghazköy) <u>Figulla</u> KBo 1 n48 (I-II app. Bogh.). -- <u>Otten</u> KBo 7
n12 (I-II app. Bogh.). -- <u>Otten</u> KBo 8 n10 (I-II app. Bogh.). -- <u>Otten</u>
Vokabular tII 1005/z und tIV 664/z. -- <u>Weidner</u> KUB 3 n97 (V app. Bogh.);
n98 (I-II app. Bogh.); n103 (III app. Bogh.).

<u>ea</u>:

ea I) Clay YOS 1 n53. -- Leeper CT 35 1-8. -- vdMeer OECT 4 n151. --
Meissner MAOG 11/I-II 99ff. -- Poebel PBS 5 n104. -- Thompson CT 12 31
93068.
    ea II) Falkenstein LKU n1. -- Zimolong Ass. 523.
    ea III) Landsberger JAOS 88 133ff.
    ea IV) Hallock AS 7 p15ff. -- Thompson CT 12 27 93042 und 81-7-27,200;
30 93065.
    ea V) Thompson CT 12 24; 30 38178 und 93065.
    ea VI) Thompson CT 11 37 K 14424 (?). -- Thompson CT 12 30 93065.
    ea VII) Landsberger JCS 13 128ff.
    ea VII app.) Knudtzon El-Amarna n351+352+353+354.
    ea VIII) Thompson CT 11 28 K 8276; 42 93034; 42 Sm 615. -- Thompson CT
12 30 36333.
    ea unassigned (A)) Thompson CT 11 44 K 7718.
    ea unassigned (C)) Meek RA 17 173 K 14811.
    ea app. A) Thompson CT 11 28 K 8503.
    ea app. B) Thompson CT 11 28 K 8387
    Proto ea) Dossin RA 21 177ff. (MSL 2 147ff.). -- Gadd CT 41 47-48. --
Goetze JCS 4 75f. (MSL 2 150ff.). -- Hilprecht BE 20/I n24 Vs. (MSL 2 137,
+ MSL 9 122f.). -- Landsberger MSL 2. -- Poebel PBS 5 n102 (MSL 2 126ff.
und 135f.), 103 (ib 138f.), 107 (ib 137 und 142), 108 (ib 138), 109 (ib
40 und 130) und 110 (ib 134f.). -- Thureau-Dangin RA 9 77ff. (MSL 2 142
ff.). [Landsberger MSL 3 157ff. und MSL 9 113ff.]
    Recip. ea A) Meek AJSL 36 154ff.
    Recip. ea B) Meek RA 17 193 83-1-18,899.

    Emesal-Vokabular:
Landsberger MSL 4 1ff. (5 195).

    erimḫuš:
    erimḫuš I) Ebeling KAR n40 Z. 7-10. -- Thompson CT 18 47-48 K 214 usw.
-- Thompson CT 19 8 Rm2 587
    erimḫuš II) Ebeling KAR n40 Z. 11-13? -- W.Lambert BWL t73 VAT 10071
Z. 1-2 und VAT 10756 Z. 1-3. -- Landsberger AfO Beih. 1 176 VAT 11514 (+
VAT 10244 + VAT 12907). -- Meek RA 17 188 81-2-4,447. -- Thompson CT 18
43-46 K 2022+. -- Thompson CT 19 6 K 13590; 46 K 2058.
    erimḫuš III) Ebeling KAR n40 Z. 14-16. -- W.Lambert BWL t73 VAT 10071
Z. 3-5 und VAT 10756 Z. 4-7. -- Meek RA 17 189 82-3-23,149. -- Thompson CT
14 2 K 13615? -- Thompson CT 19 7 K 8670 (?); 12 K 13595. -- Weidner AfO
7 271ff. usw.
    erimḫuš IV) Thompson CT 18 38 K 4201 + CT 18 42 K 4321 // CT 18 42 K
4311.
    erimḫuš V) Jastrow ZA 4 155. -- Meek RA 17 202 1905-4-9,31+32. -- Pin-
ches JA 1917/II 353ff. -- Thompson CT 19 13 K 7331 usw.; 15 K 5448A. --
Thureau-Dangin TCL 6 n35.
    erimḫuš b) Thompson CT 19 2 K 4256.
    erimḫuš c) Pinches V R 29 n4.
    erimḫuš Bogh.) Figulla KBo 1 n35 (B); n36 (B₁); n37 (D); n41 a und b
(E); n44 + Otten KBo 13 n1 (A); n50 + Weidner KUB 3 n99 (C). -- Köcher
KUB 37 n147. -- Otten Vokabular tI 1431/u (G); tI 1651/u (B₂); tI 1661/u
(A₁); tII 353/z (H). -- Weidner KUB 3 n93 (F); n108; n114 (?).

    Gruppenvokabulare:
    Clay BRM 4 n33. -- Norris II R 44 n1-2. -- Pinches V R 16. -- Reisner
ZA 9 149ff. -- Thompson CT 18 29-30 K 2054. -- Thompson CT 19 14-15 K
8662. -- Thureau-Dangin RA 16 165ff. -- Walker CT 51 n163; n168 (+) Thompson CT 19 7 79-7-8,60.

    Ḫg:
    Ḫg A I) Landsberger MSL 5 43f., 81, 141f. und 187; 6 35, 75ff., 107ff.

und 139ff.; 9 166f. (Nachtrag zu MSL 5 141f.).

Hg A II) Landsberger MSL 7 57ff., 109ff., 149ff. und 171f.; 8/I 54;
8/II 44ff.; 9 194 unten (Nachtrag zu MSL 7 109ff.).

Hg B II) Landsberger MSL 6 77ff., 107ff. und 139ff.; 7 57ff. und 109ff.

Hg B III) Landsberger MSL 7 149ff.; 8/II 45ff.

Hg B IV) Landsberger MSL 9 33ff.; 10 30ff. und 103f.; 8/II 165ff.

Hg B V) Landsberger MSL 10 138f.; 11 34ff.

Hg B VI) Landsberger MSL 11 37ff. und 86ff.; 12 225f.

Hg C I) Landsberger MSL 8/II 171ff.

Hg C II) Landsberger MSL 10 139f.

Hg D III) Landsberger MSL 9 37f.; 10 30ff. und 104ff.; 8/II 175ff.; 10
140f.

Hg E) Landsberger MSL 10 30ff., 106 und 142; 11 32ff.

Hg L II) Landsberger MSL 6 107ff. und 139ff.

Hg L III) Landsberger MSL 7 57ff. und 109ff.

Hg L IV) Landsberger MSL 7 171f.; 8/II 45ff.

Weiter W.Lambert BWL t73 VAT 8573 Rs. 3-5 und VAT 10756 Z. 11-13, auch
Z. 14-17? (cf BWL p356f.).

Hh:

Hh I) Landsberger MSL 5 1ff. (MSL 9 157).

Hh II) Landsberger MSL 5 45ff. (MSL 9 157f.).

Hh III) Landsberger MSL 5 83ff. (MSL 6 163f. und 9 159ff.).

Hh IV) Landsberger MSL 5 143ff. (MSL 7 242 und 9 168ff.).

Hh V) Landsberger MSL 6 1ff.

Hh VI) Landsberger MSL 6 47ff.

Hh VIIA) Landsberger MSL 6 81ff.

Hh VIIB) Landsberger MSL 6 113ff.

Hh VIII) Landsberger MSL 7 1ff. (MSL 9 173ff.).

Hh IX) Landsberger MSL 7 31ff. (MSL 9 181ff.).

Hh X) Landsberger MSL 7 71ff. (MSL 9 188ff.).

Hh XI) Landsberger MSL 7 121ff. (MSL 9 195ff.).

Hh XII) Landsberger MSL 7 159ff. (MSL 9 203ff.).

Hh XIII) Landsberger MSL 8/I 1ff. (MSL 8/II 179f.).

Hh XIV) Landsberger Fauna (mit den Vorläufern). -- Landsberger MSL 8/II
1ff.

Hh XV) Landsberger MSL 9 1ff.

Hh XVI) Landsberger MSL 10 1ff.

Hh XVII) Landsberger MSL 10 77ff. — vdMeer Iraq 6 144ff. n84 Anfang?

Hh XVIII) Landsberger MSL 8/II 77ff. -- vdMeer Iraq 6 144ff. n80 und
81?

Hh XIX) Landsberger MSL 10 125ff.

Hh XX) Landsberger MSL 11 1ff.

Hh XXI) Landsberger MSL 11 6ff.

Hh XXII) Landsberger MSL 11 19ff. -- Meek RA 17 188 82-3-23,28 Rs.
4ff. (?); 192 83-1-18,462 Rs. 4ff. (?). -- Reiner JNES 15 146f.

Hh XXIII) Landsberger MSL 11 65ff. -- Oppenheim Beer.

Hh XXIV) Landsberger MSL 11 75ff.

Hh XXV (Landsberger MSL 12 223ff.) nach MSL 11 Foreword zu Lú gehörig.
Vorläufer) Passim bei Landsberger MSL 5ff., aber häufig ziemlich ver-
nachlässigt. Im einzelnen:

Figulla KBo 1 n32 (XXIII-XXIV). — Finkelstein JCS 7 133f. n56 (XIII).
— Frank StrKT n19 (XIV). -- de Genouillac PRAK I t28 B 397 Rs. (XXIII).
-- Jean RA 32 161ff. (MSL 11 127ff.). -- Köcher KUB 37 n145 (+) 146 (XX).
-- Kramer ISETP I 200 Ni 9975 (XVIII). -- Landsberger MSL 7 175ff. (VIII-
XII). -- Landsberger MSL 8/I 81ff. (XIII). -- 100ff. (XIII, Ras Šamra). --
Landsberger MSL 8/II 159ff. und 10 156 (XVIII-XIX, Boghazköi). -- Lands-
berger MSL 9 39ff. (XV). -- Landsberger MSL 10 37ff. (XVI, Ras Šamra);
53-64 (XVI); 107ff. (XVII, Ras Šamra); 119-124 (XVII); 144-149 (XIX);

149-153 (XIX, Ras Šamra). -- Landsberger MSL 11 40ff. (XX-XXII, Ras Šamra); 91ff. (Kramer Sumer 3 64ff.; XX-XXII); 107ff. (XXIII-XXIV); 127-164 passim (XX-XXIV). -- Limet RA 58 37ff. (XVI und XIX). -- Matouš LTBA 1 n80 (MSL 11 149f.) und n82 (XVIII-XIX). -- vdMeer OECT 4 n154 (MSL 11 150ff.), 157 (ib 134f.), 158 (ib 157f.), 159 (ib 150ff.), 161 (ib 138ff.) und 162 (ib 142ff.). -- Otten Vokabular tII 1201/z (III-IV, Boghazköy) und tV 839/z (XX, Boghazköy). -- Pinches CT 6 11-14 (XVI-XIX). -- Pinches CT 44 n46 (MSL 11 135f.) und 47 (ib 142). -- Scheil SFS p44 Si 209 (MSL 11 138). -- Virolleaud Syria 10 tLXXVII n4a-c (I? Ras Šamra). -- Wiseman AT n445 (XI-XII) und 446 (X).

idu:
idu I) Thompson CT 11 33 K 7772; 34 K 11201; 39 K 7668; 41 K 4196; 43 K 4145; 44 K 4145C usw.; 50 K 7790 (idu I = diri IX). -- Thompson CT 19 9 K 11163.
idu II) Thompson CT 11 6 K 5430 usw.; 29-32; 34 K 7769 (?); 36 K 11204 (II); 38 K 7811. -- Thompson CT 12 27 47935.
Similar to idu) Gurney STT II n395. -- Thompson CT 12 26 38186; 29 38266; 30 38179. -- Thompson CT 19 6 K 5973; 6 K 11155 usw.; 9 K 11203; 12 K 4143 usw.

igituḫ:
Short version Landsberger AfO 18 81ff. (und 86ff.).

izi:
Landsberger MSL 13 154-226.
izi VI) Thompson CT 19 11 Sm 301 (MSL 13 166f.).
izi XV) Scheil ZA 8 196f.
izi B jetzt izi XV (MSL 13 167).
Proto izi) Landsberger MSL 13 5ff.; 126 (proto izi Ugarit).
izi Bogh.) Figulla KBo 1 n31 (B, MSL 13 132 und 143ff.); n33 (C, MSL 13 132 und 145); n42 (A, MSL 13 132ff.). -- Otten Vokabular tIV 1250/z (Appendix, MSL 13 147). -- Weidner KUB 3 n104 (D, MSL 13 132 und 146); n107 (E = "F", MSL 13 132 und 146); n113 (? nicht in MSL 13); n116 (? nicht in MSL 13).
izi Ugarit) Thureau-Dangin Syria 12 225ff. n1 (MSL 13 128ff.).

kagal:
Landsberger MSL 13 227-261.
kagal D) Chiera SLT n248 (MSL 13 242ff.). -- Clay BRM 4 n26+27 Rs. (ib). -- Figulla KBo 1 n38 (ib) und 49 (ib). -- de Genouillac PRAK I t19 B 227 (ib); II t36 D 22 (ib).
kagal G) Figulla KBo 1 n46 (MSL 13 255ff.).
kagal H) Figulla KBo 1 n40 (MSL 13 259ff.).
Proto kagal) Landsberger MSL 13 61-88.
kagal Bogh.) Ehelolf KUB 30 n6-8 (I, MSL 13 148ff.). -- Figulla KBo 1 n59 (I, MSL 13 148f. und 153). -- Figulla KBo 2 n28 (I, MSL 13 150ff.). -- Otten Vokabular tV 771/z (I, MSL 13 150f.). -- Weidner KUB 3 n102 (I, MSL 13 148 und 150); n115 (I? cf MSL 13 148).

Krankheiten:
Landsberger MSL 9 75-102.

lānu:
lānu I) Thompson CT 18 38 K 4191 usw.
lānu A) Thompson CT 18 39-41 K 4243.
lānu B) Thompson CT 19 11 K 10085 usw.
lānu D) Thompson CT 19 10 K 4197.
lānu E) Thompson CT 18 47 K 10083.
lānu F) Meek RA 17 204f. 1905-4-9,74.

lú usw.:

Landsberger MSL 12 (1ff. Early dynastic lú-lists; 23ff. und 75ff. proto lú; 85ff. lú = ša; 149ff. Old Babylonian lú).
"ḪUb XXV") vdMeer Iraq 6 144ff. n15+17 Rs. und n16 Rs. (MSL 12 230ff.).
-- Pinches V R 32 n3 (MSL 12 225ff.). -- S.Smith CT 37 24-25 (MSL 12 227 ff.).
    Proto lú) Lacheman RA 36 92ff. n6 (Nuzi, MSL 12 77 und 80f.). -- Weidner KUB 3 n106 und 112 (Boghazköy).
    OB lú App. Bogh. 1) Figulla KBo 1 n30 (MSL 12 214f. und 218f.).
    OB lú App. Bogh. 2) Figulla KBo 1 n39 (MSL 12 216ff.).
    lú Ras Šamra) Thureau-Dangin Syria 13 233ff. n9 (cf MSL 12 77f. und 80f.).
    Al-A'dami Sumer 25 97f.
    Gurney STT II n382-385 (MSL 12 233ff.).
    Langdon Babyl. 7 tV-VI (MSL 12 238ff.).

    malku usw.:
    Siehe auch An (oben p100).
    Explicit malku I) Draffkorn Kilmer JAOS 83 432ff.
    Explicit malku II) Draffkorn Kilmer JAOS 83 442ff.
    Explicit malku III) Thompson CT 18 1-4 K 4375; 1 und 3 Rm 355.
    malku I) Draffkorn Kilmer JAOS 83 424ff.
    malku II) vSoden ZA 43 233ff. -- Walker CT 51 n175.
    malku III) vSoden LTBA 2 Tafel E und n10. -- Thompson CT 18 1 K 8848; 21 K 11191+; 23 Sm 279 und K 4397; 41 Rm2 200.
    malku IV) Meek RA 17 172 K 14428. -- vSoden LTBA 2 Tafel F, n11 und n12. -- Thompson CT 18 14 K 11773; 19 K 13629; 20 K 8312 und K 10452 usw.; 25 K 13585; 29 K 11233+ usw. -- Thompson CT 19 38 K 12846.
    malku V) Landsberger MSL 8/II 71ff. -- vSoden LTBA 2 Tafel G und n13. -- Thompson CT 18 22 K 5454; 22 K 4213+ usw.; 25 K 10094; 26 K 9949.
    malku VI) Ebeling KAR n40 Z. 1-6. -- Gurney STT II n393 und 404. -- Thompson CT 18 11-14 DT 58; 12-13 K 275+ usw.; 17 K 9892; 22-23 K 2036 usw.; 25 K 7764; 25 K 7719 (VI App. A).
    malku VIII) Gurney STT II n394. -- Thompson CT 18 31.
    Scheil RA 18 4 n6 // vSoden LTBA 2 Tafel B und n2-4 // Thompson CT 18 24 K 4219 usw.
    Thompson CT 18 1 K 14157 (?); 9 K 13654 (?); 9-10 K 4233+; 17 81-2-4, 434; 18 K 4587; 19 K 5444A; 47 K 4150 (?).
    Walker CT 51 n166.

    nabnītu:
    nabnītu I) Delitzsch AL³ 84f. -- Thompson CT 12 33 K 2034 und 80-7-19, 308. -- Thompson CT 19 26 Rm 359; 38 K 12907; 39 K 4600.
    nabnītu IV) Meissner MAOG 11/I-II 94ff. -- Thompson CT 12 34-35; 36-37; 38 K 244 (+?) 39 K 7697. -- Thompson CT 19 29 K 5422A.
    nabnītu V) Thompson CT 12 39 Rm2 25.
    nabnītu X) Thompson CT 12 40-41.
    nabnītu XXI) Meek RA 17 169 K 11206. -- Thompson CT 12 42-43 K 4230; 42 K 11926.
    nabnītu XXII) Thompson CT 12 46-49 K 40; 50 Rm 351.
    nabnītu XXIII) Meek RA 17 170 K 11890+. -- Norris II R 34 n4 usw. -- Thompson CT 19 22-23 Rm 344; 40 Rm2 414.
    nabnītu XXV) Thompson CT 12 49 K 11962.
    nabnītu XXXI) Bezold Festschrift Lehmann-Haupt 117f. n10.
    nabnītu XXXII) Draffkorn Kilmer AS 16 264f. -- Meek RA 17 165 K 9922.
    nabnītu A) Meissner MAOG 1/II 25ff.
    nabnītu B) Langdon RA 18 37ff. usw. -- Meek RA 17 133 K 4165 usw.; 168 K 10921 (B App.).
    nabnītu C) Norris II R 45 n2 (nach Landsberger Date palm 5f. D (former C)).
    nabnītu D) Thompson CT 19 36 K 13600 usw.

nabnītu E) Langdon RA 31 109ff. VAT 8755. -- Meek RA 17 160 K 8431. --
Meissner BAW II 54f. -- Thompson CT 12 49 K 12032 (E App.).
        nabnītu F) Thompson CT 19 36 Sm 6.
        nabnītu H) Thompson CT 19 30 K 4580 usw.
        nabnītu J) Meissner MAOG 1/I,I 3ff. -- Thompson CT 19 40 K 4601A (J
App.).
        nabnītu K) Thompson CT 19 40 K 4876 usw.; 42-43 K 247 usw.
        nabnītu L) Norris II R 30 n1.
        nabnītu M) Meek RA 17 160 K 8781 (?); 164 K 9887. -- Meissner SplAW t19
Sm 1803. -- Norris II R 62 n3.
        nabnītu N) Pinches V R 41 n2 usw.
        nabnītu O) Meek RA 17 162 K 9123. -- Thompson CT 19 26 K 12026+ (+?)
K 12027 usw.; 29 K 4378 usw.; 38 K 13583.
        nabnītu P) Thompson CT 12 49 Sm 1600.
        nabnītu Q) Thompson CT 19 46 K 4597.
        nabnītu R) Meek RA 17 149 K 5926. -- Meissner SplAW t17 K 12849. —
Thompson CT 19 38 K 11235.
        nabnītu S) Gadd CT 41 49. -- Thompson CT 19 37 Rm2 40.
        nabnītu Fragment 3) Meek RA 17 168 K 11154.
        nabnītu Fragment 4) Thompson CT 19 12 K 11394.
        nabnītu Fragment 5) Meek RA 17 174 K 15338.
        nabnītu Fragment 8) Falkenstein LKU n2.
        nabnītu Fragment 9) Scheil ZA 8 205 Si 51.
Figulla UET 4 n208 (Kommentar)?
Meek RA 17 172 K 13643.
Thompson CT 19 28 K 10090; 44 K 13712.
Walker CT 51 n177.

   níg-ga:
Landsberger MSL 13 89-124.

   Paläographische Listen:
Houghton TSBA 6 454ff. + Mallowan Nimrud I 276f. f256.
King CT 5 7.
Landsberger MSL 3 1ff. (siehe p10) und MSL 3 89ff. (siehe p96).
Meissner AfO 4 71ff.
Nougayrol PRU III p213 14.128 (Ugarit).

   Practical vocabulary:
Landsberger AfO 18 328ff. und 340f.
Landsberger MSL 10 102.

   Reciprocal ea:
Siehe ea (oben p102).

   S^a (Syllabar A), S^a-Vokabular und S^b:
S^a) Landsberger MSL 3 1ff.
S^a-Vokabular) Figulla KBo 1 n34 (MSL 3 61f.); n43 (MSL 3 83 und 85f.);
n45 (MSL 3 53 und 59ff.); n52 (MSL 3 63f.); n53 (MSL 3 87). -- King HT
n42 (MSL 3 55f. und 58f.). -- Landsberger MSL 3 47ff. -- Otten KBo 13 n3
und 9. -- Otten Vokabular tIII (abweichende Fassung). -- Weidner KUB 3
n95 (MSL 3 79f.); n105 (MSL 3 69 und 72).
S^b) Landsberger MSL 3 89ff. (9 149ff.).

   Silbenalphabete und -vokabulare:
   Silbenalphabet A) Çığ + Kızılyay Schulbücher 98ff. — Landsberger AfO
Beih. 1 170ff.
   Silbenalphabet B) Çığ + Kızılyay Schulbücher 66ff. (Serie a-a, a-a-a).
   Silbenvokabular A) Chiera SLT n243. -- de Genouillac RA 25 123ff. —
Nougayrol AS 16 33ff. — Nougayrol RA 63 83ff. -- Sollberger AS 16 21ff.
   Meek RA 17 202 1905-4-9,26 (verwandt mit Silbenalphabet A und Silben-

vokabular A).
Weidner AJSL 38 162 Assur 9166 (verwandt mit Silbenvokabular A).
Weidner KUB 3 n114 (verwandt mit Silbenvokabular A? oder erimḫuš
Bogh.?).

tu-ta-ti (u-a-i):
Çığ + Kızılyay Schulbücher 59ff. -- Knudtzon El-Amarna n350. -- Nougayrol AS 16 29ff. und 39. -- Thureau-Dangin RA 9 79f.

ugu-mu:
Landsberger MSL 9 49-73.

Nicht eingeordnete Vokabulare:
Siehe auch §100 (Schultexte).
Baqir Sumer 2 26f. sub 5b (nur Kolophon mitgeteilt). [Biggs JCS 20 82f.
Chiera PBS 11/III n35 (giš-Liste).   ＼AbST 222.]
Chiera SLT passim.
Clay YOS 1 n11.
Deimel Inschr.Fara II.
Delitzsch AW 76 [K 8726] (Körperteilnamen?).
Dossin MUSJ 45 245ff.
Figulla KBo 1 n51, 54 und 55.
Figulla UET 4 n208 (Kommentar).
Figulla UET 5 n882.
Finkelstein JCS 7 135 n58.
D.Freedman ANES 4 33ff.
Gadd UET 6/II n273 (?), 354, 355, 357-359, 361-363, 366, 369, 370, 372,
373, 376, 377, 379, 383, 390 und 400.
de Genouillac ITT II/2 t86 5898 + ITT V t52 9251 (Vogelnamen).
de Genouillac PRAK I t8 B 43; PRAK II t8 C 38.
Goetze VBoT n80?
Grice YOS 5 n105.
Gurney Iraq 31 3ff. (Kupfergegenstände).
Gurney STT II n396-398. [Haupt Die akkadische Sprache K 4808 // K 4225.]
Hilprecht BE 1/II n146?
Hilprecht BE 20/I n38 Rs.
Jastrow ZA 4 157 K 4159.
Jestin NTSŠ und TSŠ.
Köcher AfO 17 120.
Köcher KADP n10.
Kramer FTS 108 ("Botany-zoology textbook") und 112.
Lacheman RA 36 94f. n7 (Nuzi).
Landsberger MSL 9 29f.
Langdon BL n53?
Langdon Kish I tXXVI 2 und 3.
Langdon PBA 12/I n28 (? giš und na₄); n46 Vs.
Langdon RA 28 140 K 8668 (? Vogelnamen).
Legrain MDP 14 119ff. n87; 122f. n89 (šim-Liste).
Lenormant Études accadiennes I Troisième partie 73.
Lenormant Langue primitive 154.
Matouš LTBA 1 n74-76 (giš-Listen), 80 (KAM) und 81 (ú, ku₆ und mušen).
Meek AJSL 36 154ff. unjoined fragment II.
Meek RA 17 138 K 4189 (?); 156 K 7780 (?); 171 K 13639; 172 K 14330
(?); 172 K 14491 (?); 173 K 14812 (?); 174 K 14889; 174 K 14909; 188
81-2-4,507 (?).
vdMeer Iraq 6 144ff. n10 Rs. (?); n12 Rs. (?); n29 Rs. (?); n43 Vs.
vdMeer MDP 27 passim.
vdMeer OECT 4 n19 Rs.; n130; n132.
Meissner ZA 7 27ff. Rs. I-II?
Nougayrol PRU III p211f. 12.47 und 13.53.

Nougayrol Ugaritica V n130ff. (Vocabulaires polyglottes).
Otten KBo 13 n2, 4-8 und 10-12.
Otten KBo 16 n87.
Otten Vokabular tIV 808/z.
Pinches JRAS 1917 101ff. (kassitisches Vokabular).
Pinches PSBA 18 tI nach p256; tII nach p256; tIII (+) tIV nach p256.
Pinches V R 44 (fremdsprachige Eigennamen mit akkad. Übersetzung); 45
(Verbtafel).
Postgate GPA n216 (?), 271 (?) und 272 (?).
Scheil RA 18 49ff.
Scheil RA 18 72ff.
Scheil SFS p43ff.
Schroeder KAV n29; n87 (?).
S.Smith + Gadd JEA 11 230ff. (ägyptische Wörter).
Sollberger Iraq 24 71 C 1?
Thompson CT 11, 12, 14, 18 und 19 passim.
Thureau-Dangin ITT I t15 1267.
Virolleaud PRU II p201ff. n189 (ugaritisch-akkadisches Syllabar).
Virolleaud Syria 10 tLXXVII n4a-c.
Walker CT 51 n85, 87 (?), 165 (?), 169 und 171 (?).
Weidner KUB 3 n94, 96, 100, 101, 109-111, 113 und 116-118.

§ 93. Grammatische Texte.

Landsberger MSL 4 45ff. und 5 196 (OBGT I-XIX), MSL 4 129ff. und 5 197
ff. (NBGT I-X). Kolophone NBGT I, II und IV MSL 4 191.
vDijk Sumer 11 110 n8 tXI (OBGT XIX). -- Ehelolf KUB 30 n5 (OBGT
XVIII). -- Gadd CT 41 46 (OBGT XV). -- de Genouillac PRAK I t7 B 34 (OBGT
XVI). -- Kramer ISETP I 132 Ni 4125 (+) 135 Ni 4143. -- Langdon JSOR 1
19ff. (NBGT IV, Kolophon MSL 4 191). -- Leichty AfO 24 79ff. (Kommentar,
zu NBGT IX?). -- Pinches V R 45 (Verbtafel). -- Poebel PBS 5 n136 (OBGT
XI), 140 (OBGT XII) und 150 (OBGT IV). -- Thompson CT 11 44 K 14937 (NBGT
IX App. 1). -- Thompson CT 14 13 K 9950 (NBGT VII). -- Thureau-Dangin RA
11 43ff. (OBGT V). -- Thureau-Dangin RA 32 89ff. und 150 (NBGT I, Kolophon
MSL 4 191). -- Thureau-Dangin Syria 12 225ff. n2 (OBGT XIV).

§ 94. Literarische Kataloge usw.

Cf Hallo JAOS 83 169.
Bernhardt TMH NF 3 n53-55.
Caplice OrNS 34 108ff. n1-4, 114ff. n5 (?); OrNS 36 8f. n13 (?); [OrNS
42 514ff.] (Namburbi-Kataloge).
Craig AAT 1 K 1539 (Etikett Enūma Anu Enlil) und K 1400 (Etikett Šumma
ālu); 89 K 13280 (?).
vDijk UVB 18 44ff.
Ebeling KAR n44 (Leitfaden für die Beschwörungskunst); n158 (Hymnen-
katalog); n381 (Šumma ālu-Katalog?); n394 + Weidner AfO 14 184ff. (Omen-
katalog); n398 (Omenkatalog?).
Ebeling LKA n94 (Ša-zi-ga-Katalog).
Figulla UET 5 n86.
Gadd CT 39 50 K 957 (Šumma ālu-Katalog).
Gadd UET 6/I n123; 6/II n196, 198 (?).
de Genouillac TCL 15 n28.
Hallo JAOS 83 167ff.
Johns ADD n869, 943, 944, 980 und 1053.
King BMS pXIX.
Kinnier Wilson Iraq 18 130ff. + 24 52ff.
Köcher BAM III n310.

Kramer BASOR 88 10ff.
Kraus TBP n51 und 52.
W.Lambert JCS 16 59ff.
Langdon Babyl. 3 77f.?
Langdon BE 31 n9 (Resümee des Schlussteils von Lugal-e).
Langdon BL n115 und 138-139.
Langdoń RA 22 123.
Langdon RA 28 136 Rm 150 + Schuster ZA 44 266 K 14067.
Luckenbill AJSL 26 27ff.
Myhrman PBS 1/I n13 Z. 45-55 (Maqlû und Šurpu); n15 (bīt rimki).
Oppenheim JNES 33 197ff. (Omenkatalog).
Pinches Festschrift Haupt 216f. (Rubriken zu Šurpu Tafel VIII).
Pinches IV R² 53.
Sayce ZK 1 190f. (Bezold Cat. p1627).
Schroeder KAV n130 (??) und 142.
Strassmaier AV n8297 K 1409.
Thompson CT 20 1 (Extispizin).
Thureau-Dangin TCL 6 n12.
Wilcke AfO 24 14f. n5 (Beschwörungskatalog).
Zimmern VS 10 n216.
Zitate aus VAT 13723+ bei Köcher AfO 21 14, 15 und 20; Meier AfO 14
139 und Maqlû p2.

§ 95. Kommentare.

Astrologische und extispizinische Texte sind häufig mit Kommentar ver-
sehen (§91). Für theologische Kommentare siehe §67.
Bezold PSBA 10 418ff. tIV n2?
Biggs RA 62 51ff. (esoterisch).
Borger Festschrift Böhl 38ff. (astrologisch).
Civil JNES 33 329ff. (medizinisch).
Clay BRM 4 n32 (medizinisch).
Dougherty GCCI II n406 (medizinisch).
Ebeling BVW p36ff.?
Ebeling KAR n52 (Omina); n94 (Maqlû und Šurpu); n180 (Omina); n398
(Omina oder Omenkatalog); n401 (physiogn. Omina).
Ebeling LKA n82 (utug-ḫul-a-meš).
Falkenstein LKU n4-6 (Šumma ālu).
Figulla UET 4 n208 (lexikalisch).
Gadd CT 41 25-34 (Šumma ālu); 39 (Iqqur īpuš); 42 (extispizinisch); 43
54595 und 59596 (medizin. Beschwörung o.ä.); 45 76487 (Uruanna); 45 Rm 855
(astrologisch).   [Goetze JCS 4 73f. (A VIII/3).]
Gurney STT II n371 (?), 402 und 403.
Jastrow ZA 4 157 K 4159?
King CT 13 32 (Enūma eliš).
King CT 26 42-43 Rs. (astrologisch).
King STC I p176 (Enūma eliš), 215 (astralmythologisch) und 216f. (eben-
so); STC II tXLIX-L (astrologisch), tLI-LXIII (Enūma eliš) und tLXVII-
LXXII (astralmythologisch).
Köcher AfO 17 131ff. (Tempelname Esangila).
Köcher BAM IV n329 (medizinisch o.ä.) und 401 (magisch-medizinisch).
W.Lambert AfO 17 310ff. usw. (Marduk's address).
W.Lambert AfO 17 321 K 5763.
W.Lambert BWL p21ff. (Ludlul).
Langdon PBS 10/IV n12.
Langdon RA 13 27ff. (Šumma ālu).
Langdon RA 28 134 I 1-21 (Šurpu), II 1-6 und 7-26 (medizinisch?).
Langdon RA 28 140 K 8668 (Vogelnamen)?

Leichty AfO 24 78ff. (79ff. grammatisch, 82ff. diagnostische Omina).
Leichty Šumma izbu p211-233 (Kommentare zu dieser Serie).
Macmillan BA 5/V nXLIII (medizinisch?).
Meek RA 17 124 K 2044; 127 K 2902 (astrologisch); 128-130 K 2907 (eben-
so); 140f. K 4229 (Šumma ālu); 144 K 4593 (astrologisch); 153 K 7626+
(ebenso); 162 K 9133 (ebenso); 169 K 11169 (Enūma eliš); 172 K 14536
(astrologisch?); 175 Sm 9 (astrologisch); 180 Sm 1038 (ebenso); 184f.
Rm2 38 (ebenso); 190f. 82-5-22,572 (ebenso); 193 1902-5-10,9 (ebenso);
206 1905-4-9,96 (Omina?).
Meier AfO 12 237ff. (tummu bītu, Borger Festschrift vSoden 1ff. §XXI,
Šurpu).
Meissner SplAW t7 K 4166 (astrologisch); t17 K 13663; t20 Rm 131 (exti-
spizinisch, // Thompson CT 20 39-42).
Norris II R 44 n7 (astrologisch); 47 (z.T. astrologisch).
Nougayrol Iraq 31 59ff. (extispizinisch).
Pinches BOR 2 39 (astrologisch).
Pinches LBAT n1530, 1531, 1535, 1536, 1551, 1564, 1570, 1571a Vs. (?),
1577 (?), 1628 und 1629 (alles astrologisch).
Pinches PSBA 26 163 81-11-3,1539 nach der Geers-Kopie (BM 48828) wohl
ein Kommentar.
Pinches V R 12 n5 (astrologisch); 39 n4.
Reiner AfO 24 101f. Rm2 127 (elamische Monatsnamen).
Sayce ZA 2 333ff. (Iqqur īpuš).
Scheil RA 13 137f.
Scheil ZA 10 198ff. (A VIII/1 und VIII/2).
Šilejko CRAS B 1927 196ff. (astrologisch).
Strassmaier AV N 3553 (extispizinisch).
Thompson AMT 71/3 (extispizinisch).
Thompson CT 18 2 K 4214 (?); 9 K 13654 (?).
Thompson CT 19 6 K 13614 (Enūma eliš).
Thompson CT 20 39-42 (extispizinisch).
Thureau-Dangin RA 16 171 AO 2163A (astrologisch).
Thureau-Dangin TCL 6 n17 (astrologisch) und 18 (ebenso).
Virolleaud ACh Sin nIII, XXIII und XXXI; Sh nXVI; Ish nIII, V, VI, XI,
XXII, XXV, XXVIII-XXX, XXXIV, XXXIX und XL; A nVII, XIV und XXIX, XV,
XVII (?), XXV, XXX und XXXIII; S nXV-XVII, XXXVI, XLIV und LIV; SS nIV,
VII, XXIV, LXIV und XCVI usw. (alles astrologisch).
Virolleaud JA 1917/I 338 und 340 K 2876 (astrologisch).
Walker CT 51 n136 (diagnostische Omina); n174 (astrologisch); n219 (?
Ludlul?).
Weidner AfO 14 189 VAT 7825; 190 K 4336; 193f. VAT 7827; 309f. VAT
7813; 309f. 1904-10-9,20 (alles astrologisch).
Weidner AfO 14 340f. VAT 9434 (astrologisch).
Weidner AfO 21 46 und tIX-X (Šumma ālu).
Weidner Babyl. 6 98ff. + Virolleaud ACh SS nLXXX (astrologisch).
Weidner RA 11 124ff. (A II/1).
Zimmern BBR II n27.

§ 96. Monatsnamen.

Hilprecht BE 20/I n46.
Labat CBII p196f. §105 (Monate und Götter).
Landsberger MSL 5 25f. (Ḫb I Z. 221ff.).
Pinches V R 43 (Monatsnamen-"Syllabar").
Reiner AfO 24 101f. Rm2 127 (elamische Monatsnamen).

§ 97. Personennamenlisten.

<u>Chiera</u> PBS 11/I-III.
<u>Chiera</u> SLT n58 und 112.
<u>Çığ + Kızılyay</u> AS 16 41ff. (Personennamenlisten B und C).
<u>Çığ + Kızılyay</u> Schulbücher 75f. und 109ff. (Personennamenliste B erster
Teil), und 104f. (Personennamenliste B zweiter Teil).
<u>Figulla</u> UET 5 n709 und 873.
<u>Frank</u> StrKT n21.
<u>Gadd</u> UET 6/II n353, 374 und 384.
<u>Gemser</u> Persoonsnamen 10ff.
<u>de Genouillac</u> PRAK I t8 B 33?
<u>Johns</u> ADD II t345ff. n1-9.
<u>Keiser</u> BIN 2 n38 und 47.
<u>Langdon</u> PBS 12/I n41.
<u>vdMeer</u> OECT 4 n155.
<u>Pinches</u> Outline p64.
<u>Pinches</u> PSBA 18 tII nach p256 Kol. III-IV; tIII (+?) tIV nach p256 Kol.
III-IV.
<u>Pinches</u> V R 44.
<u>Poebel</u> PBS 5 n155?
<u>Scheil</u> RT 17 32 rechts unten.
<u>Scheil</u> SFS p40ff.
<u>Schroeder</u> KAV n147?

§ 98. Pflanzenlisten ("Uruanna" usw.).

Siehe auch §103 (Medizin). Für Ḫb XVII siehe oben p103. Bearbeitung von
<u>Civil</u> RA 55 94.   _"Uruanna" demnächst Köcher BAM.
<u>Civil + Biggs</u> RA 60 8ff.
<u>Gadd</u> CT 41 45 76487 (Kommentar zu Uruanna).
<u>Gurney</u> STT I n93 (šammu šikinšu); II n391.
<u>Köcher</u> BAM IV n327 (šammu šikinšu) und 379 (ebenso).
<u>Köcher</u> KADP; n33-35 šammu šikinšu.
<u>Köcher</u> KUB 37 n122.
<u>Landsberger</u> MSL 8/II 55ff. und MSL 10 69-73 (hier Abschnitt Steine).
<u>Matouš</u> LTBA 1 n81.
<u>Meek</u> RA 17 138f. K 4199; 150 K 5974; 161 K 9092; 181f. Sm 1701.
<u>Scheil</u> ZA 10 217?
<u>S.Smith</u> CT 37 26-32.
<u>Thompson</u> CT 14 passim.
<u>Thompson</u> CT 18 45 K 4192?
<u>Thompson</u> CT 19 11 Sm 550; 25 80-7-19,165 (?); 39 K 9964.
<u>Thompson</u> JRAS 1934 771ff.
<u>Walker</u> CT 51 n86 und 176.

§ 99. Steinlisten.

Siehe auch §87 (Steine, oben p88) und §103 (Medizin). Für Ḫb XVI siehe
oben p103.
Für die Serie abnu šikinšu cf <u>Landsberger</u> JCS 21 150ff.
<u>Biggs</u> RA 60 175f.
<u>Ebeling</u> KAR n185 = Köcher BAM II n194 (abnu šikinšu).
<u>Gurney</u> STT I n108 // 109 (abnu šikinšu); STT II n401.
<u>Köcher</u> BAM IV passim Listen magischer Steine; n378 abnu šikinšu.
<u>Landsberger</u> MSL 10 65-73.
<u>Legrain</u> RA 10 41ff. n70?
<u>Matouš</u> LTBA 1 n52 rechts.
<u>Meek</u> RA 17 203 1905-4-9,36?
<u>Thompson</u> AMT 71/2 (?) und 73/3 (?).

§ 100. Schultexte.

Für diesen Paragraphen wurde Vollständigkeit nicht angestrebt.
Für die Übungen im Schreiben sumerischer Urkunden siehe §30.
Für die altbabylonischen Modellbriefe siehe Kraus JEOL 16 16ff. (und
AbB 5 pVIIf.).

Allotte DP n337 (Linse).
Baqir Sumer 5 38 (Linse).
Bernhardt TMH NF 4 n54 (Linse).
Biggs JCS 20 82f. AbS T 222.
Boissier Babyl. 9 19ff.
Buccellati + Biggs AS 17 n14, 15, 17 und 31.
Chiera PBS 11/I-III passim Linsen.
Chiera SLT n78, 97, 110, 111, 154, 155, 183, 207, 223 und 251 Linsen.
Chiera They wrote on clay p170 (Linse).
Clay BRM 4 n34.
Deimel Inschr.Fara II.
Dossin MDP 18 n1-66 (z.T. Linsen).
vDijk VS 17 n37.
Ebeling ArOr 17/I 183ff. n1a (nach Mitteilung W.Lambert; nur der rechte
untere Teil Hymnus auf Marduk, oben und links unten sfs).
Ebeling BVW p36ff.?
Ebeling KAR n40, 172 und 321.
Ebeling LKA n9 und 12.
Figulla UET 5 n709.
Finkelstein JCS 17 39ff.
Förtsch MVAG 21 33ff.
Frank StrKT n19 und 20 (Linsen).
Gadd UE I p127 TO 221-225?
Gadd UET 1 n296 (Linse).
Gadd UET 6/II n208-387, 390-393, 400 und 406 (z.T. Linsen).
Gelb MAD 1 n85, 170 (Linse), 172, 188, 194, 274 (?).
Gelb MAD 5 n37 und 91.
de Genouillac ITT V t66ff. (z.T. Linsen).
de Genouillac PRAK I-II passim, auch Linsen (I t3 A 5 und A 12, t14 B
128; II t35 D 20).
Goetze JCS 8 144 und 146 n29-30 (Linsen).
C.H.Gordon OrNS 16 14 n377?
C.H.Gordon SCT n35 (Linse).
E.I.Gordon JCS 12 1ff. und 43ff. Ex. E (Linse).
E.I.Gordon SP passim, auch Linsen (cf p7ff.).
Gurney STT II n371?
Hackman BIN 8 n42.
Hilprecht BE 1/I tVIII n18 und 19?
Hilprecht Bêl-Tempel p57 f38 und 39.
Holt AJSL 27 193ff. n14.
Jestin NTSŠ und TSŠ.
Keiser BIN 2 n39-67 (Linsen).
Knudtzon El-Amarna n345 (?) und 351+352+353+354.
Köcher BAM passim.
Kramer FTS 112.
Kramer ISETP I 124 Ni 5038; 215 Ni 13218 (?).
W.Lambert BWL t57 und 73.
Langdon Kish IV p62 und tXLIV 6 (Linse).
Langdon PBS 12/I n6, 7, 34 (Linse), 44 (?).
Legrain MDP 14 102 n69.
Legrain PBS 13 n26, 36 (Linse), 37 (Linse).
Loding AfO 24 47ff.?
Loretz TCBTB I n71 (? Linse?).

Lutz PBS 1/II n116; 137-139 Linsen.
Matouš LTBA 1 passim
Maynard JSOR 3 65ff.
Meek HSS 10 n215-221.
Meek RA 17 119 K 945; 151 K 7604.
vdMeer Iraq 6 144ff. passim.
vdMeer MDP 27 passim (zahlreiche Linsen).
vdMeer OECT 4 n19 und 34.
Meissner ZA 7 27ff. 82-7-14,864.
de Meyer Tell ed-Dēr I p55 und 58 n6 (Linse).
Moore NBDM n95.
Nougayrol PRU III p213 15.54 (Linse) und p213f. 16.364.
Pinches CT 44 n43-45 (Linsen) und n47.
Pinches Outline p64.
Pinches PSBA 18 250ff.
Pinches PSBA 23 200ff.
Poebel PBS 5 n132, 133, 138, 139 und 157.
Pritchard ANEP f257 (Linse).
Scheil MDP 22 p5.
Scheil MDP 28 p11 n8 (Linse).
Scheil RA 18 3 n4; 3 n5 (Linse).
Scheil RA 26 8f.
Scheil RA 26 12ff.
Scheil RT 16 190 unten (Linse).
Scheil RT 17 32ff. (Linsen).
Scheil RT 19 58 n324 (Linse).
Scheil SFS p40ff. (z.T. Linsen).
Scheil ZA 8 206f.
Scheil ZA 10 213-219 passim (zumeist Linsen).
Schneider Or 47-49 n464?
Schroeder KAV n65.
Schroeder VS 15 n1.
Sollberger Genava 26 62f. (Linse).
Sollberger JCS 10 24 n13.
Sollberger UET 8 n70, 71 und 94.
Speleers RIAA n44 (?), 45 (?), 46 (?), 47 (?), 48 und 213.
Thompson Archaeologia 70 125 (Linsen).
Thompson CT 12 27 47935?
Thompson CT 14 47 35503; 49 93085 und 51070.
Thompson Iraq 7 n42?
Ungnad VS 7 n182.
Vajman SvM p264f. (Linse).
Vallat RA 63 181ff. passim (auch Linsen).
Weidner OLZ 16 204ff. P 206.
Weidner OLZ 17 304ff. (Linsen).
Winckler Untersuchungen 156 n6.
Wiseman AnSt 22 144f. BM 46740.
Young JCS 24 132 (Linse).

§ 101. Mathematik und Metrologie.

Aaboe JCS 19 79ff.; 22 88ff.
Baqir Sumer 6 39ff. und 130ff.; 7 28ff.; 18 11ff.
Borger BiOr 14 190ff.
Bruins Sumer 9 249ff. und 255ff.; 10 55ff.; 11 44ff.
Clay BRM 4 n31 Kol. VI (metrologisch), n40 (ebenso) und n41 (ebenso).
Deimel Inschr.Fara II n82 (metrolog.).
Dossin MDP 18 n9, 11 und 15 (alles metrolog.).

Dossin TCL 18 n154.
Draffkorn Kilmer OrNS 29 273ff.
Edzard Tell ed-Dēr n236.
Figulla UET 5 n121, 855-861 und 864.
Frank StrKT n6-11.
Frankena AbB 3 n53 Anfang.
de Genouillac PRAK II t6 C 22 und t53 D 63.
Goetze JCS 11 40 n33.
Goetze Sumer 7 126ff.
Gurney STT I n47 Rs.
Hilprecht BE 20/I passim metrologisch; n25 und 25a.
Hilprecht Bēl-Tempel 60 f43.
Hulin JCS 17 72ff.
Keiser BIN 2 n36 (metrolog.).
King CT 9 8-15.
W.Lambert BWL t57 BM 53309 und BM 53555.
Langdon Kish I tXXVI 1 rechts.
Langdon TAD n42?
Leemans CRRA 2 31ff.
Luckenbill Adab n70.
Matouš LTBA 1 n63 30f.
Meek HSS 10 n214.
vdMeer MDP 27 n58 (metrolog.), 59 (ebenso), 60, 61 und 291-297.
vdMeer OECT 4 n34 Rs. links (metrolog.), n132 Rs. (metrolog.) und n156
(metrolog. und mathematisch).
Meissner BAP n112 (metrolog.).
Neugebauer MCT.
Neugebauer MKT; p88ff. (90 und 92) metrolog.
Neugebauer Quellen und Studien ... 3 273ff.
Nougayrol Ugaritica V n143-152 und 173 (tableau des poids et mesures).
Pinches CT 44 n38-42.
Pinches LBAT n1631-1648.
Pinches IV R² 37 (metrolog. und mathemat.).
Rinaldi Aegyptus 29 102ff. n42?
Rutten + Bruins MDP 34.
Sachs JCS 1 67ff. (metrolog.) und 219ff.; 6 151ff.
Sachs JNES 5 203ff.
Saggs RA 54 131ff.
Scheil RA 35 92ff. (metrolog. Berechnungen).
Scheil SFS p48 Si 428; p49ff., 52f. und 54 (diese Texte metrolog.).
Schroeder KAV n184 (metrolog.)
Steele UMB 16/II 25 tVII.
Thureau-Dangin RA 23 33f. (metrolog.); 27 73ff. AO 8865 (metrolog.);
29 1ff. und 89f.; 31 61ff.; 32 1ff.; 33 27ff.
Thureau-Dangin RTC n413.
Thureau-Dangin TCL 6 n31 und 33.
Thureau-Dangin TMB.
Vajman passim; SvM p265 metrolog.
Woolley AJ 7 tXLVII 1 links unten.

§ 102. Astronomie, Sternlisten, Kalenderwissenschaft.

Für die Serie [mul]Apin cf Leibovici RA 53 159ff.; Weidner AJSL 40 186f.
und 207f., RLA II 410ff. (sowie RLA III 72ff. Fixsterne).
Für die Serie i-nam-giš-ḫur-an-ki-a cf Hunger ZA 62 99ff.
Siehe auch §91 (Kalendertexte) und §96 (Monatsnamen).
Aaboe passim.
Chiera SLT n214, 236 und 237 (Sternlisten).

Epping AaB.
Goetze JCS 1 349.
Gurney STT II n312, 313, 331-334 und 336-338 (^{mul}Apin).
Hilprecht Explorations 530.
Jean RA 32 161ff. Rs. II 38-44 (Sternliste).
King CT 25 50 (i-nam-giš-ḫur-an-ki-a).
King CT 26 40-50; 49 Sm 1125 Astrolab.
King CT 33 1-8 (^{mul}Apin); 9 (Sternliste); 10-12 (Planisphären).
King CT 34 14.
Kugler passim.
W.Lambert CT 46 n55 (measurements of the universe).
Landsberger MSL 11 19ff. und 32ff. (Sternliste in Ḫḫ XXII bzw. in Ḫg).
Langdon BMSC 55ff. (chronometrische Tabelle).
Langdon TAD n42?
Langdon Venus tablets.
Macmillan BA 5/V nLVIII (Astrolab).
Meek RA 17 167 K 9947 (Sternliste?); 188 82-3-23,28 Rs. 4ff. (Stern-liste, Ḫḫ XXII?); 192 83-1-18,462 Rs. 4ff. (Sternliste, Ḫḫ XXII?).
vdMeer OECT 4 n161 (Sternliste).
Neugebauer ACT.
Neugebauer Isis 37 41 n4 und n6 (^{mul}Apin).
Neugebauer + Sachs JCS 21 183ff. und 22 92ff.
Neugebauer Quellen und Studien ... 3 273ff.
Neugebauer "Saros".
Pinches JRAS 1900 571ff. (Astrolabe).
Pinches LBAT (mit Katalog pX-XXXVIII).
Pinches PSBA 33 94f.
Pinches V R 46 n1.
Pinches RT 19 101ff.
Sachs JCS 6 146ff.; 10 131ff.
Schaumberger ZA 50 214ff. und 51 237ff.
Schnabel ZA 36 66ff.
Schroeder KAV n218 (Astrolab).
G.Smith III R 2 nXXII (i-nam-giš-ḫur-an-ki-a); 53 n2.
Strassmaier Camb. n400.
Strassmaier ZA 3 129ff. n9; 6 217ff. und 229-241; 7 197ff.
Thureau-Dangin RA 10 215ff.
Thureau-Dangin TCL 6 n11-14.
Virolleaud ACh Sin nXXX; S nLIII (z.T. ^{mul}Apin); SS nLXVII (^{mul}Apin).
vdWaerden AfO 16 p220 und tXVIII VAT 4924.
Weidner AfO 4 73ff. (Uranographie); 7 269ff. (^{mul}Apin); 12 147 mit Anm.
23 VAT 8619 (^{mul}Apin); 18 393f.
Weidner AJSL 40 186ff. (^{mul}Apin).
Weidner Babyl. 6 8ff. K 2164+ (i-nam-giš-ḫur-an-ki-a); 6 11ff. K 90;
7 13ff. (^{mul}Apin).
Weidner BSGW 67/II.
Weidner HBA 62-76 (Astrolabe); 121f. (Sternliste).
Weidner KAO 4 9ff. CBS 11901; 75 [Assur 10875] (^{mul}Apin); 83f. BM
45821.
Weidner MVAG 26/II p40 (^{mul}Apin).
Weissbach BMisc nXVII (^{mul}Apin).

§ 103. Medizin.

Siehe auch §87 (Beschwörungen usw.), §91 (medizinische Omina), §92
(Krankheiten), §98 (Pflanzenlisten) und §99 (Steinlisten).
Boissier RSém 2 135ff.
Buccellati AS 17 n19?

Civil JNES 33 329ff.
Civil RA 54 57ff. (sum.); 55 94 (sum., Samenliste).
Clay BE 8/I n133.
Clay BRM 4 n32.
Clay PBS 2/II n107 (Apothekerliste).
Dougherty GCCI II n406.
vDijk TLB 2 n21.
Ebeling + Unger AfK 1 36ff.
Ebeling KAR passim (= Köcher BAM); auch KAR n255 und 265a?
Ebeling KMI.
Ebeling LKA n134, 145 und 146.
Figulla UET 4 n146-148 (Drogenlisten), 150-152 (Listen medizinischer
Steine), 153 und 178.
Gadd CT 40 27 Rm 98.
Gadd CT 41 43 54595 und 59596?
Gurney STT I n57 // 58, 90, 92, 94-106, 110 und 111; STT II n240,
261 (?), 262 (?), 264 (?), 279, 281-299, 328 (?).
Jastrow TCPP 1913 365ff.
Kennedy RA 63 81f. n10 (Drogenliste, medizinisch und magisch).
King HT n75?
Kinnier Wilson Iraq 19 40ff.
Köcher BAM I-IV.
Köcher KADP n1 Rs.; n22 Anfang; n36 (Apothekerliste).
Köcher KUB 37 n1-35, 57 (+?) 58 (?), 59, 60 (?), 86, 87, 122 (Samen-
liste), 187.
Küchler Medizin.
Labat RA 40 113ff.; 53 1ff.; 54 169ff. (Drogenlisten, medizinisch und
magisch).
Labat RSO 32 109ff.
Labat Semitica 3 5ff. (La pharmacopée au service de la piété).
W.Lambert AfO 23 tX K 11513.
W.Lambert Iraq 31 28ff.
Langdon BE 31 n60.
Langdon BL n174?
Langdon OECT 6 tXXIII K 3209.
Langdon RA 28 134 II 1-6 und 7-26?
Macmillan BA 5/V nXLIII?
Meek RA 17 179 Sm 22; 203 1905-4-9,36 (?).
Nougayrol Ugaritica V n16 und 19.
vOefele Keilschriftmedicin tII Rm 265.
Otten KBo 8 n1, 2, 3 (?), 4 (?).
Otten KBo 9 n48?
Pinches CT 44 n36.
Pinches IV R^2 26 n7??
Pinches V R 30 n5 (Liste medizinischer Steine).
Pohl TMH NF 1/2 n358 (? sum.) und 359 (sum.). [Auch n357?]
Scheil RA 13 35ff.; 14 87ff.; 15 75ff.
Scheil RT 34 110f.
Thompson AMT.
Thompson CLBT p40 E 2 (Liste medizinischer Steine).
Thompson CT 14 23-48 passim.
Thompson CT 23.
Thureau-Dangin TCL 6 n34.
Walker CT 51 n148 (??), 197, 199 und 203-205.
Weidner KUB 4 n27 (?), 30 (?), 49-52, 54-58, 61, 62, 98 (?).

§ 104. Chemie, Rezepte.

Dougherty GCCI II n394 (kulinarisches Rezept).
vDijk Sumer 13 t23 A (Bierrezept).
Ebeling KAR n140 (Parfümrezept); n220 und Fragment (ebenso); n222 (e-
benso).
Ebeling OrNS 17 129ff. usw. = PKT (Parfümrezepte). [Gadd Iraq 3 87ff.]
Hackman BIN 5 n292 (sum., Rezept o.ä.).
Oppenheim Glass.
Oppenheim JNES 32 188ff. (Glas).
Oppenheim RA 60 29ff. (Chemie).
Pohl TMH NF 1/2 n357 (sum., Rezept?).
Postgate GPA n215 (Parfümrezept).
Thompson AMT 86/3 (Rezept o.ä.) und 91/6 (Rezept?).

§ 105. Hippologie.

Cf A.Salonen Hippol.
Ebeling BVW.
Vgl. die "Pferdetexte" Balkan Kassitenst. I p11ff. und Pinches CT 44
n69.

§ 106. Geographie, Topographie, Landkarten, Pläne, Itinerare.

Borchardt SPAW 1888 129ff. (Plan, Teil von Babel).
Chiera SLT n252 (geographische Liste).
Clay University of Pennsylvania Transactions ... 1/III 223ff. (Plan,
Nippur).
Clay YOS 1 n21-25 (Pläne).
Craig AJSL 13 220 Sm 289 (Tempelliste).
Deimel Or 5 56ff. (Pläne).
D'jakonov Soobščenija Gosudarstvennogo Ėrmitaža 2 14 (Plan; beschrif-
tet!).
Donald JSS 7 184ff. (Plan).
vDijk UVB 18 60f. (Maße des reš-Heiligtums in Uruk).
Ebeling OrNS 17 t41-48 (Stadtbeschreibung Assur).
Edzard JCS 16 78ff. n47 und 48 (Pläne).
Falkenstein UVB 12/13 p42 (Plan, Uruk).
Finkelstein JNES 21 80ff. (Langdon MJ 7 263ff.; Plan, Nippur).
Fisher Excavations at Nippur p12ff. t1 (Kramer FTS 274, Bernhardt +
Kramer WZJ 19 727ff.; Plan, Nippur).
Frankena Tākultu p122ff. (Stadtbeschreibung Assur, "Götteradressbuch")
Gadd UET 6/II n195 (Kultinventar o.ä.).
de Genouillac FT II tLIII TG 2576 (Beschreibung sumerischer Tempel?).
de Genouillac ITT II/1 t28 1038 (Plan); ITT III t55 6530 und t78 6604
(Pläne); ITT V t20 6814 und t61 9312 (Pläne).
de Genouillac PRAK II t39 D 30, t52 D 62, t54 n1 = 2 und n10 (Pläne).
de Genouillac TCL 5 5677 und 6060 (Pläne).
Goetze JCS 7 51ff. (Itinerar).
Grice YOS 5 n105 Z. 1-19 (geographische Liste, Landsberger MSL 11 60).
[Gurney Iraq 36 39ff. (Stadtbeschreibung Babel).]
Gurney STT II n372 (Tore von Ninive).
Hallo JCS 18 57ff. (Itinerar).
Hallo TLB 3 n165 und 166 (Pläne).
Harper ABL 457 (Beschreibung eines Gebäudes).
Heinrich + Seidl MDOG 98 33f. n11 und 34f. n12 (Pläne; p24ff. Artikel
über Grundrisszeichnungen aus dem Alten Orient, wo auch die unbeschrifte-
ten Stücke zusammengestellt sind).
Hilprecht BE 1/II n144 und 145 (Pläne).

Hinke NBSt 116ff. (Plan).

Jean RA 32 161ff. (geographische Liste, Landsberger MSL 11 127ff.).

Johns ADD n777 Anfang (Beschreibung eines Gebäudes o.ä.); 919 (Stadt-namen); 1096 (Itinerar).

King BBS nXIII, XV und XXVI (Pläne).

King LIH n107 (Plan, Bīt?-Sippar-Jaḫrurum).

Kraus ZA 51 45ff. (Staats-Grundbuch Ur-Nammu's von Ur?).

Landsberger MSL 11 passim (Hḫ XX-XXII, Ḫg B V-VI und Ḫg E, zahlreiche Vorläufer).

Lehmann-Haupt Šsmk II p38 (geographische Liste).

Levy Sumer 3 50ff. (geographische Liste, Landsberger MSL 11 54ff.).

J.Levy OrNS 19 19 Anm. 3 und OrNS 21 265 (Itinerar VAT 9260).

Matouš LTBA 1 n72 1-5 (Stadtbeschreibung Babel).

Meek AJSL 33 238 RFH 28 (Plan).

Meek HSS 10 n1 (Plan).

Meek RA 17 147 K 5427A+ (? geographische Liste?); 186 Rm2 417 (Tempel-liste).

vdMeer AfO 13 124ff. (Stadtbeschreibung Babel).

vdMeer Iraq 5 55ff. (Stadtbeschreibung Babel).

vdMeer Iraq 6 144ff. n84 Z. 1-6 (? Tempelliste?).

vdMeer OECT 4 n157, 161 und 162 (geographische Listen, Landsberger MSL 11 134f., 138ff. und 142ff.).

Moran AnBi 12 257ff. + Pinches PSBA 22 359ff. (Stadtbeschreibung Ba-bel).

Norris II R 50 (geographische Liste, Landsberger MSL 11 52ff.); 53 n1 (geographische Liste); 61 n1-2 (Tempelliste); 61 n5 (Tempelliste); 61 n7 (Tempelliste).

Otten KBo 19 n33 (geographische Liste).

Owen JCS 24 149 n1 (Plan).

Pinches CT 44 n46 und 47 (geographische Listen, Landsberger MSL 11 135f. und 142).

Pinches PSBA 18 tII nach p256 Kol. V (? geographisch?); tIII (+) tIV nach p256 Kol. V (geographisch).

Pinches PSBA 22 358ff. (Tempellisten und Stadtbeschreibung Babel).

Pinches PSBA 23 200 Z. 10-15 (Stadtbeschreibung Babel).

Pinches PSBA 33 155ff. (topographisch, Tempel).

Pinches IV R² 36 n1 (geographische Liste, Landsberger MSL 11 57ff. er-gänzt).

Postgate GPA n74 (Plan).

Reisner SBH nV (Stadtbeschreibung Babel); nIX (Liste der Götter in ei-nem Tempel von Babel?).

Rinaldi Aegyptus 29 102ff. n42 (? Plan?).

Scheil MDP 28 p14 n13 (geographische Liste mit Städten und Tempeln?).

Scheil RA 14 171ff. (Stadtbeschreibung Assur, "Götteradressbuch").

Scheil RT 17 33f. Si 427 und Si 269 (?) (Pläne).

Scheil SFS p125ff. Si 178, Si 180, Si 199, Si 650 und Si 718 (Pläne).

Schneider Or 47-49 n347 und 504-510 (Pläne).

Schroeder KAH II n145 (+?) Weidner AfO 21 43ff. VAT 9968 (Itinerar).

Schroeder KAV n25 (Plan); 80 (geographische Liste); 82 (geographische Liste, auch Tempel); 84 (Tempelliste); 85 (geographische Liste oder Tem-pelliste?); 86 (Tempelliste); 134 (geographische Liste); 176 (Tempel-liste).

Speleers RIAA n195 (Plan).

Thompson CT 22 t48 (Weltbeschreibung? mit Weltkarte); t49 35385 (Stadt-beschreibung Babel?); t49-50 (Pläne).

Thureau-Dangin RA 4 13ff. (Plan).

Thureau-Dangin RA 4 69ff. n63, n71 und n74 (Pläne).

Thureau-Dangin RTC n144-160, 258 und 415 (Pläne).

Thureau-Dangin TCL 6 n32 (Esangila-Tafel).
Unger AO 27/III 16 Anm. 1 (Tempelnamenliste, Assur usw.).
Unger Babylon 229ff. und 240ff. (Stadtbeschreibung Babel).
Ungnad VS 7 n67 (? Plan?).
Walker CT 51 n70 (Plan); n90 (Tempelnamen, mit Deutungen); n178 (+) 179
(ebenso).
Weidner AfO 8 43f. (Beschreibung des Adad-Tempels von Assur).
Weidner AfO 16 1ff. ("Das Reich Sargons von Akkad").
Weidner AfO 20 116 (Maße von Esangila und Ezida)
Weidner AfO 21 43ff. (Itinerar).
Wiseman AnSt 22 141ff. (Pläne).
[Bearbeitung der Tempellisten durch Moran in Vorbereitung.]

§ 107. Musikalische Texte.

Cf Bielitz OrNS 39 152ff., W.Lambert Festschrift Albright 1971 337ff.
Draffkorn Kilmer AS 16 261ff.
Draffkorn Kilmer OrNS 29 278ff.
Ebeling KAR n158.
Gurney Iraq 30 229ff.

§ 108. Geheimwissen.

Cf Borger RLA III 188ff.
Biggs RA 62 51ff.
Boissier DA 11ff. (nach dem Duplikate K 6775) und 45f.
Borger BiOr 14 190ff.
Ebeling KAR n4, 151, 230, 307 und 384+385.
Ebeling LKA n71 und 139-140.
Ebeling TuL n27.
C.H.Gordon SCT n110.
Gurney STT I n95; STT II n230 und 400.
Hunger BAK n534 (Keilschrifttext bei Bezold Cat.).
King CT 25 50.
King CT 26 47 K 11251; 49 Sm 777.
Köcher AfO 21 13ff.
Köcher BAM III n199 und 315; BAM IV n385.
Kraus TBP n27.
W.Lambert CT 46 n52.
W.Lambert JCS 16 63 K 8177.
Langdon PBS 10/IV n12.
Neugebauer ACT I p17 Kol. S und U.
Neugebauer MCT 139f. Text V.
Pinches LBAT n1526.
Pinches V R 33; 46 n1.
G.Smith III R 53 n2.
S.Smith JRAS 1925 37ff.
Thompson AMT 39/1 + ; 40/2; 102/1.
Thompson CT 14 7 K 4206+ Vs.(!).
Thureau-Dangin RA 16 144ff.
Thureau-Dangin RAcc p10ff.
Thureau-Dangin TCL 6 n32.
Virolleaud ACh A nXXXIV.
Virolleaud Babyl. 6 118 und 127f. K 3520.
Weidner AfO 17 89 K 5981 usw.
Zimmern BBR II n1-23; n24+25; n51 usw. (?).

§ 109. Akrosticha.

Craig ABRT I 29ff. und 53 K 14022.
W.Lambert BWL p63ff.
W.Lambert JAOS 88 130ff. (doppeltes Akrostichon).
Pinches TBWW p15f.
Strong PSBA 17 137ff.
Strong PSBA 20 154ff.

§ 110. Kolophone.

Für diesen Paragraphen wurde Vollständigkeit nicht angestrebt.
Biggs OrNS 36 55ff.
Gurney STT II n342, 343 und 386-390.
Hunger BAK (cf Borger WO 5 165ff.; das Versprechen WO 5 165 unten
konnte noch nicht eingelöst werden).
Hunger WO 6 163ff.
Hunger ZA 62 101.
Streck Assurb. p354ff.
Walker CT 51 n220-222.

§ 111. Siegellegenden.

Für diesen Paragraphen wurde Vollständigkeit nicht angestrebt. Namentlich sind zahllose Siegelabdrucke auf Tontafeln hier nicht registriert
worden. Für die Königssiegel usw. siehe oben §5-16.
Bibliographie vdOsten Aulock p156ff. und Newell p168ff.

Zusammenfassende Bearbeitungen bestimmter Textgruppen:
Edzard AfO 22 12ff. und AfO 23 31 (altakkad. Siegel).
Limet Légendes (mittelbabyl. Siegel).
Schneider Or 45/46 p93-112 (Ur III-Siegel); OrNS 5 109ff. (Königssiegel
usw. Ur III); OrNS 8 59ff. (Frauensiegel Ur III); OrNS 15 64ff. (dub-sar-
Siegel Ur III); OrNS 15 416ff. (énsi-Siegel Ur III); OrNS 16 417ff. (stell-
vertretende Siegelung Ur III); Siegellegenden (Ur III-Siegel aus Ur).

Abdullah Sumer 23 191f.
[Yohanan Aharoni Beer-Sheba I (Excavations at Tel Beer-Sheba, 1969-1971
seasons), Tel Aviv 1973, p61-70 (Rainey; auch BibAr 35 125 f18 sowie RB 79
593 und tLVI b).]
Alexander BIN 7 passim.
Allotte DP n19-22?
Amiet Cahiers de Byrsa 7 23ff. und 35ff.
Amiet Glyptique.
Amiet MDP 43.
Amiet RA 54 1ff.
Amiet RB 62 407ff.
Amiet Syria 37 222f.
Andrae AIT 102ff.
Baer RA 67 63ff.
Balkan Anum-hirbi p2.
Ball Light from the East.
Ball PSBA 14 149ff.
Ballerini RSO 2 563ff.
Banks Bismya 301, 302, 330 (?).   [Baqir + Mustafa Sumer 1/II 50ff.]
Barrelet Syria 32 222ff.
Barton HLC passim.
Beran ZA 52 141ff.
Vanden Berghe RA 45 161ff.

Bezold ZK 2 191ff.
Billiet Cachets et cylindres-sceaux.
Böhl JEOL 2 51ff.
Boehmer Entwicklung.
Boissier Notice 32ff.
Boissier RA 23 17ff.
Borowski CCO I.
Borowski OrNS 21 168ff.
Boscawen BOR 9 68.
Boson ArOr 17/I 64ff.
Boson TCS (einige Siegel).
Buccellati + Biggs AS 17 n13 und 53.
Buchanan Ashmolean I.
Buchanan Iraq 33 1ff. tI
[Buchanan JCS 11 (1957) 45-52 und tI-II; beschriftet CUA 46; CUA 57 =
Goetze JCS 11 106f.]
vBuren passim.
Burrows UET 2 Suppl. n51 und 52.
Cagni AION 29 109ff.; 31 95ff.; 32 449ff.
Cagni OrAnt 9 201f.
Casanowicz Proceedings of the United States National Museum 69/IV.
Castellino Missione archeologica p209f.
di Cesnola Cyprus tXXXI.
Çığ + Kızılyay NRVN I passim.
Clay PBS 2/II p65f.
de Clercq CdC I und II.
Contenau RA 28 46.
Contenau Umma p45ff.
Crawford BIN 9 tXCIII.
Cros NFT 119.
Crowfoot Samaria-Sebaste III p87 n18.
Cullimore Oriental cylinders.
Dajani Annual ... Jordan 6/7 124f.
Dalley Iraq 34 125ff.
Dammanville RA 57 175ff.
Davidson Bulletin of the Museum of Art ... 37/I 41 und 46.
Delaporte passim.
Dossin AAS 4/5 39ff.
Dossin MUSJ 45 248ff.
Dossin RA 62 27ff.; 65 90ff.
Dothan Ashdod II-III p198f.
vDijk TIM 3, 4 und 5 passim.
M.Ellis JCS 24 69.
Falkenstein BagM 2 p6f.
Falkenstein Kadmos 3 108f.
Falkenstein UVB 9 p16.
Faust YOS 8 passim.
Figulla UET 5 passim.
Figulla VS 13 passim.
Finkelstein YOS 13 p86ff. [Flandin Voyage en Perse t222 rechts unten.]
Fogg Arabistan 299.
Forrer Syria 18 155.
Frank StrKT p35.
Frankena AbB 2 n75 und 104.
Frankena Catalogue sommaire.
Frankfort CS.
Frazer Proceedings of the Royal Irish Academy, Second series 16 96 n7.
J.Friedrich Artibus Asiae 6 185 f1.

Furlani Rendiconti ANL VI/4 129ff.
Gadd BMQ 5 97f. tXLVIII mittleres Exemplar.
Gadd UET 1 passim.
Gelb Alishar n63 und 64.
de Genouillac Babyl. 8 37ff.
de Genouillac FT II p81f., 137 und 142.
de Genouillac ITT II/1 p59ff. und tI-III; ITT 3/II passim, auch tI-IV;
ITT V p64ff. und tI-VII.
de Genouillac PRAK II tI, tXIII und t54.
de Genouillac Trouvaille passim.
Gjerstad Swedish Cyprus expedition I 576f.
Godard Les bronzes du Luristān p96f. n237.
Goetze JCS 4 113ff. und 159f.; 17 35.
C.H.Gordon Iraq 6 3ff.
C.H.Gordon Living past 113ff.
C.H.Gordon OrNS 22 242ff.
Grice YOS 5 passim.
Gurney Iraq 35 71ff.
Guy Megiddo tombs t90 8.
Hackman BIN 5 passim.
Haldar Orientalia Suecana 1 60 f2.
Hall BMQ 4 tIV (nach p4) d.
Hallo TLB 3 passim.
Hazzidakis Les villas minoennes de Tylissos tXXX 3 a.
Heinrich Fara passim.
Hussey Bulletin Buffalo 11/II 109ff. n6, 8, 9, 15 und 16.
Hussey Mount Holyoke alumnae quarterly 1/IV 214.
Jacobsen Gimilsin temple 140ff.
Jacobsen Stratified cylinder seals.
Jastrow Religion Bildermappe f130 und 163.
Jean Šumer et Akkad passim.
Jean Tell Sifr passim.
Jeremias ATAO² 203.
Johns Ur-Engur p34.
Kang SETDA passim.
Kantor JNES 16 156ff.
Keiser BIN 2 passim, auch tLXXIV.
Keiser BIN 3 passim.
Keiser BRM 3 passim.
Keiser YOS 4 passim.
Kenyon Excavations at Jericho II p656ff.
Kienast ATHE p101ff.
King CT 21 1 89137.
King HB Tafel nach p198.
Klengel VS 18 passim.
Klengel-Brandt OrAnt 8 329ff.
Knudtzon ZA 12 256 n5?
Kordevani Bastan Chenasi va Honar-e Iran 7/8 31f.
Kraus ARN passim.   [Krausz Götternamen.]
Kupper Amurru tI f3-5, tII f7 und f8, tVI f33, tVII f36.
Laessøe Imperium p62f.
Lajard Mithra.
M.Lambert Glyptique mésopotamienne.
M.Lambert RA 64 69f. n1-3; 67 157f.
W.Lambert AfO 23 46ff.
W.Lambert Iraq 28 64ff.
Landsberger JCS 8 118f.
Landseer Archaeologia 18 371.

Langdon JRAS 1927 43ff.; 1930 605f.
Langdon PSBA 32 255f. (?); 34 158f.
Langdon TAD passim.
Lau Old Babylonian temple records n208, 211 und 212.
Layard Nineveh and Babylon 605 oben rechts.
Legrain MDP 16.
Legrain MJ 20 258ff. n29, 53 und 55.
Legrain PBS 14.
Legrain TRU passim.
Legrain UE III.
Legrain UE X.
Legrain UET 3 passim.
Lenormant Bullettino della Commissione Archeologica Comunale di Roma
1879 33ff.
Lenormant Choix n59.
J.Lewy TC III tCCXXX-CCXXXVIII.
J.Lewy TMH 1 t30-35.
Lichačev DBPŠ tIV 1.
Limet Légendes.
Limet RA 63 75ff.
Liverani AION 28 67ff.
Loretz TCBTB I n76?
Lutz UCP 9/II Part I p117f. und Part II passim; UCP X/1 p67ff.
Łyczkowska Rocznik Muzeum Narodowego w Warszawie 7 5ff.
Lyon JAOS 27 135ff.
Mackay A Sumerian palace tXLI n8.
Madhlum Sumer 16 arab. t5 und 6.
Mallowan Nimrud I 270 f252?
Matoušová ArOr 40 297ff.
McCown Nippur I t109-121.
de Mecquenem MDP 29 p129 f6 und [12].
Meek BASOR 93 2ff.
Meek Berytus 8 1ff.
vdMeer MDP 27 n119.
Ménant passim.
Mercanton Asiatische Studien 4 tII vor p61 n3.
Mercer JSOR 12 35ff. und 13 175ff. passim.
Meriggi Malatya I 48.
Millard Iraq 27 12ff.
Montet Les constructions et le tombeau de Psousennès à Tanis p46ff.
Moortgat VAR.
Moortgat ZA 48 23ff.
Moortgat-Correns BagM 4 233ff.
Moortgat-Correns Festschrift Moortgat 171ff. n5.
Moortgat-Correns Münchner Jahrbuch der bildenden Kunst III/6 7ff.
Munn-Rankin Iraq 21 20ff.
vMurr Journal zur Kunstgeschichte und zur allgemeinen Litteratur 4
tI C.
Murray Excavations in Cyprus tIV n464 und 695.
Myhrman BE 3/I (einige Siegel).
Nagel Altorientalisches Kunsthandwerk p35.
Nesbit Sumerian records from Drehem p[91].
Nies UDT passim.
Nikol'skij DV 5 passim.
Nikol'skij RArch 1892/II 36ff.
Nougayrol Cylindres-sceaux.
Nougayrol + Amiet RA 56 169ff.
Nougayrol RA 60 171; 65 87ff.; 66 96.

Nougayrol Syria 37 209ff.; 39 188ff.
Özgüç The Anatolian group of cylinder seal impressions from Kültepe.
Özgüç Bell. 17 123ff.
Özgüç Seals and seal impressions of level Ib from Karum Kanish.
Opificius BJVF 2 205ff.
Opificius Geschnittene Steine der Antike.
Oppenheim Eames passim.
Ormsby JCS 24 99.
vdOsten passim.
Ouseley Travels I tXXI 12.
Owen Festschrift Gordon 134.
Owen JCS 23 68ff. n1; 23 95ff. einige Siegel; 24 137ff. passim.
Owen OrNS 40 386ff. (einige Siegel).
Parker Iraq 17 97 ND 1681; 24 26ff.; 29 3ff.
Parrot MAM I p187ff. und MAM II/3 p251ff.
Parrot Syria 29 198 f9.
Peiser UDBD p30ff. P 141.
Peters Nippur II Tafel nach p50.
Piet ANES 2 30ff.
Pinches Amherst passim.
Pinches Babylonian and Assyrian cylinder-seals and signets.
Pinches Berens passim.
Pinches CT 45 passim.
Pinches JBAA 41 396ff.
Pinches JEA 7 196ff.
Pinches PSBA 24 87ff.; 33 133f.; 33 213ff. tXL f2; 39 tIX nach p72 und
tXI nach p94.
Place Ninive et l'Assyrie III t76 n37, k und l.
Platon ILN 6539 859ff.
Poebel BE 6/II passim (cf p51ff.).
Poebel PBS 5 n32.
Pohl TMH NF 1/2 p43f. und t88ff.
Porada passim.
Postgate GPA p247ff.
Price AJSL 20 114 n3; 26 169ff.
Prinz Altorientalische Symbolik.
Pritchard ANEP f525 und 526.
Przeworski AfO 9 122f.
Quibell Annales du Service des Antiquités de l'Égypte 8 60f.
Radau EBH p418f., 424f. und 428f.
Ranke BE 6/I passim (nur auf den Photos tI-XIII).
Ravn Berytus 6 19ff.
Ravn Catalogue.
Reisner TUT (einige Siegel).
Riftin SVJAD passim.
Saarisalo StOr 13/VIII.
Saporetti Studi micenei ed egeo-anatolici 11 112f.
Sauren Orientalia Lovaniensia periodica 4 17ff. passim.
Sauren WMAH passim.
Sayce Festschrift Haupt 278ff.
Sayce JEA 10 16f.
Sayce PSBA 19 74 VI; 19 280; 36 6f.
Sayce ZA 6 161ff.
Scheil Festschrift École Pratique II p5ff.
Scheil MDP 6 p52f.
Scheil OLZ 8 513.
Scheil RA 13 5ff.; 14 133ff.; 15 84f. n4; 16 108 nIV; 22 149.
Scheil RT 17 80 Mitte; 18 71ff.; 19 47ff. und 52ff.; 22 158f. n3 und 4;

31 134; 37 128 Mitte; 38 170ff.
  E.Schmidt MJ 22 tXIII f2.
  Schneider AnOr 1 p44f.
  Schneider AnOr 7 p41f.
  Schneider Or 18 tXV-XVI.
  Schneider Or 47-49 passim.
  Šilejko ZVO 25 140.
  Simmons JCS 13 71ff. usw. passim
  S.Smith BMQ 8 42f.; 12 3.
  S.Smith JEA 8 207ff.
  Sollberger BAC passim.
  Sollberger Corpus passim.
  Sollberger Genava NS 2 241ff.
  Sollberger RA 61 69 n1.
  Southesk Catalogue II.
  Speleers Catalogue und Catalogue Supplément.
  Speleers RIAA passim.
  Stephens RA 34 183ff.
  Stol Van beitel tot penseel p6f. M 10.
  Szlechter TJAMC passim.
  Szlechter TJDB passim.
  Teloni Giornale della Società Asiatica Italiana 18 195ff.
  Terrace Art Boston.
  Terrien de Lacouperie BOR 4 184f.
  Thompson AAA 20 tLXVI n1.
  Thureau-Dangin RTC passim.
  Thureau-Dangin Syria 17 113 f6 und 124f.
  Thureau-Dangin TCL 1 passim.
  Torrens Journal of the Asiatic Society of Bengal 11 316ff.
  Toscanne RA 7 62f.
  Toscanne RT 30 131ff. VII, IX, X, XIV und XV.
  Tournay RB 74 248ff.
  Unger Babylon t27 f42.
  Unger BASOR 130 15ff.
  Unger RLV IV t154 k.
  Unger SAWW 250/II.
  Ungnad VS 7-9 passim.
  [J.Q.Vives Ampurias 6 (1944) 239-263: Cilindros-sellos y sellos orientales en España, collección del Museo Arqueológico de Barcelona. Ein Siegel beschriftet (Mitteilung Millard).]
  Vollenweider MAH Catalogue I.
  Ward passim.
  Waterman BDHP p135.
  Weber AO 17-18.
  Weitemeyer Hiring passim.
  Wiedemann Ueber babylonische "Talismane".
  M.Williams AJSL 44 232ff.
  Wiseman AT passim, siehe p18.
  Wiseman Catalogue seals I.
  Wiseman Cylinder seals of Western Asia.
  Wiseman Iraq 20 15f. (Assur und Sanherib), 17f. (Assur) und 19ff.
  Woolley Alalakh p258ff. und tLX-LXVII.
  Woolley UE II.
  Woolley UE VIII p95 U 12688 und p96 U 3322.

§ 112. Gewichte.

  Cf Weissbach ZDMG 61 394ff. und 948f., 65 635ff. und 70 49ff.

Anonymus Guide 'Iraq Museum p73 f60.
Basmachi Sumer 23 122 n1.
Belaiew RA 26 115ff.
Borger Asarh. §36.
vBothmer Ancient art from New York private collections p7 und t9 n26.
Buccellati + Biggs AS 17 n56.
Chisholm On the ancient standard weights.
Clay YOS 1 n30.
de Clercq CdC II p83ff. und 176ff.
Gadd UET 1 n17, 55, 74, 84 und 287.
Hall Season's work 168.
Herzfeld ApI n12.
Hilprecht BE 1/II n131.
Keiser BIN 2 n18, 20 und 21.
King CT 32 9 102489.
King CT 33 50 104724(1).
King PSBA 29 221.
Koldewey WEB⁴ 187 f120.
Layard Nineveh and Babylon Tafel vor p601 n6.
Lehmann-Haupt 8. Kongress ... 170f. und 172.
Lehmann Verhandlungen der Berliner Gesellschaft für Anthropologie, Eth-
nologie und Urgeschichte 1891 518.
Lehmann-Haupt ZDMG 66 618 Anm. 3.
Lenormant Choix n58 und 69.
Long AJA 5 (1889) 45.
Messerschmidt KAH I n23.
Norris JRAS 1856 215ff.
Oppert RA 5 57ff.
Oppert ZA 6 272ff.
Pézard RA 9 109ff.
Ridgeway Origin of metallic currency ... 245 f24.
Scheil MDP 6 p48.
Scheil MDP 10 p95 unten.
Scheil MDP 14 p34.
Scheil RA 22 152.
E.Schmidt Persepolis II 106.
Schroeder KAH II n3.
G.Smith ZÄS 10 111.
Sollberger Corpus Ent. 77 und 78, Ukg. 58.
Sollberger Genava NS 2 240.
Sollberger UET 8 n38, 56, 57 (?).
Southesk Catalogue II 141 R9.
Soutzo MDP 12 1ff.
Speleers RIAA n214-218.
Stephens YOS 9 n63 und 64.
Thureau-Dangin RA 24 69ff.
Thureau-Dangin Syria 5 275f.
Unger Katalog III.
de Vogüé CIS 2/I p1ff.
Ward PAOS October 1885 pLVIf.
Weidner IAK IV/1.
Weissbach KA p104f.
Weissbach ZDMG 61 399 n42; 70 52 n9.
Winckler ABK n52.

§ 113. Gefässe mit Massangaben.

Buccellati AS 17 n12?

Jacobsen Khorsabad II 105 n34-37.
Jéquier MDP 1 130 f315.
Laessøe Kuml 1957 164ff.
Langdon NBK Neb. n47.
McCown Nippur I t148:2 und 87:14.
de Morgan MDP 8 42 f69 links.
Nassouhi AfO 3 65f. n1 und 2.
Parrot MAM II/3 p135?
Peiser OLZ 7 43 n5.
Scheil MDP 5 pXXIII.
Scheil MDP 10 p96 oben und unten.
Scheil MDP 14 p60.
E.Schmidt Persepolis II 108f.
Thompson AAA 20 p116 n103.

§ 114. Spielbretter.

Cf Gadd Iraq 1 45ff. und de Kainlis RA 39 19ff. für unbeschriftete
Exemplare.
Borger Asarh. §31.
Bottéro Syria 33 17ff. und 30ff.
Weidner Syria 33 175ff.

§ 115. Texte in griechischer Schrift.

vdMeer AfO 13 125f. BM 34798.
Pinches PSBA 24 108ff.
Šilejko AfO 5 11ff.
Sollberger Iraq 24 63ff.

§ 116. Nicht eingeordnete Texte (sfs).

Für die nicht eingeordneten sumerischen literarischen Texte siehe oben
§61 und §62.
Balkan ABoT n43 (sum.? literarisch?).
Bezold ZA 1 443f. k (akk.).
Birot ARM(T) 9 n300 (akk.).
Böhl MLVS II 8 LB 1003 // 1004.
Boscawen BOR 9 67f.
Bottéro Syria 33 25ff. (akk.? Afghanistan).
Brünnow ZA 4 249 K 9594 (akk.) und 251 K 9117 (akk.).
Buccellati AS 17 n16 (akk.).
Chiera SLT n225 Vs.
Clay BRM 4 n28 (sum.) und 34 (der unklare Teil akk.).
de Clercq CdC II p172 (barillet en terre cuite) und p176 n12 (Amu-
lett??).
Craig AAT 73 K 12150 (akk.?) und 90 K 2892 (akk.).
Craig ABRT II 19 (akk.).
Cullimore Oriental cylinders n77 und 78.
Delaporte CCL II A 830.
Dhorme RA 25 53ff. n28 (tesson de poterie avec quelques signes assyri-
ens; assyr. Königsinschrift?).
Dossin IrAnt 2 154ff. n10.
Dossin MDP 18 n16 (akk.) und 249 (akk.).
vDriel Cult p74ff. (akk.).
vDijk Sumer 13 t23 B (akk.).
vDijk TIM 2 n129 (akk.).

vDijk TLB 2 n12 (sum.?).

Ebeling ArOr 17/I 183ff. n1a, siehe oben §100.

Ebeling KAR n112 (akk.), 116 (akk.), 151 (z.T., akk.), 172 (Anfang, akk.), 275 (akk.), 284 (akk.), 285 (akk.), 289 (akk.?), 291 (akk.), 301a (akk.), 302 (akk.), 303a (akk.), 327 (akk.), 330 (akk.; vgl. K 2402+, demnach offenbar Beschwörung o.ä.), 332 (akk.), 335 (akk.), 338 (akk.), 339a (akk.), 342 (akk.), 348 (akk.), 352 (akk.), 354 (akk.), 356 (akk.), 365 (akk.?), 380 (akk.), 397 (akk.), 404 (akk.), 411 (akk.), 415, 416, 418 (akk.) und 419 (akk.).

Ebeling LKA n35 (akk.), 38 (akk.), 68 (akk.), 72 (akk.), 138 (z.T., akk.) und 149 (Rs., akk.).

Ebeling OrNS 17 t23 (akk.).

Ebeling OrNS 23 115 Assur 13955 du (akk.).

Ebeling TuL n2 (akk.).

Edzard Sumer 15 23 n3 (sum.); 23 n4 (sum.); 26 n11 (sum.).

Edzard Tell ed-Dēr n235 (akk.).

Falkenstein LKU n15 (zweispr.), 42 (akk.), 50 (akk.).

Figulla CT 42 n4 Kol. IV (akk.).

Figulla UET 5 n883.

Fish MCS 7 28.

Fossey Babyl. 4 249f.

Frank StrKT n18 und 48.

Gadd UET 1 n21, 65, 70, 190, 191, 273 und 281.

Gadd UET 6/II n397 (akk.) und 400 (Vs., akk.).

Gelb MAD 1 n172 (akk.), 178 (akk.) und 278 (akk.).

de Genouillac ITT V t66ff. (sum.).

de Genouillac PRAK I-II passim, auch I t11 B 82 (akk.), I t17 B 185 (akk.), I t38 B 472 (akk.) und II t9 C 41 (akk.).

de Genouillac TCL 16 n85 (zweispr.).

Goetze VBoT n12 (akk.).

C.H.Gordon OrNS 16 13f. n375 (akk.) und 14 n376 (akk.).

Gray ŠRT tX K 13256 (akk.) und Sm 1310 (akk.).

Güterbock KBo 14 n52, 55 (akk.), 56 (akk.) und 57 (akk.).

Gurney STT I n13 (akk.), 20 (akk.), 24 (akk.), 26 (akk.), 29 (akk.), 31 (akk.), 36 (akk.), 53 (akk.) und 74 (akk.); STT II n112 (akk.), 125 (akk.), 146 (akk.), 169, 188, 221, 222, 233 (akk.), 250 (akk.), 255 (akk.?), 262 (akk.), 266 (akk.), 267 (akk.), 268 (akk.), 269 (akk.), 342, 344, 345 (akk.), 346 (akk.), 347 (akk.), 349, 351 (akk.), 352 (akk.), 353 (akk.), 354 (akk. oder zweispr.?), 355 (akk.), 356 (akk.), 357 (akk.), 358 (akk.), 362 (akk.), 363 (akk.), 364, 365 (akk.), 366 (akk.), 367 (akk.?), 368 (akk.), 370 (akk.), 371 (akk.) und 375 (akk.?).

Harper ABL 1283 (akk.).

Haupt NE n50 (akk.) und 72 (akk.).

Hilprecht BE 1/I tVIII n18 (sum.) und n19 (sum.); BE 1/II n140 (sum.?) und n146.

Hilprecht BE 20/I n44 Rs. (akk.) und n45 Rs. (akk.).

Jacobsen Temple oval 150 n12

Johns ADD n717 (akk.), 871 (akk.), 941 (akk.) und 1120.

King Cat.Spl. 1905-4-9,2 (zweispr.).

King CT 13 31 K 11048 (akk.).

King CT 24 50 47406 Rs. (akk.).

King CT 34 17 K 15525 (akk.) und K 14611 (akk.).

Kinnier Wilson JNES 33 237ff. Rm 398 (akk.), K 9610 (akk.), Rm2 492 (akk.) und 81-2-4,391 (akk.).

Knudtzon El-Amarna n342 (akk.), 343 (akk.), 344, 345, 346, 347, 349, 351+352+353+354 (351 Rs. und 354 Rs., akk.), 355 und 358 (akk.).

Köcher KUB 37 passim, häufiger als in HKL I angegeben.

Kramer ISETP I 124 Ni 10035 (teils sum., teils akk.?).

Lacheman HSS 14 n1 (akk.).

<u>Pinches</u> PSBA 24 117f. VATh 412 (akk.).
<u>Place</u> Ninive et l'Assyrie III t76 n30 (akk.).
<u>Poebel</u> PBS 5 n33 (sum.?), 132 Rs., 133 Rs., 139 Rs., 155 (akk.), 157 II (akk.) und IV.
<u>Postgate</u> GPA n213 (akk.), 214 (akk.), 231 (akk.), 244 (akk.) und 269 (akk.).
<u>Postgate</u> NRGD n38 (akk.).
<u>Reade</u> Iraq 33 95f.
<u>Reisner</u> SBH nIX (akk.).
<u>de Sarzec</u> DC t25 n5 (sum.).
<u>Sayce</u> PSBA 29 91ff. (akk.?).
<u>Scheil</u> MDP 6 p54f. (akk.).
<u>Scheil</u> MDP 11 p43 unten (akk.?).
<u>Scheil</u> MDP 28 p11 n8 (sum.); p13f. n12 (akk.).
<u>Scheil</u> RA 15 136f. (akk.).
<u>Scheil</u> RA 18 20f. n16 (akk.).
<u>Scheil</u> RT 16 190 Si 4 (akk.).
<u>Scheil</u> RT 17 80 unten (Fälschung?).
<u>Scheil</u> RT 19 59 n341 (akk.).
<u>Scheil</u> RT 20 62ff. (akk.?).
<u>Scheil</u> RT 21 28 (Fälschung?).
<u>Scheil</u> ZA 8 206f. Anfang (akk.).
<u>E.Schmidt</u> Persepolis II 60f. PT 4 943 (akk.); 61ff. PT 4 772 (akk.?).
<u>Schneider</u> Or 47-49 n464.
<u>Schroeder</u> KAH II n157 (akk.).
<u>Schroeder</u> KAV n3 (akk.), 61 (akk.?), 65 IV (akk.), 77 (akk.), 87, 130 (akk.).
<u>G.Smith</u> III R 55 n2 (akk.).
<u>S.Smith</u> AAA 21 116f. (aus Jericho).
<u>S.Smith</u> CT 37 21 38284 (akk.).
<u>Sollberger</u> Iraq 24 71f. C 1-5.
<u>Speleers</u> RIAA n45 (sum.), 47 (sum.), 48 Rs., 209 (akk.), 210 (akk.), 275, 316 (akk.).
<u>Steve</u> MDP 41 p114 TZ inc.
<u>Strassmaier</u> 8. Kongress n33.
<u>Strassmaier</u> Warka n110 (sum.).
<u>Tallqvist</u> Maqlû II 95 K 5729 (akk.).
<u>Thompson</u> AMT 27/9 (z.T. akk.); 29/8 (akk. oder z.T. zweispr.?); 29/10 (akk.?); 29/11 (akk.?); 29/12 (akk.?); 33/5 (akk., wohl Beschwörungsritual, vgl. 27/4 +[1] 81/5 Rs. 5ff.); 37/6 (akk.?); 53/2 (akk.); 53/5 (akk.); 59/2 (akk.); 62/2 (akk.); 66/8 (akk.); 68/4 (akk.); 69/11 (akk.); 70/9 (akk.); 70/10 (akk.); 70/11 (akk.); 84/8 (akk.); 88/5 (akk.?); 94/4 (akk.).
<u>Thompson</u> Archaeologia 70 115 links unten (Backstein, akk.?); 125 BM 113912 (akk.?).
<u>Thompson</u> CLBT p29ff. und t1 AB 249 (akk.); p35 und t3-4 B 4 + D 4 (akk.).
<u>Thompson</u> CT 11 6 K 13592.
<u>Thompson</u> CT 14 9 K 8378 (akk.); 35 K 14132 (akk.); 38 K 14081 (akk.).
<u>Thompson</u> CT 18 17 K 10798 (akk.); 44 K 7699 (akk.).
<u>Thompson</u> CT 19 45 K 13711.
<u>Thompson</u> CT 20 22 82-3-23,115 (akk.).
<u>Thompson</u> CT 22 t48 (akk.).
<u>Thompson</u> EG t8 K 13880 (akk.); t14 K 9220 (akk.); t17 79-7-8,342 (akk.); t17 K 10791 (akk.); t17 K 10160 (akk.); t17 K 6314 (akk.); t19 K 12286 (akk.).
<u>Thureau-Dangin</u> RA 9 33ff. (akk.).
<u>Thureau-Dangin</u> TCL 6 n12 (akk.).
<u>Toscanne</u> RA 7 57f. S[n] 28.

Unger Babylonisches Schrifttum p12 f10 (akk.).

Ungnad VS 7 n177 (sum.?).

Vallat Cahiers de la Délégation Archéologique Française en Iran 1 p244 69-261.1 (akk.).

Vallat RA 63 181ff. passim.

Virolleaud ACh SS nXIIIa Rs. (akk.).

Virolleaud Babyl. 1 200 K 6763 (akk.).

Virolleaud Babyl. 3 306f. (akk.).

Virolleaud Babyl. 6 118 und 127f. K 3520 (akk.).

Virolleaud Fragments p17 (akk.).

Virolleaud Syria 10 tLXXVI n3.

Walker CT 51 n73 (akk.), 74 (akk.), 101 (akk.), 104 (akk.), 109 (zwei-spr.), 112 (zweispr.), 125-135 (akk.), 138 (akk.), 148 (akk.), 180 (zwei-spr.), 184 (sum.), 212 (akk.), 216 (akk.).

Weidner ITN n39 E VAT 16450 (+?) 16451 (akk.).

Weidner KUB 3 n86-88 und 90-92 (nach Weidner historische Texte).

Weidner KUB 4 passim (akk., gelegentlich sum.).

Weidner OLZ 16 204ff. P 206 (akk.).

Weissbach Das Babylon der Spätzeit p49 n7.

Winckler AOF I 516f. K 3992 (akk.).

Wiseman AT n448 (akk.?), 449 (akk.?), 450 (akk.?), 453a.

Wiseman BSOAS 30 495ff. (akk.).

Wiseman Iraq 14 63 ND 1102 (akk.?); 63 ND 1105.

Zimmern VS 10 n169.

ANHANG : SEKUNDÄRLITERATUR IN AUSWAHL

§ 117. <u>Sumerische Lexikographie, sumerische Indizes.</u>

Cf <u>Hospers</u> Basic bibliography I 39-44 und 398.

<u>Ali</u> Sum. letters pIIff.
<u>J.Bauer</u> Altsumerische Wirtschaftstexte p577ff.
<u>Benito</u> Enki pIIff.
<u>Brünnow</u> Classified list.
<u>Castellino</u> Two Šulgi hymns p295ff.
<u>Clay</u> YOS 1 p100ff.
<u>Contenau</u> Contribution p85ff.
<u>Deimel</u> Or 14 p26ff., 16 p68ff. und p79ff., 17 p28ff. und 21 p73ff.
<u>Deimel</u> ŠL I - III.
<u>Deimel</u> Vocabularium sumericum.
<u>Delitzsch</u> Sumerisches Glossar.
<u>vDijk</u> SGL II p160ff.
<u>Edzard</u> SRU p215ff. und 219ff.
<u>Ellermeier</u> Sumerisches Glossar (in Vorbereitung).
<u>Falkenstein</u> NSGU III p89ff.
<u>Falkenstein</u> SGL I p141ff.
<u>Ferrara</u> Nanna-Suen's journey p158ff.
<u>Figulla</u> UET 5 p67ff.
<u>Fish</u> MCS 6 p24ff., 58ff. und 87ff.
<u>Flügge</u> Inanna und Enki p214ff.
<u>Forde</u> Nebraska p59ff., 65ff., 87ff., 91ff., 97ff. und 111ff.
<u>Fossey</u> Contribution.
<u>Gadd</u> Reading-book p177ff.
<u>de Genouillac</u> ITT V p1-30.
<u>E.I.Gordon</u> SP p324ff.
<u>Grégoire</u> Archives p283ff. und 272ff.
<u>Grégoire</u> Prov. mér. p201f. und 204ff.
<u>Hallo</u> Exaltation p69ff..
<u>Hallo</u> JAOS 88 87f.
<u>Heimpel</u> Tierbilder.
<u>Howardy</u> Clavis cuneorum.
<u>Hrozný</u> Getreide.
<u>Hruška</u> ArOr 37 515ff.
<u>Jacobsen</u> CTNMC p55ff.
<u>Jean</u> Babyl. 13 72ff.
<u>Jean</u> Larsa p227ff.
<u>Jestin</u> Textes économiques sumériens p231ff.
<u>Kang</u> SETDA p271ff.
<u>Keiser</u> BIN 3 p80ff.
<u>King</u> LIḪ III p297ff.
<u>Klein</u> Šulgi D pIIIff.
<u>Krecher</u> SKLy p225ff.
<u>Landsberger</u> Date palm p62ff.
<u>Landsberger</u> JCS 4 57ff.
<u>Landsberger</u> MSL 4 p179ff.
<u>Langdon</u> Sumerian grammar p201ff.
<u>Lau</u> Old Babylonian temple records p1[*]ff.
<u>Legrain</u> TRU p123ff.
<u>Legrain</u> UET 3 p58ff.
<u>Levine + Hallo</u> HUCA 38 p51ff.
<u>Limet</u> Études p83ff.
<u>Limet</u> Légendes p127ff.
<u>Limet</u> Métal p291ff.

Margolis Sumerian temple accounts p46ff.
Meek BA 10/I p55ff.
Meissner SAI.
Nesbit Sumerian records from Drehem p60ff.
Nies UDT p115ff.
Nikol'skij DV 3/II p85ff. und 95ff.   [Oberhuber SAKF p132ff.]
Oppenheim Beer p35f.
Oppenheim Eames p225ff.
Oppenheim JNES 4 p174ff.
Otten Vokabular p38.
Owen JCS 24 p141ff.
Pettinato Menschenbild p111ff.
Pettinato TVLU p430ff.
Pettinato Untersuchungen II p296ff.
Price Gudea II p86ff.
Reisman Two Neo-Sumerian royal hymns pIVff.
Reisner TUT p1ff.
Röllig Bier p104.
Römer SKI p279ff.
A.Salonen passim; auch BagM 3 100ff. (Öfen) und JEOL 18 331ff. (Brenn-
holz).
A.Salonen PDT p285ff.
E.Salonen StOr 33 (Waffen), 41 (Erwerbsleben) und 43/IV (Zehnte).
Sauren WMAH p342ff.
Scheil RA 18 74ff.
Schneider AnOr 1 p49ff., 73ff. usw.
Schneider AnOr 7 p60ff. usw.
Schneider Or 55 p6ff., 24ff. usw.
Schorr UAZP p565ff.
Seux Épithètes p379ff.
Sjöberg u.a. CSTH p189ff.
Sjöberg Mondgott I p180ff.
Sollberger BAC p93ff.
Szlechter TJAMC p165ff., 182f. und 218ff.
Szlechter TJDB p173ff.
Tallqvist AGE, auch p487ff.
Virolleaud Premier supplément.
Virolleaud + M.Lambert TÉL p163ff.
Waetzoldt Textilindustrie p285ff.
Walters Water p185ff.
Wilcke Lugalb. p225ff.
Zimolong Ass. 523 p57ff.

§ 118. Akkadische Lexikographie, akkadische Indizes.

Cf Gelb CAD A/I pVIII-XI; Hospers Basic bibliography I 6, 10-16 und
371-373.

Al-Zeebari ABIM p93ff.
Aro BSAW 115/II p22ff.
Aro StOr 22.
Augapfel BRAD p99ff.
Bezold Achämenideninschriften p48ff.
Bezold Glossar.
Biggs Šà.zi.ga p80ff.
Bilgiç Appellativa.
Birot ARMT 12 p255.
Birot TÉA p147ff. und 149ff.
Borger BAL pXLVIIff.

Boson Les métaux et les pierres.
Bottéro + Finet ARMT 15 p165ff.
Bottéro RA 44 119ff.
Cagni Crestomazia accadica p297ff.
Cagni Epopea p261ff. und 319ff.
Chiera PBS 11/II p154ff.
Clay YOS 1 p102ff.
Contenau TTC p98ff.
Deimel ŠL III/2.
Delitzsch AL⁵ p151ff.
Delitzsch AW.
Delitzsch HWB.
Dennefeld Geburts-Omina p220ff.
Draffkorn Kilmer JAOS 83 444ff.
Draffkorn Kilmer OrNS 29 p302ff.
Driver + Miles AssL p513ff.
Driver + Miles BabL II p362ff.
Driver OECT 3 p73ff.
Ebeling BVW p40ff.
Ebeling GlNB.
Ebeling MAOG 13/I p105ff.
Ebeling NBU p296ff.
Ebeling OrNS 17 p133ff. und 19 p265ff. = PKT p5ff. und 48ff.
Edzard Tell ed-Dēr p238ff.
Evetts Inscriptions p21ff.
(Sommer +) Falkenstein Bilingue p265ff.
Falkenstein NSGU III p176ff.
Figulla UET 4 p60ff.
Figulla UET 5 p67ff.
Finkelstein JCS 7 145f.
Finkelstein YOS 13 p79ff.
Fish LFBD p29ff.
Fossey Babyl. 5 p213ff.
Freydank SWU p148ff.
Gadd Iraq 7 p43ff.
Gelb MAD 3.
Gelb NPN p294ff.
Giacumakis The Akkadian of Alalaḫ p64ff.
Goetze LE p149ff.
C.H.Gordon Babyl. 16 p1ff. (21ff.).
Gurney Sumer 9 p25ff.
Hinke NBSt p246ff. (und SBKI p53ff.).
Holma KlB.
Holma Kt.
Holma Quttulu.
Holma WeiB.
Hrozný Getreide.
Hrozný MVAG 8/V p275ff.
Hunger BagM 5 p244ff.
Hunger BAK p158ff.
Jankovskaja KTK p211ff.
Jean Larsa p227ff.
Johns ADB p76ff.
Johns ADD IV p241ff.   [King BMS p131ff.]
King First steps p315ff.
King LIḪ III p259ff.
King STC I p251ff.
Kinnier Wilson Wine lists p159ff.
Klauber PRT p160ff. und 168ff.

Knudtzon AGS II p279ff.
Knudtzon El-Amarna p1358ff.
Kraus Edikt p248ff.
Kraus TBP p18ff.
P.Kraus MVAG 36/I p107ff.
Krückmann TMH 2/3 p48f.
Küchler Medizin p148ff.
Kugler SSB I p265ff.
Labat AkkBo p87ff.
Labat Commentaires p135ff.
Labat HMA p187ff.
Laessøe Shemshāra p101f.
W.Lambert Atra-ḫasīs p175ff.
Landsberger Date palm p65ff.
Landsberger JCS 4 p8ff.
Landsberger MSL 4 p185ff.
Langdon NBK p308ff.
Leander Lehnwörter.
Lehmann Šsmk II p79ff.
J.Lewy ARK II p197ff.
J.Lewy KTB p48f.
J.Lewy KTH p53f.
Limet Légendes p127ff.
Loretz TCBTB I p27ff.
Lyon Keilschrifttexte Sargon's p83ff.
Macmillan BA 5/V p604ff.
Martin TRAB p133ff. und TRAB PS p315ff.
Meek BA 10/I p55.
Meissner AOTU 1/I p40ff.
Meissner BAW I und II.
Meissner + Rost BS p109ff.
Meissner Chrestomathie p51ff.
Meissner MAOG 1/II, 3/III, 11/I-II und 13/II.
Meissner MVAG 18/II p42ff.
Meissner SplAW.
Moldenke CTMMA I pXVIIff.
Muss-Arnolt Dictionary.
Naster Chrestomathie accadienne p81ff.
Neugebauer ACT II p467ff.
Neugebauer MCT p158ff.
Neugebauer MKT II p11ff.; III p67ff. und 73ff.
Nötscher Šumma ālu I p75ff., II p242ff. und III p231ff.
Nougayrol JCS 21 233ff.
Nougayrol PRU III p215ff. und 232ff.; IV p259ff.; VI p150-160.
Nougayrol Ugaritica V p340f. und 349ff.
Oberhuber SAKF p132ff.
Oppenheim Beer p33ff.
Oppenheim CAD.
Oppenheim Dreams p348ff.
Oppenheim Glass p87ff.
Oppenheim JNES 4 p176f.
Otten Vokabular p36f.
Parker Iraq 16 p52f.; 23 p65ff.; 25 p103.
Peiser BV p311ff.
Peiser KAS p109ff.
[Petschow Mittelbabylonische Rechts- und Wirtschaftsurkunden der Hil-
precht-Sammlung Jena, ASAW 64/V, Berlin 1974, p104ff.]
Pettinato Menschenbild p143ff.
Pettinato Ölwahrsagung II p126ff.

Pinches Peek p31ff. und 47ff.
Postgate GPA p277ff. und 282f.
Postgate NRGD p128ff.
Postgate Taxation p407-433.
Rainey El Amarna tablets p53ff.
Röllig Bier p102f.
Rössler Untersuchungen p13ff.
Rost Tigl. III. I p87ff.
Rutten MDP 34 p131ff.
A.Salonen passim; auch BagM 3 100ff. (Öfen) und JEOL 18 331ff. (Brenn-
holz).
E.Salonen StOr 33 (Waffen), 36 (Glossar Susa), 41 (Erwerbsleben) und
43/IV (Zehnte).
Schorr Altbabyl. Rechtsurkunden I p195ff., II p69ff. und III p72ff.
Schorr UAZP p506ff.
Schott Vergleiche.
Seif Iscâlî p49ff.
vSelms Termini.
Seux Épithètes.
S.A.Smith Keilschrifttexte II p79ff. und III p113ff.
S.Smith Idri-mi p96ff.
vSoden AHw.
vSoden LTBA 2 p5ff.
vSoden OrNS 15 423ff.; 16 66ff. und 437ff.; 18 385ff.; 20 151ff. und
257ff.; 22 251ff.; 24 136ff. und 377ff.; 25 241ff.; 26 127ff.; 27 252ff.
vSoden OrNS 35 1ff. und 37 261ff. (aramäische Wörter in neuassyrischen
und neu- und spätbabylonischen Texten).
vSoden ZA 43 p244ff.
Stephens PNC p74ff.
Steve MDP 41 p130ff.
Strassmaier AV (mit "Wörterverzeichniss ... Liverpool").
Strassmaier Warka p323ff.
Streck Assurb. III p423ff. und 844ff.
Szlechter TJAMC p159ff. und 182f.
Szlechter TJDB p163ff.
Tallqvist AGE.
Tallqvist APN p263ff.
Tallqvist Maqlû I p151ff.
Tallqvist NN p300ff.
Tallqvist SCN p30ff.
Thompson Devils II p165ff.
Thompson DAB.
Thompson DACG.
Thompson RMA II p113ff.
Torczyner ATR p108ff.
Ungnad ABPh p104ff.
Ungnad BA 6/V p121ff.
Ungnad BB p240ff.   [Ungnad Grammatik des Akkadischen³ p163ff.]
Ungnad HG II p107ff.
Ungnad MVAG 20/II p25ff.
Ungnad NRVU Beiheft (Glossar).
Ungnad SSS 9 p1ff.
Ungnad SSS 10 p49ff.
Veenhof Aspects p467ff.
Virolleaud Babyl. 1 p29ff.
Waterman BDHP p31ff.
Waterman RCAE IV p43ff. und 140ff.
Walters Water p171ff.
Weidner AfO 17 p292f.

Weidner BA 8/IV p84ff.
Weidner Gestirn-Darstellungen p53ff.
Weir LAP.
Winckler KGV p63ff.
Winckler Sargon I p197ff.
Wiseman AT p158-164.
Yalvaç AS 16 p336.
Yaron Laws of Eshnunna p212ff.
Zimmern Akkadische Fremdwörter.
Zimmern BBR I p62ff. und II p220ff.
Zimolong Ass. 523 p60ff.

§ 119. Sumerische Grammatik.

Cf Hospers Basic bibliography I p38-42, 398 und 400; Sollberger Système verbal p3-11.

Borger Akkadische Zeichenliste p110-124.
Brummer Die sumerischen Verbal-Afformative.
Christian Beiträge zur sumerischen Grammatik.
Deimel ŠG¹ und ŠG².
Delitzsch Grundzüge der sumerischen Grammatik.
Delitzsch Kleine sumerische Sprachlehre.
Falkenstein Grammatik Gudea I - II.
Falkenstein Das Sumerische.
Gadd Reading-book p14ff.
Gragg Infixes.
Haupt ASKT p133ff.
Jestin Abrégé.
Jestin Notes.
Jestin Verbe sumérien I - III.
Kärki StOr 35.
Kramer AS 8.
Langdon Sumerian grammar.
Meissner Die Keilschrift² p22ff. und Meissner + Oberhuber Die Keil-schrift³ p25ff.
Poebel AS 2.
Poebel Grundzüge (GSG).
A.Salonen StOr 37/III.
A.Salonen Studien Syntax I.
Scholtz MVAG 39/II.
Siro StOr 16/IV.
Sollberger Système verbal.
Weissbach Die sumerische Frage.
Witzel BA 8/V (Untersuchungen über die Verbal-Präformative ...).

§ 120. Akkadische Grammatik.

Cf Hospers Basic bibliography I p4-6, 7-10, 365-371 und 397; Reiner Current trends in linguistics 6 ("1970") p296-303; vSoden GAG pXXII-XXIV.

Aro StOr 20, 26 und 31.
Berkooz The Nuzi dialect of Akkadian.
Bloch OrNS 9 305ff.
Böhl LSS 5/II.
Borger BAL pIIIff.
Castellino Akkadian personal pronouns and verbal system.
Castellino Grammatica.
Delitzsch AG².
Ebeling BA 8/II p39ff. (Das Verbum der El-Amarna-Briefe).

Finet ALM.
Gelb AS 18.
Gelb MAD 2².
Giacumakis The Akkadian of Alalaḫ.
Goossens Muséon 55 p61ff.
C.H.Gordon OrNS 7 p32ff. und 215ff.
Hecker Grammatik.
Heidel AS 13.
Hyatt Treatment.
Jucquois Phonétique comparée.
King First steps pXVIIff.
Kramer AASOR 11 p62ff.
Labat AkkBo.
Lancellotti Grammatica della lingua accadica.
J.Levy Verbum.
Lipin The Akkadian language.
Mayer Untersuchungen.
Meissner Kurzgefasste assyrische Grammatik.
de Meyer ACS.
Moscati Introduction.
Pinches Outline.
Poebel AS 9.
Ravn Nominernes bøjning.
Ravn Relative clauses.
Reiner Current trends in linguistics 6 p274-303.
Reiner Linguistic analysis.
Riemschneider Lehrbuch.
Rössler Untersuchungen.
Rowton JNES 21 p233-303.
E.Salonen StOr 27/I.
vSoden GAG und GAG Erg.
vSoden ZA 40 p163-227 und 41 p90-183 und 236.
Tallqvist SCN p1ff.
Ungnad Grammatik des Akkadischen³ und Ungnad + Matouš Grammatik des Akkadischen⁵.
Waterman RCAE IV p13ff.
Wilhelm Untersuchungen.
Wohlfromm Untersuchungen.
Ylvisaker LSS 5/VI.

§ 121. Zeichenlisten, Schrift.

Cf Hospers Basic bibliography I p10, 44 und 375-377; Schott Vorarbeiten pXf.

Amiaud + Méchinau Tableau comparé.
Arnold Ancient-Babylonian temple records p66ff.
Aro StOr 19/XI.
Barton BA 9.
Bayer Or 25.
Berkooz The Nuzi dialect of Akkadian.
Borger Akkadische Zeichenliste.
Bottéro + Finet ARMT 15 p1-113.
Brünnow Classified list.
Burrows UET 2 p61ff.
Christian MVAG 18/I.
Clay BE 10 p89ff.
Clay BE 14 p75ff.
Contenau Babyl. 9 p162ff.

Contenau Contribution p143ff.
Contenau TTC p137ff.
Deimel (van den Eerenbeemt) Codex Hammurabi IV.
Deimel Inschr.Fara I.
Deimel ŠL I - III.
Delitzsch AG² p17ff.
Delitzsch AL⁵ p3ff. und 116ff.
Deller OrNS 31 p7ff. und 186ff.
Driver Semitic writing.
Falkenstein ATU p1ff.
Fossey Contribution.
Fossey Manuel I und II.
J.Friedrich Hethitisches Keilschrift-Lesebuch II p10-60.
Gelb MAD 2² p20-118 und 218-235.
Gelb Study of writing.
Goetze YOS 10 tCXXVII-CXXXII.
Golénischeff Gol. p45ff.
R.F.Harper Code of Hammurabi tLXXXIII-CII.
Hinke SBKI p41ff.
Howardy Clavis cuneorum.
Jaritz Schriftarchäologie.
Jestin Notes.
King First steps pLXXXVIII-CXXXIX.
Labat Manuel.
Langdon OECT 7 p1ff. (und JRAS 1931 p843f.).
Langdon Sumerian grammar p261ff.
Lau Old Babylonian temple records p1[*]ff.
Margolis Sumerian temple documents p37ff.
Meissner BAP tIII-VII.
Meissner Chrestomathie pII-XVIII.
Meissner SAI.
Myhrman BE 3/I p113ff.
Naster Chrestomathie accadienne p1ff.
Nesbit Sumerian records from Drehem p60ff.
Nies UDT p173ff.
Nougayrol PRU III p269ff., IV p265ff. und VI p161ff.
Nougayrol Ugaritica V p342f.
Pinches Outline p49-60.
Pinches TBWW pI-V.
Price Gudea I p89ff. und II p149ff.
Ranke BE 6/I p81ff.
Reiner JCS 25 p3-58.
Reisner SBH p157ff.
Rosengarten RSP.
Rutten RÉS (et Babyloniaca) 1940 p33ff. und 50ff.
E.Salonen StOr 27/I und StOr 36 p108ff.
Scheil MDP 2 p40.
Scheil Recueil de signes archaïques.
Schneider Keilschriftzeichen Ur III.
Schott Vorarbeiten.
Schroeder VS 12 p73ff.
Schroeder VS 15 p80ff.
Schroeder VS 16 p88ff.
S.Smith CCT 1 tA-B.
S.Smith Idri-mi t14ff.
vSoden Akk.Syll.¹ und vSoden + Röllig Akk.Syll.².
Sollberger ZA 54 p1-50.
Strassmaier AV p1120-1144.
Thureau-Dangin RÉC.

Thureau-Dangin Syllabaire & Homophones.
Thureau-Dangin TC II p4ff.
Ungnad Keilschriftlesebuch p6ff. und 64ff.
Ungnad MVAG 20/II p4ff.
Ungnad SSS 9 t41ff.
Ungnad SSS 10 p41ff.
Virolleaud Premier supplément.
Winckler KGV p89ff.

§ 122. Sumerische Chrestomathien.

Gadd Reading-book.
Hommel Sumerische Lesestücke.
Winckler ABK.

§ 123. Akkadische Chrestomathien.

Th.Bauer Akkadische Lesestücke.
Böhl Akkadian chrestomathy.
Borger BAL.
Cagni Crestomazia accadica.
Delitzsch AL(1-)[5].
King First steps.
Lipin Akkadskij (vavilono-assirijskij) jazyk.
Lyon Assyrian manual.
Meissner Chrestomathie.
Naster Chrestomathie accadienne.
Teloni Crestomazia assira.
Ungnad Grammatik des Akkadischen[3] p117-207.
Ungnad Keilschriftlesebuch.
Ungnad SSS 9.
Ungnad SSS 10.
Winckler KGV.

§ 124. Sumerische Personennamen (Indizes).

Ali Sum. letters pXVff.
Barton HLC III p11ff.
Barton PBS 9/I p22ff.
Barton RISA p399ff.
J.Bauer Altsumerische Wirtschaftstexte p544ff.
Bedale Sumerian tablets from Umma p1f.
Boson TCS p20ff.
Burrows UET 2 p27ff.
Chiera PBS 11/III p244ff.
Chiera STA p14ff.
Clay YOS 1 p106f.
Contenau Contribution p95ff.
Contenau Umma p57ff.
Crawford BIN 9 p25ff.
Deimel Inschr.Fara III p18*ff.
Delaporte ITT IV p103ff.
Dhorme ZA 22 p284ff.
Edzard SRU p199ff.
Falkenstein NSGU III p36ff.
Fish Catalogue p7ff. und 60ff.
Fish MCS 6 p44ff., 73ff. und 99ff.

Forde Nebraska p35ff.
Gadd UET 1 p98f.
Gelb MAD 4 p101ff.
de Genouillac TCL 2 p12ff.
de Genouillac Trouvaille p4ff.
de Genouillac TSA p106ff.
Grégoire Archives p265ff.
Grégoire Prov. mér. p200f.
Hackman BIN 5 p5ff.
Hackman BIN 8 p30ff.
Hallo HUCA 29 p106.
Holma StOr 9/I p57f.
Huber Personennamen.
Hussey HSS 3 p14ff. und HSS 4 p23ff.
Jacobsen CTNMC p31ff.
Jean RA 19 p29ff.
Jean Šumer et Akkad p74ff.
Jestin NTSŠ p9ff. und TSŠ p51ff.
Jestin Textes économiques sumériens p258ff.
Jones + Snyder SET p358ff.
Kang SETDA p288ff.
Keiser BIN 3 p12ff.
Keiser BRM 3 p29ff.
Keiser Patesis.
Keiser YOS 4 p23ff.
M.Lambert RA 55 p145f.
Legrain MDP 14 p127ff.
Legrain PBS 14 p87ff.
Legrain TRU p93ff.
Legrain UE X p1ff.
Legrain UET 3 p3ff.
Limet Anthroponymie.
Limet Étude p89ff.
Limet RA 49 p83f.
Lutz UCP 9/II p141ff. und 159ff.
Mercer Sumero-Babylonian year-formulae p115ff.
Myhrman Babyl. 4 p251ff.
Myhrman BE 3/I p84ff.
Nies UDT p80ff.
Nikol'skij DV 3/II p99ff.; DV 5 p129ff., 133ff. und 147ff.
Oberhuber SAKF p114ff.
Oppenheim Eames p178ff.
vdOsten Brett p61.
vdOsten Newell p167.
Owen JCS 24 p107f. und 138ff.
Pélagaud Babyl. 3 p116ff.
Pettinato OrAnt 7 p178f.
Pettinato TVLU p418ff.
Pettinato Untersuchungen II p279ff.
Pinches Berens p155ff.
Poebel Personennamen.
Pohl TMH 5 p14ff.; TMH NF 1/2 p17ff.
Price Gudea II p139ff.
Radau EBH p435ff.
Reisner TUT p36ff.
Šachov Assiriologija i Egiptologija p77f.
A.Salonen PDT p262ff.
Sauren WMAH p305ff.
Schneider AnOr 1 p23ff.; AnOr 7 p18ff.

Schneider AnOr 19 p100ff.
Schneider Or 23 p3ff.; 24 p7ff.; 47-49 p33ff.
Sollberger BAC p93ff.
Sollberger + Kupper IRSA p285ff.
Speleers RIAA p117ff. und 128.
Stephens YOS 9 p43f.
Szlechter RA 59 p114; ib p148.
Szlechter TJAMC p222ff.
Thureau-Dangin SAK p241ff.
Virolleaud + M.Lambert TÉL p139ff.
Waetzoldt Textilindustrie p283f.

§ 125. Akkadische Personennamen usw. (Indizes).

Alexander BIN 7 p7ff.
Al-Zeebari ABIM p135ff.
Aynard RA 65 p184ff.
Balkan Kassitenst. I p42ff.
Th.Bauer IWA p108ff.
Bezold Cat. V p1955ff.
Biggs OrNS 36 p55ff.
Birot ARMT 12 p252ff.
Birot TÉA p153ff.
Borger Asarh. p126f.
Bottéro + Finet ARMT 15 p140ff.
Boyer CHJ p75ff.
Chiera PBS 8/I p84ff.; 8/II p175ff. und 194ff.
Chiera PBS 11/III p244ff.
Clay BE 8/I p39ff.
Clay BE 10 p37ff.
Clay BE 14 p39ff. und 15 p25ff.
Clay BIN 4 p13ff.
Clay BRM 1 p17ff.
Clay BRM 2 p41ff.
Clay BRM 4 p57f.
Clay CPN.
Clay PBS 2/I p9ff.
Clay PBS 2/II p69ff.
Clay YOS 1 p106f.
Clay YOS 3 p13ff.
Contenau TC I p7ff.
Contenau TTC p21ff.
Crawford BIN 9 p25ff.
Delaporte CCBN p348ff.
Deller OrNS 27 p184ff.
Dhorme RA 25 p68ff.
Dietrich Aramäer p209ff.
Dougherty GCCI I p38ff. und II p37ff.
Dougherty YOS 6 p15ff.
Driver OECT 3 p83ff.
Ebeling Jahresbericht des Humboldt-Gymnasiums Ostern 1914, Wissen-
schaftliche Beilage p27ff. (jüdische Namen); cf HKL II p54.
Ebeling MAOG 13/I.
Ebeling MAOG 15/I-II p103ff.
Ebeling MAOG 16/I-II p100ff.
Ebeling NB p183ff.
Ebeling NBU p323ff.
Edzard Tell ed-Dēr p219ff.
Edzard ZwZw p195ff.

Eichler Indenture p140ff.
Eisen Moore p83f.
Evetts Inscriptions p6ff. und 19f.
Fales CEC p143ff.
Faust YOS 8 p5ff.
Figulla UET 4 p16ff.
Figulla UET 5 p27ff.
Figulla VS 13 p77ff.
Finkelstein JCS 7 p141ff.
Finkelstein YOS 13 p45ff.
Fish LFBD p35.
L.Fisher Claremont p55f.
Freydank SWU p134ff.
Th.Friedrich BA 5/IV p478ff.
Gadd Iraq 4 p181ff. und 7 p35ff.
Gadd RA 23 p71ff.
Gadd UET 1 p98f.
Garelli RA 60 p146ff.
Gautier Dilbat p105ff.
Gelb Alishar p69ff.
Gelb HaS p100ff. und 109ff. (subaräische bzw. ḫurritische Eigennamen).
Gelb MAD 1 p177ff.
Gelb MAD 4 p101ff.
Gelb MAD 5 p93ff.
Gelb NPN.
Gelb OAIC p324ff.
Gemser Persoonsnamen.
Goetze JCS 18 p109ff.
Grice YOS 5 p21ff.
Gröndahl Personennamen.
Güterbock Tell Fakhariyah p90.
Gurney Sumer 9 p31ff.
Hecker KUG p134ff.
Hilprecht BE 9 p47ff.
Hinke NBSt p200ff.
Holma StOr 9/I p58.
Holma ZATH p35f.
Holt AJSL 27 p229ff.
Hrozný ICK I p9ff.
Hunger BagM 5 p259ff.
Hunger BAK p146ff.
Hunter OECT 8 p41ff.
Jacobsen CTNMC p49f.
Jakob-Rost FB 10 p59ff.; 12 p59f.; 14 p32ff.
Jankovskaja KTK p226ff.
Jankovskaja LDA p498ff.
Jean Larsa p236ff. und 259ff.
Jean Šumer et Akkad p74ff.
Jestin RA 46 p200.
Johns ADB p73ff.
Keiser BIN 1 p11ff.
Keiser BIN 2 p63ff.
Keiser BRM 3 p29ff.
Kienast ATHE p117ff.
King BBS p131ff.
King + Thompson Behistun pXLVIIff.
King Cat.Spl. p227ff.
King CCEBK II p195ff.
Klauber PRT p157ff.
Knudtzon AGS II p327ff.

Knudtzon El-Amarna p1555ff.
Kraus ARN p115ff. und 157ff.
Krausz Götternamen p113ff.
Krückmann TMH 2/3 p20ff.
Laessøe Shemshāra p95ff.
Langdon NBK p300ff.
Laroche (Recueil =) Les noms des Hittites.
Leemans SLB 1/II p98ff. und 1/III p116ff.
Leeper CT 35 p9ff.
Le Gac Babyl. 3 p45ff.
Legrain Catalogue Cugnin p46.
Legrain MDP 14 p127ff.
Legrain PBS 14 p87ff,
J.Lewy ARK II p206ff.
J.Lewy KTB p13f. und 47.
J.Lewy KTH pVIIff. und 52.
J.Lewy KTS p73f.
J.Lewy TMH 1 p11ff.
Lie Sargon annals p85f.
Limet Étude p89ff.
Limet Légendes p122ff.
Loretz TCBTB I p19ff.
Luckenbill ARAB II p443ff.
Luckenbill Senn. p191ff.
Lutz PBS 1/II p116ff.
Lutz UCP 9/I p23ff. und 44ff.; 9/IV p322f.; 10/I p53ff.; 10/III p198ff.
Lutz YOS 2 p29ff.
Lyon Keilschrifttexte Sargon's p92f.
Martin TRAB p138 und TRAB PS p327ff.
Matouš ICK II p9ff.
Meek AJSL 33 p212ff.
Meek HSS 10 pXXVIIff.
Meissner + Rost BS p116f.
Mercer Sumero-Babylonian year-formulae p115ff.
Moldenke CTMMA I pIXff.
Moore NBDM p61ff.
Moore Neo-Babylonian business and administrative documents p321ff.
Neugebauer ACT I p24f.
Nougayrol PRU III p238ff., IV p244ff. und VI p137ff.
Nougayrol Ugaritica V p325ff. und 344.
Oberhuber SAKF p114ff.
Ormsby JCS 24 p98.
vdOsten Brett p61.
vdOsten Newell p167.
Parker Iraq 16 p47ff.; 19 p137f.; 23 p61ff.; 25 p101ff.
Parpola LASEA I p304ff.
Peiser BV p327ff.
Peiser KAS p119ff.
Pfeiffer State letters p245-253.
Pinches Berens p167ff.
Pinches Peek p31ff. und 47ff.
Poebel BE 6/II p125ff. und 139ff.
Pohl AnOr 8 p11ff. und 9 p9ff.
Postgate Iraq 32 p162f.
Postgate GPA p265ff.
Postgate NRGD p133ff.
Radau BE 17/I p145ff.
Rainey El Amarna tablets p88ff.
Ranke BE 6/I p35ff.
Ranke· EBPN.

Ranke Personennamen I - II und Vokalisation (ägyptische Eigennamen).
Raschid Archiv Nūršamaš p131ff.
Riftin SVJAD p158ff.
Römer Frauenbriefe p5ff.
Rost Tigl. III. I p135ff.
Rutten Babyl. 15 p72ff.
Rutten RA 54 p148ff.
Sack Amēl-Marduk p128ff. und 135.
Saporetti AION 30 p149f.
Saporetti Onomastica.
Sarkisjan VDI 1955/IV p159ff.
Sauren WMAH p330ff.
Scheil MDP 2 p41ff.
Scheil RA 13 p24f.
Schorr UAZP p459ff.
Schroeder KAH II p115ff.
Schroeder KAV pXVIIIff.
Schroeder VS 15 pVIIIff.
Schroeder VS 16 p97ff.
Seif Iščālî p39ff.
S.Smith CCT 1 p19ff.
Sollberger + Kupper IRSA p285ff.
Speleers RIAA p117ff. und 128.
Stamm Nameng.
Stephens BIN 6 p7ff.
Stephens PNC.
Stephens YOS 9 p43f.
Stevenson ABC p149ff.
Streck Assurb. III p687ff. und 856.
Szlechter TJAMC p170ff.
Szlechter TJDB p179ff.
Tallqvist APN.
Tallqvist NN.
Thompson CLBT p42ff. und 79.
Thompson RMA II p133ff.
Thureau-Dangin TCL 1 p10ff.
Thureau-Dangin TCL 3 p83.
Tremayne YOS 7 p15ff.
Ungnad ARU p403ff.
Ungnad BA 6/V p82ff.
Ungnad BB p405ff.
Ungnad HAU p68f. (nicht-babylonische Eigennamen).
Ungnad MVAG 20/II p92ff.
Ungnad PBS 7 p34ff.
Ungnad RLA II p440ff.
Vollenweider MAH Catalogue I p191.
Walters Water p189ff.
Waterman BDHP p11ff.
Waterman RCAE IV p115ff.
Weidner AfO 10 p46ff.
Weidner AfO 13 p310ff.
Weidner ITN p61.
Weidner Tell Halaf p79ff.
Weisberg Guild structure p118ff.
Weissbach KA p136ff.
Weitemeyer Hiring p78ff.
Winckler Sargon I p235ff.
Wiseman AT p125ff.
Wiseman CCK p97ff.

Wiseman Iraq 12 p198ff.; 13 p120f.; 14 p70; 15 p155ff.
Wiseman Iraq 30 p187ff.
Young Festschrift Gordon p231.

§ 126. Elamische Personennamen (Indizes).

Amiet MDP 43 p303f.
Scheil MDP 4 p195ff.; 10 p75ff.; 22 p181ff.; 23 p199ff.; 24 p95ff.;
28 p151ff.

§ 127. Amoritische Personennamen (Indizes).

Th.Bauer Ostkanaanäer p9ff. (und MAOG 4 p6ff.).
Buccellati Amorites.
Chiera PBS 11/III p244ff.
Goetze JSS 4 p193ff.
Huffmon APNM.

§ 128. Götternamen (Indizes).

Alexander BIN 7 p26ff.
Ali Sum. letters pXV.
Amiet MDP 43 p304.
Balkan Kassitenst. I p99ff.
Barton PBS 9/I p28.
Barton RISA p393ff.
J.Bauer Altsumerische Wirtschaftstexte p563ff.
Th.Bauer IWA p108ff.
Bezold Cat. V p1955ff.
Birot TÉA p169.
Borger Asarh. p127ff.
Boson TCS p34ff.
Bottéro + Finet ARMT 15 p161ff.
Breitschaft Götternamen (westsemitisch).
Cagni Epopea p315f.
Castellino Two Šulgi hymns p319.
Chiera PBS 11/III p266ff.
Clay BE 8/I p71.
Clay BE 10 p70f.
Clay BE 14 p59f. und 15 p54ff
Clay BRM 2 p78f.
Clay BRM 4 p58f.
Clay YOS 1 p107.
Contenau Contribution p95ff.
Contenau TC I p17f.
Crawford BIN 9 p35f.
Deimel Inschr.Fara II p7*ff.
Deimel Or 28 p58ff.
Deimel Pantheon¹ und Pantheon².
Delaporte CCBN p346ff.
Deller OrNS 27 p196.
Dietrich Aramäer p217.
Ebeling AGH p161ff.
Ebeling MAOG 13/I p98ff.
Ebeling MAOG 15/I-II p111f.
Ebeling MAOG 16/I-II p110f.
Edzard Mythologie.
Edzard SRU p213.

Edzard Tell ed-Dēr p237.
Falkenstein IGL I p55-115.
Falkenstein NSGU III p81ff.
Faust YOS 8 p26ff.
Figulla UET 5 p66.
Finkelstein YOS 13 p78f.
Fish Catalogue p1ff. und 57ff.
Fish MCS 6 p53f. und 77.
Forde Nebraska p105ff.
Frankena Tākultu p77ff. (und BiOr 18 p205ff.).
Freydank SWU p146f.
Gadd UET 1 p97f.
Garelli RA 60 p151.
Gelb Alishar p72.
Gelb MAD 1 p229ff.
Gelb MAD 4 p120ff.
Gelb MAD 5 p123f.
Gelb NPN p294ff.
Gelb OAIC p333.
de Genouillac TCL 2 p19f.
de Genouillac Trouvaille p18f.
de Genouillac TSA p105f.
Grégoire Archives p263ff.
Grégoire Prov. mér. p199.
Grice YOS 5 p42ff.
Hackman BIN 5 p12f.
Hackman BIN 8 p48f.
Hecker KUG p133.
Hilprecht BE 9 p76f.
Hinke NBSt p220ff.
Hrozný ICK I p19.
Hruška ArOr 37 p514f.
Huber Personennamen p167ff.
Jacobsen CTNMC p51.
Jean Larsa p256 und 270.
Jean Šumer et Akkad p85f.
Johns ADB p73.
Johns ADD IV p373f.
Jones + Snyder SET p393ff.
Kang SETDA p285ff.
Keiser BIN 1 p33f.
Keiser BIN 2 p76f.
Keiser BIN 3 p29ff.
Keiser BRM 3 p36f.
Keiser YOS 4 p39ff.
Kienast ATHE p117.
King BBS p131ff.
King Cat.Spl. p227ff.
King CCEBK II p195ff.
King STC I p266ff.
Knudtzon El-Amarna p1582f.
Krausz Götternamen p111ff.
Krückmann TMH 2/3 p52f.
Labat HMA p185f.
W.Lambert Atra-ḫasīs p198.
Langdon BL p131ff.
Langdon NBK p300ff.
Langdon OECT 6 p102ff.
Langdon PBS 10/III p221ff. (zu PBS 10/II und 10/III); 10/IV p347ff.

Langdon SBP p345ff.
Laroche Recherches (sur les noms des dieux hittites).
Leemans SLB 1/III p115.
Legrain Catalogue Cugnin p45.
Legrain PBS 14 p87ff.
Legrain TRU p110ff.
Legrain UET 3 p36ff.
J.Lewy ARK II p206ff.
J.Lewy KTB p14 und 47.
J.Lewy KTH pX und 52.
J.Lewy KTS p72f.
J.Lewy TMH 1 p15.
Limet Légendes p119ff.
Luckenbill ARAB II p443ff.
Luckenbill Senn. p191ff.
Lutz PBS 1/II p120.
Lutz UCP 9/II p150 und 162; 9/IV p324; 10/I p65; 10/III p200.
Lutz YOS 2 p35ff.
Lyon Keilschrifttexte Sargon's p92f.
Macmillan BA 5/V p614f.
Martin TRAB p136f. und TRAB PS p327ff.
Matouš ICK II p20.
Meek AJSL 33 p215f.
Meek BA 10/I p59f.
Mercer Sumero-Babylonian year-formulae p115ff.
Michatz Götterlisten.
Moldenke CTMMA I pIX.
Nies UDT p97ff.
Nikol'skij DV 5 p131f., 141ff. und 150.
Nougayrol PRU IV p257f. und VI p149.
Nougayrol Ugaritica V p338f. und 344ff.
Oberhuber SAKF p125ff.
Oppenheim Eames p210f.
vdOsten Brett p61.
vdOsten Newell p167.
Owen JCS 24 p138.
Paffrath Götterlehre p83-223.
Pettinato Menschenbild p162.
Pettinato Ölwahrsagung II p122f.
Pettinato Untersuchungen II p278f.
Pinches Berens p159ff. und 172.
Pohl AnOr 9 p34.
Pohl TMH 5 p26f.
Pohl TMH NF 1/2 p29f.
Price Gudea II p144ff.
Radau BE 17/I p155ff.
Radau EBH p442ff.
Rainey El Amarna tablets p94.
Ranke BE 6/I p62f.
Ranke EBPN p197ff. und 209ff.
Raschid Archiv Nūrsamas p131.
Renger Gedächtnisschrift Falkenstein p137-171.
Riftin SVJAD p171.
Roberts The earliest Semitic pantheon p167ff.
Römer Frauenbriefe p16ff.
Römer SKI p289.
Rost Tigl. III. I p135ff.
Rutten RA 54 p152.
A.Salonen PDT p281ff.

E.Salonen StOr 38 p17ff. (Götternamen in altbabylonischen Briefen).
Saporetti Onomastica II p177ff.
Sarkisjan VDI 1955/IV p162.
Sauren WMAH p335ff.
Scheil MDP 2 p50.
Schneider AnOr 1 p22f.; 7 p14ff.
Schneider AnOr 19.
Schneider Or 47-49 p29ff.
Schorr UAZP p500ff.
Schroeder KAH II p124f.
Schroeder KAV pXIIff.
Schroeder VS 16 p103.
Seif Iščâlî p46f.
vSoden LTBA 2 p12.
Sollberger BAC p93ff.
Sollberger + Kupper IRSA p285ff.
Speleers RIAA p127.
Stephens BIN 6 p17.
Stephens PNC p98.
Stephens YOS 9 p44f.
Streck Assurb. III p735ff. und 856f.
Szlechter TJAMC p180f. und 226.
Szlechter TJDB p197f.
Tallqvist AGE p245ff.
Tallqvist APN p250ff.
Tallqvist Maqlû I p178f.
Tallqvist NN p221ff.
Thureau-Dangin SAK p241ff.
Thureau-Dangin TCL 1 p58ff.
Ungnad BA 6/V p132ff.
Ungnad BB p405ff.
Ungnad HG II p177f.
Ungnad PBS 7 p43ff.
Virolleaud Babyl. 1 p58.
Waetzoldt Textilindustrie p284.
Waterman BDHP p28f.
Waterman RCAE IV p157ff.
Weidner ITN p61f.
Weidner Tell Halaf p82.
Weir LAP p391ff.
Wilcke Lugalb. p65ff. und 224.
Winckler Sargon I p235ff.
Zimmern BBR I p78f. und II p225f.

§ 129. Epitheta (Götter, Könige).

Seux Épithètes.
Tallqvist AGE.

§ 130. Sternnamen (Indizes).

Gössmann Planetarium.
Thompson RMA II p133ff.
Waterman RCAE IV p164.
Weir LAP p405f.

§ 131. Geographie und Topographie (Indizes).

Alexander BIN 7 p30ff.
Ali Sum. letters pXVIIff.
Amiet MDP 43 p304.
Balkan Kassitenst. I p90ff.
Barton HLC III p53.
Barton PBS 9/I p29.
Barton RISA p395ff.
J.Bauer Altsumerische Wirtschaftstexte p569ff.
Th.Bauer IWA p108ff.
Bezold Cat. V p1955ff.
Bilgiç AfO 15 p32ff.
Birot ARMT 12 p251.
Birot TÉA p168f.
Borger Asarh. p129ff.
Boson TCS p32ff., 36f. und 37ff.
Bottéro + Finet ARMT 15 p120ff.
Boudou Or 36-38.
Cagni Epopea p316f.
Castellino Two Šulgi hymns p319.
Clay BE 8/I p70.
Clay BE 10 p68ff.
Clay BE 14 p57f. und 15 p52ff.
Clay BRM 1 p42.
Clay BRM 4 p59f.
Clay PBS 2/I p41ff.
Clay PBS 2/II p85f.
Clay YOS 1 p107f.
Clay YOS 3 p19.
Contenau Contribution p101f.
Contenau TC I p18.
Contenau Umma p60.
Crawford BIN 9 p36f. und 39.
Delitzsch Wo lag das Paradies?
Deller OrNS 27 p195f.
Dhorme RA 25 p68.
Dietrich Aramäer p215ff.
Dougherty GCCI I p55f. und II p55f.
Dougherty YOS 6 p39f.
Driver OECT 3 p86f.
Ebeling MAOG 13/I p96f. und 98ff.
Ebeling MAOG 15/I-II p112f.
Ebeling MAOG 16/I-II p108ff.
[Edzard + Farber-Flügge Répertoire géographique des textes cunéiformes
II: Die Orts- und Gewässernamen der Zeit der 3. Dynastie von Ur. Wiesba-
den 1974.]
Edzard SRU p214f.
Edzard Tell ed-Dēr p237f.
Edzard ZwZw p190ff.
Evetts Inscriptions p20f.
Fales CEC p148ff.
Falkenstein IGL I passim.
Falkenstein NSGU III p83ff.
Falkner AfO 18 p1ff.
Faust YOS 8 p28 und 30f.
Figulla UET 4 p59.
Figulla VS 13 p79.
Finkelstein JCS 7 p144f.
Finkelstein YOS 13 p79 und 83ff.
Fish Catalogue p4ff. und 59.

Fish LFBD p36.
Fish MCS 6 p53, 77, 103, 114ff.; 7 p49ff.; 8 p1ff.
L.Fisher Claremont p55.
Forde Nebraska p71ff., 75ff., 79ff. und 83ff.
Forrer Provinzeint.
Frankena Tākultu p119ff. (und BiOr 18 p207).
Freydank SWU p147f.
Gadd Iraq 7 p43.
Gadd RA 23 p83.
Gadd UET 1 p99f.
Garelli RA 60 p150f.
Gelb Alishar p72.
Gelb MAD 1 p231ff.
Gelb MAD 4 p122ff.
Gelb MAD 5 p124ff.
Gelb OAIC p333f.
de Genouillac ITT V p25f.
de Genouillac TCL 2 p20f.
de Genouillac Trouvaille p11ff.
Grégoire Archives p277ff.
Grégoire Prov. mér. p202ff.
Grice YOS 5 p44f. und 47ff.
Hackman BIN 5 p13ff. und 18.
Hackman BIN 8 p53f.
Hallo HUCA 29 p102f.
Hecker KUG p133f.
Hilprecht BE 9 p74ff.
Hinke NBSt p215ff.
Holma StOr 9/I p58f.
Holma ZATH p36.
Hrozný ICK I p18f.
Hruška ArOr 37 p515.
Huber Personennamen p182ff.
Hunger BAK p157f.
Hussey HSS 4 p46ff.
Jacobsen CTNMC p52f.
Jakob-Rost FB 14 p35.
Jankovskaja KTK p225f.
Jean Larsa p256ff. und 270ff.
Jean RA 19 p38.
Jean Šumer et Akkad p86.
Jestin Textes économiques sumériens p275ff.
Johns ADB p72.
Jones + Snyder SET p398ff.
Kang SETDA p295ff.
Keiser BIN 1 p34ff.
Keiser BIN 2 p77f.
Keiser BIN 3 p33ff.
Keiser BRM 3 p37 und 39f.
Keiser YOS 4 p42ff.
Kienast ATHE p117.
King BBS p131ff.
King + Thompson Behistun pXLVIIff.
King Cat.Spl. p227ff.
King STC I p266ff.
Kinnier Wilson Wine lists p159ff.
Klauber PRT p157ff.
Knudtzon AGS II p327ff.
Knudtzon El-Amarna p1571ff.

Kraus ZA 51 p68ff.
Krückmann TMH 2/3 p49ff.
Laessøe Shemshāra p95ff.
Langdon BL p131ff.
Langdon NBK p300ff.
Langdon OECT 6 p102ff.
Langdon PBS 10/III p221ff. (zu PBS 10/II und 10/III); 10/IV p347ff.
Langdon SBP p345ff.
Leemans SLB 1/II p98 und 1/III p115.
Leemans Trade p186ff.
Leeper CT 35 p9ff.
Legrain MDP 14 p131.
Legrain TRU p116ff.
Legrain UET 3 p43ff.
[L.D.Levine Geographical studies in the Neo-Assyrian Zagros. Toronto +
London 1974.]
Levy Sumer 3 p55ff.
J.Lewy ARK II p206ff.
J.Lewy KTB p14 und 47.
J.Lewy KTH pX und 52.
J.Lewy KTS p71f.
J.Lewy TMH 1 p15.
Lie Sargon annals p87ff.
Limet Étude p87.
Loretz TCBTB I p26f.
Luckenbill AJSL 24 p291ff. (Tempel).
Luckenbill ARAB II p443ff.
Luckenbill Senn. p191ff.
Lutz PBS 1/II p119f.
Lutz UCP 9/I p27f. und 51; 9/II p150ff. und 162f.; 9/IV p324; 10/I
p65f.; 10/III p200.
Lutz YOS 2 p34f.
Lyon Keilschrifttexte Sargon's p92f.
Martin TRAB p138 und TRAB PS p327ff.
Matouš ICK II p19f.
Meek AJSL 33 p216.
Meek HSS 10 pXLIIf.
Mercer Sumero-Babylonian year-formulae p115ff.
Moldenke CTMMA I pIX.
Moore Neo-Babylonian business and administrative documents p388ff.
Myhrman BE 3/I p91f.
Neugebauer ACT I p25.
Nies UDT p100ff.
Nikol'skij DV 5 p132, 134ff. und 150f.
Nougayrol PRU III p265ff., IV p253ff. und VI p146ff.
Nougayrol Ugaritica V p335ff. und 344.
Oberhuber SAKF p128ff.
Oppenheim Eames p212ff.
Owen JCS 24 p108 und 141f.
Parker Iraq 16 p52; 23 p64f.; 25 p103.
Parpola LASEA I p309ff.
Parpola NAT.
Pettinato TVLU p417f. und 429f.
Pettinato Untersuchungen I - II.
Pinches Berens p171f.
Pinches Peek p31ff. und 47ff.
Pohl AnOr 8 p46f. und 9 p31ff.
Pohl TMH 5 p27ff.
Pohl TMH NF 1/2 p30f.

Postgate Iraq 32 p164.
Postgate GPA p275ff.
Postgate NRGD p137f.
Price Gudea II p139ff.
Radau BE 17/I p150ff.
Radau EBH p446ff.
Rainey El Amarna tablets p91ff.
Ranke BE 6/I p61f.
Raschid Archiv Nūršamaš p158f.
Reisner TUT p56f.
Riftin SVJAD p171f.
Römer Frauenbriefe p13ff.
Römer SKI p289.
Rost Tigl. III. I p135ff.
Rutten RA 54 p152.
Sack Amēl-Marduk p134.
A.Salonen PDT p283f.
Saporetti Onomastica II p174ff.
Sarkisjan VDI 1955/IV p162.
Sauren Topographie I.
Sauren WMAH p337ff.
Scheil MDP 2 p50f.
Schneider AnOr 1 p69ff. und 7 p49ff.
Schneider AnOr 19 p110ff.
Schneider Or 55 p4ff. und 28ff.
Schorr UAZP p502ff.
Schroeder KAH II p118ff.
Schroeder KAV pXXVff.
Schroeder VS 16 p102.
Seif Iščālī p47f.
S.Smith CCT 1 p23.
vSoden LTBA 2 p12.
Sollberger BAC p93ff.
Sollberger + Kupper IRSA p285ff.
Speleers RIAA p128f.
Stephens BIN 6 p17f.
Stephens YOS 9 p45.
Streck Assurb. p769ff. und 857.
Szlechter RA 59 p148.
Tallqvist APN p262f.
Tallqvist NN p290ff.
Thompson CLBT p79.
Thompson RMA II p133ff.
Thureau-Dangin SAK p241ff.
Thureau-Dangin TCL 1 p54ff.
Thureau-Dangin TCL 3 p84ff.
Tremayne YOS 7 p40ff.
Ungnad BA 6/V p130ff.
Ungnad BB p405ff.
Ungnad HG II p177f.
Ungnad NRVU p732ff.
Ungnad PBS 7 p42f.
Waetzoldt Textilindustrie p285.
Walters Water p197.
Waterman BDHP p29f.
Waterman RCAE IV p145ff., 149ff., 157 und 164.
Weidner Gestirn-Darstellungen p53.
Weidner ITN p62ff.
Weidner Tell Halaf p82.

Weir LAP p406ff.
Weissbach KA p136ff.
Wilcke Lugalb. p224.
Winckler Sargon I p235ff.
Wiseman AT p154ff.
Wiseman CCK p97ff.
Wiseman Iraq 12 p200; 13 p121f.; 14 p70; 15 p159.
Wiseman Iraq 30 p195.

§ 132. Amoritisch.

Th.Bauer Ostkanaanäer.
Buccellati Amorites.
Chiera PBS 11/II p148ff.
Gelb Lingua.
Huffmon APNM.

§ 133. Kassitisch.

Balkan Kassitenst. I.

§ 134. Allgemeine Darstellungen und Nachschlagewerke.

Ebeling u.a. RLA (A bis Ḫazazu).
Kaulen Assyrien und Babylonien⁵.
Kramer Sumerians.
Meissner BuA I - II.
Oppenheim Anc.Mes.
Pallis Antiquity.
Saggs Greatness.
Schmökel Das Land Sumer.

§ 135. Literaturgeschichte.

Siehe auch oben §1 (Bibliographie), §2 (Textbücher), §94 (literarische Kataloge) und §110 (Kolophone).

Borger EAK I & Schramm EAK II.
Brongers Literatuur.
Dhorme La littérature babylonienne et assyrienne./⎺(sumer. Literatur).]
[Edzard + Wilcke Kindlers Literatur Lexikon VI (1971) Sp. 2109-2155
Falkenstein CRRA 2 p12ff. und MDOG 85 p1ff. (Zur Chronologie der sume-
rischen Literatur).
Jean Littérature ± = Milieu biblique II.
Kramer Festschrift Albright p249ff. (Übersicht sumer. Literatur).
Kramer PAPS 85 p293ff. (Übersicht sumer. Literatur).
M.Lambert RA 55 p177-196, RA 56 p81-90 und 214 (Übersicht und Biblio-
graphie der sumer. Literatur).
W.Lambert JCS 11 p1ff. und 112 (Ancestors, authors, and canonicity).
W.Lambert JCS 16 p59ff. (A catalogue of texts and authors).
Meissner Literatur.
Rinaldi Letterature antiche.
vSoden MDOG 85 p14ff. (Das Problem der zeitlichen Einordnung akkadischer Literaturwerke).
[vSoden Sprache, Denken und Begriffsbildung im Alten Orient (Akademie
der Wissenschaften und der Literatur Mainz, Abhandlungen der geistes- und
sozialwissenschaftlichen Klasse 1973/VI, Wiesbaden 1974).]
vSoden Die Welt als Geschichte 2 p411ff. und 509ff. (siehe HKL I p495).

[vSoden Zweisprachigkeit in der geistigen Kultur Babyloniens (SAWW 235/I, Wien 1960).]
Weber Literatur.

§ 136. Geschichte und Chronologie (Handbücher, Monographien).

Cf Hospers Basic Bibliography I p23-25, 73-76 und 397.
Für die Datenlisten, Jahresformeln und Eponymenlisten siehe oben §19f.

Ahmed Southern Mesopotamia.
Albright CAH II/33.
Anspacher Tiglath Pileser III.
[Arnaud Le Proche-Orient ancien de l'invention de l'écriture à l'hellénisation (Paris 1970).]
Bilabel Geschichte Vorderasiens und Ägyptens vom 16.-11. Jahrhundert v.Chr.
Borger EAK I.
Bottéro Fischer Weltgeschichte 2 p91-128.
Bottéro Ḫabiru.
Brinkman PHPKB (+ Festschrift Oppenheim p6ff., zu Merodachbaladan II.).
Cameron HEI.
Cassin Fischer Weltgeschichte 3 p9-101.
Delaporte Le Proche-Orient asiatique.
Dietrich Aramäer.
Dubberstein + Parker 626 B.C. - A.D. 75.
Edzard Fischer Weltgeschichte 2 p57-90 und 129-209.
Edzard Saeculum Weltgeschichte I p239-281.
Edzard ZwZw.
Falkenstein Fischer Weltgeschichte 2 p13-56.
Falkenstein IGL I p1-54.   [Fine HUCA 24 187ff. und 25 107ff.]
Gadd CAH³ I/1, I/2 und II/1; CAH II/18.
Gadd History and monuments of Ur.   [Garelli Assyriens.]
Garelli Proche-Orient asiatique I.
Gelb HaS.
vGelderen Sanherib.
Goetze CAH II/17, 21(a) und 24.
Goetze Hethiter, Churriter und Assyrer.
Goodspeed A history of the Babylonians and Assyrians.
Greenberg The Ḫab/piru.
Grégoire Prov. mér.
Güterbock ZA 42 1ff. und 44 45ff.
Hallo Ancient Near East.
Helck Beziehungen.
Hinz Reich Elam.
Hommel Geschichte Babyloniens und Assyriens.
Hrouda Vorderasien I.
Imparati I Ḫurriti.
Jones Sumerian problem.
Keiser Patesis.
King HB.
King HSA.
Kitchen The third intermediate period in Egypt.
Klengel Geschichte Syriens I - III.
[Klengel Geschichte und Kultur Altsyriens (Leipzig 1967).]
Klengel Zwischen Zelt und Palast.
König AO 29/IV (Geschichte Elams) und 33/III-IV (Älteste Geschichte der Meder und Perser).
Kraus Könige.
Kraus Sumerer und Akkader.

Kühne Chronologie.
Kugler SSB II.
Kugler Von Moses bis Paulus.
Kupper CAH II/1.
Kupper Nomades.
Labat CAH II/29 und 32.
Labat Fischer Weltgeschichte 4 p9-111.
Laesspe Imperium.
Laesspe People of Ancient Assyria.
Lafforgue La Haute Antiquité.
Landsberger BBEA.
Landsberger JCS 8 p31ff., 47ff. und 106ff.
Lehmann-Haupt Zwei Hauptprobleme.
Liverani Introduzione.
Liverani Storia di Ugarit.
vdMeer Chronology[2].
Meissner Könige.
Mercer Sumero-Babylonian year-formulae.
E.Meyer Geschichte des Altertums.
[Moortgat + A.Scharff Ägypten und Vorderasien im Altertum (München 1950).]
B.Morgan MCS 2 p31ff. usw.
Mürdter + Delitzsch Geschichte[2].
Munn-Rankin CAH II/25.
Naster Asie Mineure.
Nissen Königsfriedhof.
[D.Oates Studies in the ancient history of Northern Iraq (London 1968).]
O'Callaghan Aram Naharaim.
Olmstead Assyrian historiography.
Olmstead History of Assyria.
Olmstead History of Palestine and Syria.
Olmstead Western Asia.
Oppenheim Anc.Mes. p335-352 (chronologische Tabellen).
Orlin Assyrian colonies.
Pancritius Assyrische Kriegsführung.
Parrot Archéologie mésopotamienne II.
Pinches Old Testament[3].
Radau EBH.
G.Rawlinson Five great monarchies.
Rogers History.
Roux Ancient Iraq.
Sack Amēl-Marduk.
Salvini Nairi e Ur(u)aṭri.
Sasson Military establishments.
Schawe Elambriefe.
Schiffer Aramäer.
Schmidtke Aufbau.
Schmökel Geschichte.
Schmökel Hammurabi.
A.Schneider Tempelstadt.
N.Schneider AnOr 13 (Zeitbestimmungen Ur III).
Schrader KAT[2] und (Winckler) KAT[3].
Schrader Keilinschriften und Geschichtsforschung.
Schramm EAK II.
S.Smith Alalakh and chronology.
S.Smith CAH III.
S.Smith Early history.
S.Smith Isaiah.

vSoden Herrscher im Alten Orient.
vSoden Propyläen Weltgeschichte I p523ff. und II p39ff.
Speiser Mesopotamian origins.
Streck Assurb. I pCCXXX-CDLXXIII.
Tadmor JCS 12 p22ff. und 77ff.
Thompson CAH III p206-250.
Thompson Century of exploration.
Tiele Babylonisch-assyrische Geschichte.
Tocci La Siria nell'età di Mari.
Ungnad RLA II p131-196 und 256f. (Datenlisten).
Ungnad RLA II p412-457 (Eponymen).
Ungnad Subartu.
Weidner MVAG 20/IV und 26/II.
Weippert Edom (noch nicht erschienen).
Winckler AOF I - III.
Winckler Untersuchungen.
Wiseman CAH II/31.
Wiseman Peoples of Old Testament times.
Woolley A forgotten kingdom.
Zaccagnini Scambio.

§ 137. Kulturgeschichte, materielle Kultur, Kunst, Archäologie (Handbücher, Monographien).

Cf Hospers Basic bibliography I p25-28, 30-33, 76-78, 82f., 397f. und 400.
Siehe auch oben §111 (Siegel) und unten §144 (Ausgrabungen).

Akurgal Die Kunst der Hethiter.
[(H.Schäfer +) Andrae Die Kunst des Alten Orients, Propyläen-Kunstge-schichte II (Berlin 1925).]
[Anonymus Dictionnaire archéologique des techniques I - II (Paris 1963-1964).]
Barnett Assyrian palace reliefs = Assyrische Palastreliefs.
Beek An Babels Strömen.
Beek Bildatlas.
Bezold Ninive und Babylon⁴.
Budge Sculptures.
Christian Altertumskunde.
Contenau Manuel d'archéologie orientale I - IV.
Delaporte La Mésopotamie.   [(Barnett +) Falkner Sculptures.]
Frankfort Art and architecture.
[Frankfort The birth of civilization in the Near East (London 1951).]
Furlani Civiltà.
Gadd Stones.
Garelli L'assyriologie.
Goetze Kleinasien.
Gurney The Hittites.
Hall Sculpture.
Handcock Mesopotamian archaeology.
Hrouda Vorderasien I.
Jaritz Babylon und seine Welt.
Jastrow Civilization.
Jean Milieu biblique I.
Klíma Gesellschaft und Kultur.
Laessøe Babylon.
Meissner BuA I - II.
G.R.Meyer Altorientalische Denkmäler.
[Moortgat Die Kunst des Alten Mesopotamien, die klassische Kunst Vor-

derasiens (Köln 1967).]
  Oberhuber Kultur.
  Oppenheim Anc.Mes.
  Oppenheim LFM.
  Pancritius Assyrische Kriegsführung.
  Paterson Palace.
  Parrot Archéologie mésopotamienne I - II.
  Parrot Assur.
  Parrot Sumer.
  Parrot Sumer/Assur Ergänzung 1969.
  Rosengarten Consommation.
  Rosengarten Régime.
  Rutten Encyclopédie photographique de l'art I - II.
  Saggs Everyday life.
  A.Salonen passim; auch BagM 3 p100ff. (Öfen) und JEOL 18 p331ff.
(Brennholz).
  E.Salonen StOr 33 (Waffen), 38 (Gruss- und Höflichkeitsformeln) und 41
(Erwerbsleben).
  Sasson Military establishments.
  Schmökel Kulturgeschichte.
  S.Smith Sculptures.
  [Speleers Les arts de l'Asie Antérieure Ancienne (Bruxelles 1926).]
  Strommenger Mesopotamien.
  [Woolley Mesopotamia and the Middle East (London 1961, mir unzugäng-
lich) = Mesopotamien und Vorderasien, die Kunst des Mittleren Ostens
(Baden-Baden 1961).]
  Zervos L'art de la Mésopotamie.

§ 138. Religion, Magie, Mantik, Ethik (Handbücher, Monogra-
       phien).

  Cf Hospers Basic bibliography I p28-30, 79-81 und 398.

  Albrektson History and the gods.
  [Andrae Alte Feststrassen im Nahen Osten (Leipzig 1941).]
  (Nougayrol +) Aynard La Mésopotamie.
  Blome Opfermaterie.
  Böhl De godsdiensten der wereld³ II p51ff.
  Bottéro Religion babylonienne.
  Brandon Creation legends.
  vBuren Symbols.
  Cassin Splendeur.
  Castellino Lamentazioni.
  Castellino Mitologia.
  Clay Origin of biblical traditions.   [Combe Sin.]
  Contenau Divination.
  Contenau Magié.
  Cumming The Assyrian and Hebrew hymns of praise.
  Dhorme Choix de textes religieux.
  Dhorme Religions.
  Dillon Assyro-Babylonian liver-divination.
  vDriel Cult.
  vDijk Handbuch der Religionsgeschichte I p431-496.
  Edzard Mythologie.
  Ellermeier Prophetie.
  Ellis Foundation deposits.
  Falkenstein IGL I p55-170.
  Falkenstein LSS NF 1.
  Fine HUCA 24 187ff. und 25 107ff.

Fossey Magie.
Frank LSS 2/II.
Frank LSS 3/III.
Frank MAOG 14/II.
Frank Studien.
Frankfort Kingship and the gods.
Furlani Religione (Bibliographie I pXV-LXXI und II pIX-X).
[Furlani Riti babilonesi e assiri (Udine 1940).]
Gray Near Eastern mythology.
Hirsch Altass.Rel.   [S.H.Hooke Babylonian and Assyrian religion
Jacobsen Intell.adv.   _(London 1953, Oxford 1962).]
Jastrow The religion of Babylonia and Assyria.
Jastrow Religion (+ Bildermappe).
Jean Milieu biblique III.
Jean Péché.
Jean Religion sumérienne.
Jensen Kosmologie.
Jeremias HAOG².
King Babylonian religion.
King Legends.
Kramer Mythologies.
Kramer Sacred marriage.
Kramer SM.
Krecher SKLy
Kunstmann LSS NF 2.
Kupper Amurru.
Labat Religions.
Labat Royauté.
W.Lambert BWL (+ JEOL 15 p184ff. Morals in Ancient Mesopotamia).
[W.Lambert The cosmology of Sumer and Babylon, bei C.Blacker + M.Loewe
Ancient cosmologies (1975) p42-65.]
Landsberger LSS 6/I-II.
Langdon BMSC.
Langdon Semitic mythology.
Langdon TI.
Lindl Priester- und Beamtentum.
Meissner BuA II.
Moortgat Tammuz.
Nötscher Ellil.
Nougayrol Divination I p25-81.
Oberhuber Kultur.
Paffrath Götterlehre.
Pallis Akîtu festival.
Pettinato Menschenbild.
Pettinato Ölwahrsagung.
Piesl Vom Präanthropomorphismus zum Anthropomorphismus.
Pinches Religion.
Plessis Ištar-Astarté.
[H.-Ch.Puech u.a. Histoire des religions I (Paris 1970, Encyclopédie de
la Pléiade) p154-202 (Jestin, La religion sumérienne) und p203-249 (Nou-
gayrol, La religion babylonienne), mir unzugänglich (cf OrNS 42 p51*f.).]
Renger Gedächtnisschrift Falkenstein p137-171.
Renger ZA 58 p110ff. und 59 p104ff.
[H.Ringgren Religions of the Ancient Near East (London 1973).]
Roberts The earliest Semitic pantheon.
Römer Frauenbriefe.
Römer Historia religionum I p115-194.
Rosengarten Consommation.
Rosengarten Régime.

Rosengarten Trois aspects.
E.Salonen StOr 38.
Schlobies MAOG 1/III.
Schmökel Dagan.
Schneider Christus und die Religionen der Erde II p383-439.
Schrader (Zimmern) KAT³.
Schrank LSS 3/I.
Seidl BagM 4 p7-220.
vSelms Termini.
Seux Épithètes.
Spycket Statues de culte.
Stummer Sumerisch-akkadische Parallelen.
Tallqvist AGE.
Tallqvist StOr 4/III.
Tallqvist StOr 5/IV.
Thompson Semitic magic.
Ungnad Briefe König Hammurapis p23-35.
Ungnad Religion.
[H.Vorländer Mein Gott, die Vorstellungen vom persönlichen Gott im
Alten Orient und im Alten Testament (AOAT 23, Kevelaer + Neukirchen-Vluyn
1975).]
   vdWaerden Anf.Astr. (Science awakening II).
   vWeiher Nergal.
   de Wynghene Les présages astrologiques.
   Zimmern passim.

§ 139. Recht, Verwaltung, Gesellschaft, Wirtschaft, Handel (Handbücher, Monographien).

Bogaert Les origines antiques de la banque de dépôt.
Boyer Mélanges II.
Cardascia Droits cunéiformes (Bibliographie).
Cocquerillat Palmeraies.
[Dandamaev Rabstvo v Vavilonii VII-IV vv. do n.è. (626-331 gg.),
Slavery in Babylonia in the 7th - 4th centuries B.C. (Moskau 1974).]
Jelitto Die peinlichen Strafen.
Kinnier Wilson Wine lists.
Klauber LSS 5/III.
Klíma Gesellschaft und Kultur.
Klíma Untersuchungen zum altbabylonischen Erbrecht.
Korošec Keilschriftrecht.
Koschaker passim.
Kraus Viehhaltung.
Kraus Vom mesopotamischen Menschen.
Larsen OACP.
Lautner Personenmiete.
Lautner Richterliche Entscheidung.
Leemans Merchant.
Leemans Trade.
Lindl Priester- und Beamtentum.
Meissner BuA I.   [Meissner Warenpreise.]
Mendelsohn Slavery.
Petschow Kaufformulare.
Petschow Pfandrecht.
Postgate Taxation.
E.Salonen StOr 41 (Erwerbsleben) und 43/IV (Zehnte).
San Nicolò passim.
Schwenzner MVAG 19/III.
Siegel Slavery.

Veenhof Aspects.
Waetzoldt Textilindustrie.
Walther LSS 6/IV-VI.
Weingort Das Haus Egibi.
Weisberg Guild structure.
Zaccagnini Scambio.

§ 140. Medizin (Handbücher, Monographien).

Contenau Médecine.
Meissner BuA II p283ff.
Später Köcher in BAM.

§ 141. Mathematik, Astronomie, Metrologie (Handbücher, Monographien).

Aaboe Episodes.
Bezold passim.
Bruins Fontes matheseos.
Kugler SSB.
Neugebauer Exact sciences[2].
Neugebauer Vorgriechische Mathematik.   [Powell ZA 62 165-221
Segrè JAOS 64 p73ff. (Metrologie).   _(Metrologie).]
Thureau-Dangin Esquisse d'une histoire du système sexagésimal.
Thureau-Dangin JA 1909/I p79-111 und RA 18 p123-142 (Metrologie).
Vajman SvM.
Vogel Vorgriechische Mathematik II.
vdWaerden Erwachende Wissenschaft.
vdWaerden Anf.Astr. (Science awakening II).
Weidner BA 8/IV.
Weidner Gestirn-Darstellungen.
Weidner HBA.
Weidner KAO 4.

§ 142. Geographie und Topographie (Handbücher, Monographien).

Siehe auch §131. Cf Hospers Basic bibliography I p23-25, 81f. und 400.

Delitzsch Paradies.
Forrer Provinzeint.
Hommel Ethnologie ... .
[L.D.Levine Geographical studies in the Neo-Assyrian Zagros (Toronto +
London 1974).]
Naster Asie Mineure.
Pettinato Untersuchungen I - II.
Sauren Topographie I.   [Streck MVAG 11/III.]

§ 143. Personennamen (Handbücher, Monographien).

Siehe auch §124-127.

Gemser Persoonsnamen.
Huffmon APNM.
W.Lambert JCS 11 p1ff. und 112 (Ancestors, authors, and canonicity).
Limet Anthroponymie.
Poebel Personennamen.
Saporetti Onomastica.
Stamm Nameng.

Ungnad AnOr 12 p319ff. (Babylonische Familiennamen).

§ 144. Ausgrabungen (Handbücher).

Cf Hospers Basic bibliography I p30-34 und 398.

R.Ellis Bibliography.
Fossey Manuel I.
Hilprecht Explorations.
Pallis Antiquity p340-384 und 752-759.
Parrot Archéologie mésopotamienne I.

§ 145. Geschichte der Assyriologie.

[Barnett Iraq 36 (1974) p5ff. (Bellino usw.).]
[A.J.Booth The discovery and decipherment of the trilingual cuneiform
inscriptions (London 1902).]
Budge By Nile and Tigris.
Budge Rise and progress.
[E.F.Davidson Edward Hincks: a selection from his correspondence,
with a memoir (London 1933, mir unzugänglich, cf Budge JRAS 1934 597ff.).]
Flemming BA 1 p80ff. (Grotefend) und 2 p1ff. (Rawlinson).
Fossey Manuel I.
Hommel Geschichte Babyloniens und Assyriens p58ff.
Jastrow Civilization p63ff.
Kaulen Assyrien und Babylonien⁵ p120ff. [Messerschmidt AO 5/II (1903).]
Muss-Arnolt BA 2 p523ff. (Oppert).
Pallis Antiquity.
Parrot Archéologie mésopotamienne I p109ff.
Rogers History I⁶.
[C.Wade Meade Road to Babylon, development of U.S. Assyriology (Leiden
1974).]
[Wiseman The expansion of Assyrian studies (London 1962).]

19-I-1975

INHALT